Tibebe Terffa

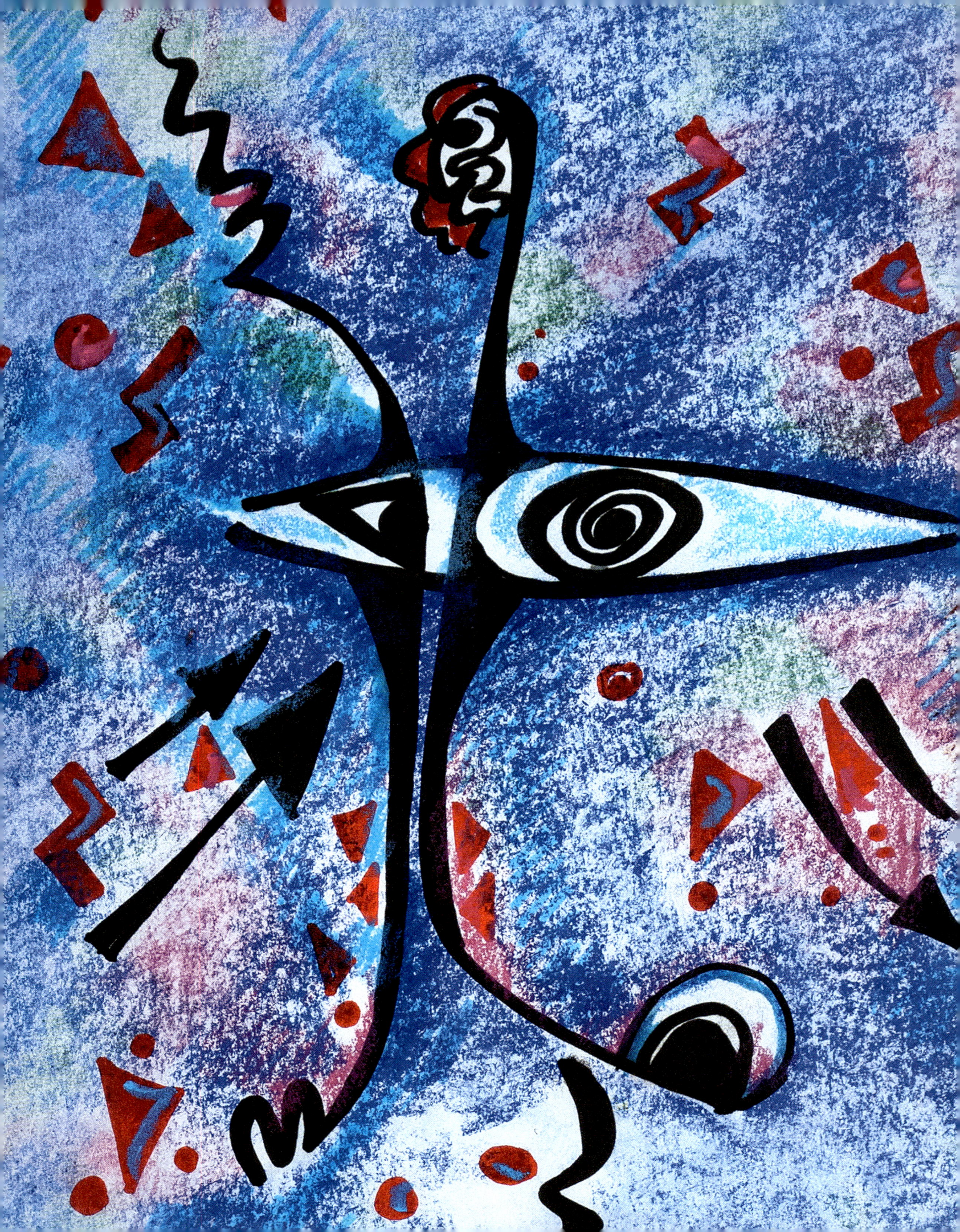

Elisabeth Biasio • Peter R. Gerber

DER KÜNSTLER
THE ARTIST

TIBEBE TERFFA

Von Äthiopien in die Welt
From Ethiopia into the World

MICHAEL IMHOF VERLAG

INHALT

CONTENTS

GELEITWORT

Mein Einsatz in Äthiopien als schweizerischer Botschafter begann in den ersten Tagen des Jahres 1988. Mit welchen Erwartungen kam damals ein Neuling in dieses sagenumwobene Land? Natürlich wusste man von seinen atemberaubenden Landschaften mit hohen Bergen und abgrundtiefen Canyons, von seiner vielfältigen, reichhaltigen Folklore, von seiner uralten christlichen Kultur, die eine eigene Schrift und Ikonographie hervorgebracht hatte, und seiner stolzen Geschichte als einziges sozusagen nie kolonialisiertes Land Afrikas.

Aber inwiefern waren diese Highlights nicht längst überlagert von einer düsteren Gegenwart? Äthiopien hatte im Vorjahr Schlagzeilen gemacht wegen Erosion, Dürre und einer dramatischen Hungersnot mit unzähligen Opfern, und eine nächste zeichnete sich bereits am Horizont ab. Im Norden stand ein Bürgerkrieg vor der Tür; wenige Wochen nach meiner Ankunft ging die Hälfte Eritreas an die dortige Rebellenbewegung verloren. Unruhen in den Nachbarländern bescherten dem verarmten Land noch Hunderttausende von Flüchtlingen. Vor allem aber war seit vielen Jahren ein blutrünstiges Militärregime kommunistischer Observanz, der Derg, an der Macht, welches mit totalitären Methoden die freie Meinungsäußerung unterdrückte und Angst und Schrecken verbreitete. Nur zu schnell musste ich feststellen, dass sich äthiopische Bekannte nicht getrauten, mich in meiner von Spitzeln überwachten Residenz aufzusuchen.

Gab es in dieser schrecklichen Zeit materieller Not und politischer Drangsal überhaupt Kunst? Und eine solche, die über das Althergebrachte der koptischen Tradition und Folklore hinausging? Es gab sie im Verborgenen und unter prekären Verhältnissen. Gefördert wurde sie damals nicht zuletzt von westlichen Kulturinstituten, die auch Sammler, zumeist Expatriates, zu motivieren vermochten.

So erging es auch mir. Eines Tages berichtete mir der befreundete Direktor des Goethe-Institutes, er zeige gerade einen interessanten einheimischen Künstler, und ich fand dann Zeit, die Ausstellung mit

FOREWORD

My mission as the Swiss diplomatic representative to Ethiopia started in the earliest days of 1988. As a newcomer, what were my expectations of this legendary land? Of course, everybody knew about its breathtaking landscapes with high mountains and steep canyons, about its manifold rich folklore and ancient Christian culture, which had developed its own script and iconography, and its proud history as the only African country that had never been colonised.

But how far were these highlights overshadowed by the grim present reality? The previous year, Ethiopia had made headlines with its erosion problems, a drought and the dramatic famine that cost innumerable lives. Another food crisis was already emerging on the horizon. In the north of the country, civil war was imminent. A few weeks after my arrival, half of Eritrea was lost to the rebel movement there. Civil unrest in neighbouring countries drove hundreds of thousands of refugees into impoverished Ethiopia. And, above all, the Derg had been in power for many years, heading a communist-oriented bloody military regime which used totalitarian methods to suppress free speech, spread fear and terror. It didn't take me long to realise that my Ethiopian friends were reluctant to call at the embassy because they knew it was being observed by informers.

Was there any artistic life during this dreadful time of distress and political suppression? Specifically, any art that went beyond religious and folklore traditions? Yes, it did exist – in hidden places and under precarious conditions. It was supported, by Western cultural institutions among others, which successfully inspired some collectors, mostly expatriates.

This was what happened to me. One day, a friend of mine who was the director of the Goethe-Institut in Addis Ababa, told me that he was displaying an interesting local artist. The exhibition, which I visited a short time afterwards, consisted of a great number of a diverse range of small-format paintings. I was told that bigger canvasses were rarely available in the country and when they were, for an exorbitant

vielen kleinformatigen und sehr verschiedenartigen Gemälden zu besuchen. Ich ließ mich belehren, dass größere Leinwände im Land kaum erhältlich und jedenfalls unerschwinglich seien. Im Übrigen sei die Zensur vorbeigekommen und habe verlangt, ein paar Bilder zu entfernen, darunter eine mysteriöse Darstellung einer düsteren Landschaft mit Architekturelementen, die man als Ruinen interpretieren konnte, mit dem Titel *After the Deluge*. Solcher ‚Defaitismus' ging den Sittenwächtern zu weit, und der Bürgerkrieg war ohnehin tabu. Ich war empört und beschloss, um ein Zeichen zu setzen, das vieldeutige Bild zu kaufen.

Wenig später lernte ich den Künstler, Tibebe Terffa, kennen. Ich begegnete einem feinfühligen, ernsthaften und differenziert denkenden Menschen, mit dem sich interessante Gespräche ergaben. Sein künstlerisches Schaffen verfolgte ich fortan mit großer Aufmerksamkeit. Auffällig war dessen heterogener Charakter. Nebst lieblichen (und politisch wohl unbedenklichen) Folkloreszenen aus seiner engeren Heimat Harar gab es immer wieder geheimnisvolle und komplexe Werke, zum Teil naturalistisch, dann wieder stilisiert und zur Abstraktion neigend, und das eine und andere fand dann Eingang in meine Sammlung.

Ich verließ Äthiopien nach dem dramatischen politischen Umbruch und dem Sturz des Derg-Regimes im Sommer 1991 und war dann die nächsten 13 Jahre in Osteuropa eingesetzt. Dank meinen andauernden Kontakten mit dem Völkerkundemuseum der Universität Zürich durfte ich vom weiteren Werdegang des Tibebe Terffa vernehmen. Er gehört zu den herausragenden Vertretern seiner Künstlergeneration.

Gaudenz B. Ruf
Schweizerischer Botschafter in Äthiopien
1988–1991

price. In addition, incidentally, the censorship authorities had turned up and demanded the removal of some of the paintings on show. One of the paintings taken down was a mysterious representation of a sombre landscape with architectural elements that could be interpreted as ruins, titled *After the Deluge*. Such 'defeatism' went too far for the moral police, and the topic of civil war was taboo. I was revolted by this repression and decided to buy the ambiguous work as a demonstration of my belief in human rights.

Some time later I met the artist, Tibebe Terffa, and found a sensible and serious person capable of independent thinking and interesting discussions. Hence, I followed his artistic production with great interest. I was always struck by its heterogenic character. As well as delightful (and politically unobjectionable) folkloristic scenes from his hometown Harar, time and again mysterious and complex works appeared, which were partly naturalistic, partly stylised and tending to abstraction. More than one made its way into my own collection.

I left Ethiopia after the dramatic political changes and the collapse of the Derg regime in summer 1991, and spent the next thirteen years as a diplomat in Eastern Europe. Thanks to my ongoing contact with the Ethnographic Museum of the University of Zurich, I was able to hear about the further artistic career of Tibebe Terffa. There is no doubt that he is one of the outstanding artistic figures of his generation.

Gaudenz B. Ruf
Ambassador of Switzerland to Ethiopia
1988–1991

DANK

Ein Buch kann nicht ohne die Hilfe und Unterstützung vieler Personen entstehen. Vorerst möchten wir uns für all die Interviews bedanken, die wir in Addis Ababa führen konnten. Wir danken vor allem Tibebe Terffa, der geduldig all unsere Fragen beantwortete und uns eindrückliche und auch berührende Einblicke in sein Leben gewährte.

Dem früheren schweizerischen Botschafter in Äthiopien, Gaudenz B. Ruf, Zürich, gebührt ein ganz spezieller Dank für das Geleitwort, das er für unsere Publikation verfasst hat.

Wir möchten Sarah J. Hayward dafür danken, dass sie uns erlaubte, ihre Bilder von Tibebe Terffa zu fotografieren, und Ray Dirks aus Winnipeg dafür, dass er uns Fotos von seinen Tibebe-Bildern zur Verfügung gestellt hat.

Ebenso danken wir Yonas Tarekegn, Leiter der Bibliothek des Goethe-Instituts, Addis Ababa, dass wir das institutseigene Bild von Tibebe Terffa fotografieren durften.

Wir danken Michèle Dick, Völkerkundemuseum der Universität Zürich, die für uns drei Standfotos aus einem Dokumentarvideo über ein Happening von Tibebe Terffa realisierte.

Von den folgenden Personen erhielten wir wertvolle Hinweise zur Kunstszene in Addis Ababa: Francesca Amendola, Istituto Italiano di Cultura; Béatrice Braconnier, Alliance Ethio-Française; Elias Sime, Ko-Gründer des Zoma Contemporary Art Center (ZCAC); Eshetu Tiruneh, Kunst-Direktor und Kurator der TOMOCA Gallery; Fitsum Tefera, Kunst-Kurator am Nationalmuseum; Irmtraut Hubatsch, Direktorin des Goethe-Instituts; Konjit Seyoum, Gründerin und Direktorin der Asni Art Gallery; Lilly Sahle, Gründerin und Direktorin der LeLa Art Gallery; Mesai Haileleul, Ko-Gründer und -Direktor der Addis Fine Art Gallery; Mifta Zeleke Berga, Gründer, Besitzer und Kurator des Guramayle Art Center; Samson Meressa, Kunst-Direktor und Nuru Abegaz, Kunst-Kurator der Laphto Art Gallery. So sei auch ihnen dafür gedankt. Es war zudem sehr verdienstvoll, dass uns Samson Meressa zu den verschiedenen Galerien gefahren hat.

ACKNOWLEDGEMENTS

A book cannot be created without the help and support of many people. First, we would like to thank all the people we interviewed in Addis Ababa. Our warmest gratitude goes above all, to Tibebe Terffa, who patiently answered all of our questions and gave us many important and touching insights into his life.

We are extremely grateful to the former ambassador of Switzerland to Ethiopia, Gaudenz B. Ruf, for the foreword he has written for this publication.

We would like to thank Sarah J. Hayward for giving us permission to photograph her paintings of Tibebe Terffa for this book, and Ray Dirks from Winnipeg who sent us photos of his collection.

We are also grateful to Yonas Tarekegn, head of the Goethe-Institut library in Addis Ababa, for allowing us to photograph the painting of Tibebe Terffa which belongs to that library.

We thank Michèle Dick at the Ethnographic Museum of the University of Zurich, for providing three stills from a documentary video of a happening of Tibebe Terffa.

We gained invaluable information about the art scene in Addis Ababa from the following people, and therefore many thanks go to: Francesca Amendola, Istituto Italiano di Cultura; Béatrice Braconnier, Alliance Ethio-Française; Elias Sime, Co-founder of the Zoma Contemporary Art Center (ZCAC); Eshetu Tiruneh, Art Director and Curator of the TOMOCA Gallery; Fitsum Tefera, Fine Art Curator at the National Museum; Irmtraut Hubatsch, Director of the Goethe-Institut; Konjit Seyoum, Founder and Director of the Asni Art Gallery; Lilly Sahle, Founder and Director of the LeLa Art Gallery; Mesai Haileleul, Co-Founder and -Director of the Addis Fine Art Gallery; Mifta Zeleke Berga, Founder, Owner and Curator of the Guramayle Art Center; Samson Meressa, Art Director and Nuru Abegaz, Art Curator of the Laphto Art Gallery. We very much appreciate the fact that Samson Meressa drove us to the different galleries.

Wir wissen es zu schätzen, dass Elias Sime, Konjit Seyoum, Lilly Sahle und Samson Meressa uns erlauben, unsere Fotos ihrer Galerien zu verwenden.

Des Weiteren danken wir Irma Grieder, Maltherapeutin in Zürich, mit der wir anregende Gespräche über Kunsttherapie führen konnten.

Wir danken herzlich Heinz Lippuner, Grüt CH, und Helen Rana, Bristol GB, für das sorgfältige Lektorat des deutschen respektive des englischen Texts.

Wir danken Kathrin Leuenberger, Fotografin des Völkerkundemuseums der Universität Zürich, für die Reprofotos der museumseigenen Bilder, ebenso dem Museum für die Erlaubnis, diese Fotos verwenden zu dürfen.

Wir möchten Dorothée Baganz vom Michael Imhof Verlag für das sorgfältige Korrektorat des deutschen Texts danken sowie Anja Schneidenbach für das kreative Layout; allen sei auch für die gute Zusammenarbeit gedankt.

Wir freuen uns, dass der Verleger Michael Imhof uns ermöglichte, unser Buch in seinem Verlag zu publizieren.

August 2017
Elisabeth Biasio und Peter Gerber

We are also grateful to Elias Sime, Konjit Seyoum, Lilly Sahle, and Samson Meressa for allowing us to publish our photos of their galleries.

Further thanks go to Irma Grieder, an art therapist in Zurich, with whom we shared stimulating conversations about art therapy.

We cordially thank Heinz Lippuner, Grüt, CH, and Helen Rana, Bristol, GB, for their meticulous proofreading of the German and English texts respectively.

Further thanks go to Kathrin Leuenberger, photographer at the Ethnographic Museum of the University of Zurich, for her reproductions of the paintings which belong to the museum, and to the museum for allowing us to make use of its photos.

We also want to thank Dorothée Baganz of the Michael Imhof Verlag for the careful revision of the German text, as well as Anja Schneidenbach for the creative layout, we are grateful for their kind cooperation.

We are pleased that Michael Imhof gave us the opportunity to publish our book with his publishing company.

August 2017
Elisabeth Biasio and Peter R. Gerber

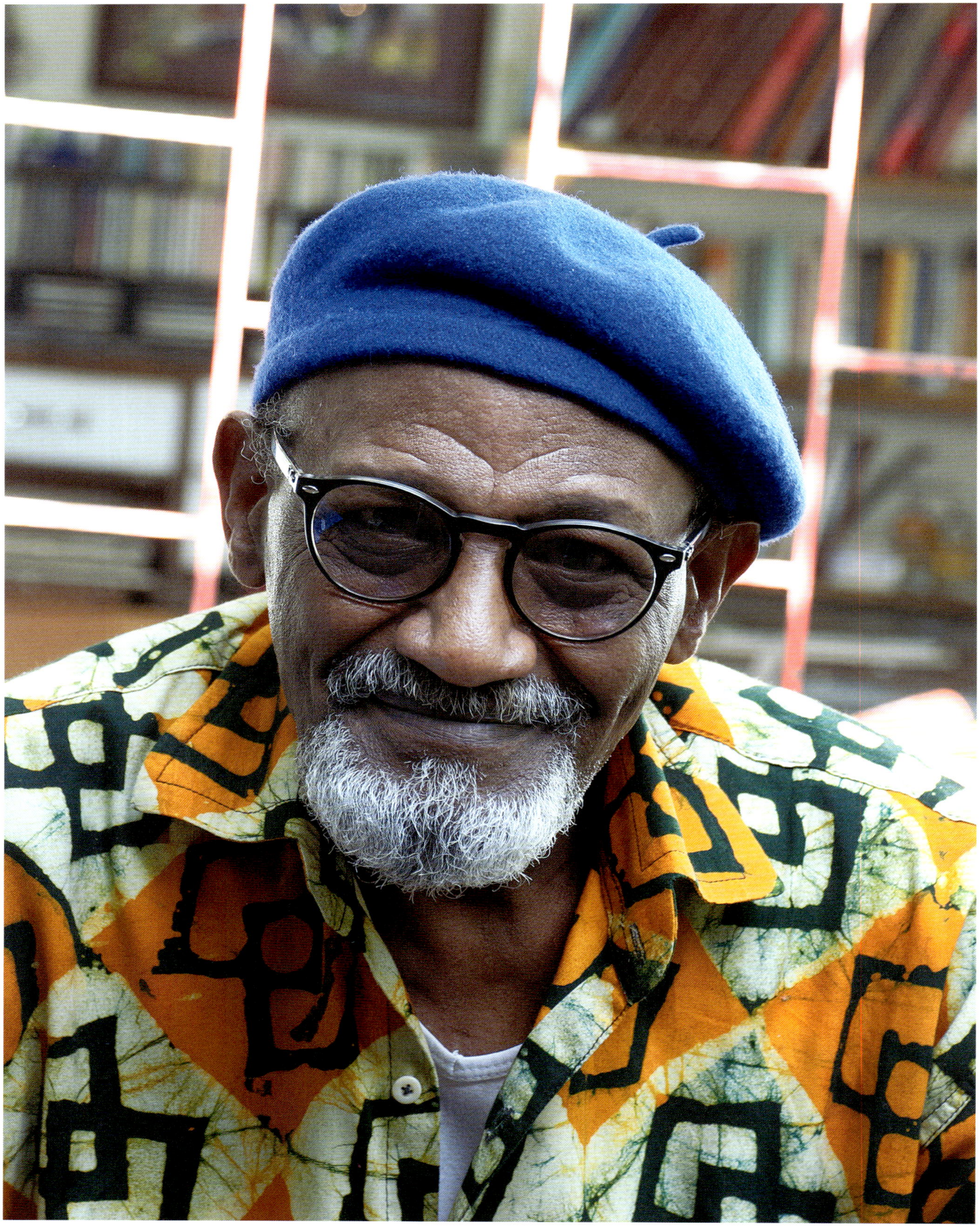

Tibebe Terffa; Februar 2017[1]

Tibebe Terffa; February 2017[1]

EINFÜHRUNG

Wir begegneten dem Künstler Tibebe Terffa zum ersten Mal im März 1993 in Zürich, als er uns zusammen mit einem unserer Freunde, dem Afrikanisten Al Imfeld, besuchte. Einen Monat später trafen wir ihn wieder, diesmal in Addis Ababa, wo wir ihn ausführlich interviewten und einige seiner Bilder dokumentierten. Dies war Teil unserer Forschung für eine im Fowler Museum, University of California, Los Angeles (UCLA) geplante Ausstellung über äthiopische Künstler, die leider nie realisiert wurde. Im Mai 2004 interviewten wir Tibebe Terffa für den Artikel „Gebre Kristos Desta Reflected by His Former Students"[2].

Im Verlauf der Jahre entwickelte sich unsere Beziehung zu Tibebe Terffa zu einer wahren Freundschaft, und jedes Mal, wenn wir nach Äthiopien reisten, stand ein Besuch bei ihm zu Hause auf dem Programm. Bald reifte auch die Idee, eine Publikation über sein künstlerisches Werk zu verfassen. Dies, weil es nach unseren Kenntnissen nur einige Broschüren von Galerien, Zeitungsartikel oder Kurzbiographien in Ausstellungskatalogen über ihn gibt, obwohl in der letzten Dekade zahlreiche Einträge im Internet erschienen sind, die nützliche Informationen über das Werk und die Ausstellungstätigkeit dieses Künstlers bieten.

Als wir Tibebe Terffa im Januar 2015 unser Buchprojekt per Mail vorstellten, war er sehr erfreut, und so reisten wir im April/Mai 2015 für die aktuelle Publikation nach Addis Ababa. Sie bietet einen Überblick über das Werk des Künstlers und vermittelt einen Einblick in die verschiedenen Perioden seines Schaffens. Wir können jedoch nicht all seine Werke dokumentieren, weil sie vornehmlich bei Privatsammlern über die ganze Welt verstreut sind: Äthiopien, Südafrika, Indien, Großbritannien, Deutschland, Spanien, Schweden, Schweiz, Kanada und USA.

Als Ethnologen beabsichtigen wir nicht, Tibebes Werk von einem westlichen kunstwissenschaftlichen Standpunkt aus zu klassifizieren – dies mögen Kunsthistoriker tun, die, so ist zu hoffen, von seinem Werk inspiriert werden. Unserer Ansicht nach müsste Tibebe

INTRODUCTION

We first came across the artist Tibebe Terffa in March 1993, when he visited us in Zurich, Switzerland, together with Al Imfeld, an Africanist who was a friend of ours. A month later we met Tibebe again, this time in Addis Ababa, when we completed an extensive interview with him and documented some of his paintings. This was part of our research for a planned exhibition on Ethiopian artists at the Fowler Museum, University of California Los Angeles (UCLA), which, unfortunately, was never realised. In May 2004 we interviewed Tibebe for the article 'Gebre Kristos Desta Reflected by His Former Students'.[2]

Over the years, our association with Tibebe became a true friendship, and every time we travelled to Ethiopia, we included a visit to his home as part of our itinerary. Over time, the idea of writing a book about his artwork gradually evolved. There is a need for this book because – as far as we know – there are only a few gallery pamphlets, newspaper articles, or short profiles in exhibition catalogues about him, although numerous articles have been published on the Internet in the past decade, which provide useful information on this artist's work and exhibition activities.

When we suggested our proposal to Tibebe by letter in January 2015, he was delighted by the idea, so we travelled to Addis Ababa in April/May 2015 to work on this publication. It provides an overview of his artwork, along with an insight into different periods of his creative activity. We are unable to document every one of his paintings, because they are scattered mainly in private collections all over the world: Ethiopia, South Africa, India, Great Britain, Germany, Spain, Sweden, Switzerland, Canada, and the USA.

As anthropologists, we do not intend to classify his work in terms of the Western science of art – that is up to art historians, who will hopefully be inspired by Tibebe's artwork. In fact, we believe that Tibebe, along with other Ethiopian artists, should receive more attention from Western art historians and art museums.[3]

wie auch anderen äthiopischen Künstlern mehr Aufmerksamkeit von westlichen Kunsthistorikern und Kunstmuseen geschenkt werden.[3]

Es ist an dieser Stelle angebracht, kurz auf die Verwendung der Personennamen einzugehen. In Äthiopien gibt es keine Familiennamen. Jede Person bekommt ihren eigenen Namen und – als zweiten Namen – den ersten Namen ihres Vaters. So heißt Meron, eine Tochter Tibebes, Meron Tibebe. Jede/r wird mit ihrem oder seinem ersten Namen, der nicht dem im europäischen Sprachraum gebräuchlichen Vornamen entspricht, angesprochen, auch in der Höflichkeitsform, in unserem Falle also Frau Elisabeth und Herr Peter. So werden in Bibliographien äthiopische Autoren entsprechend ihrem ersten Namen alphabetisiert; zwischen dem ersten und zweiten Namen wird kein Komma gesetzt. Aufgrund der Verwendung von Namen in Äthiopien schreiben wir in lockerer Abwechslung mal nur den Erstnamen, Tibebe, mal beide Namen, Tibebe Terffa.

Als wir Tibebe Terffa im April 1993 in Addis Ababa trafen, hieß er uns herzlich willkommen in seinem Holzhaus, das von einem wunderbaren Garten umgeben ist, den er selbst pflegt. Die das Grundstück umgebende Wand war – und ist immer noch – mit faszinierenden Gesichtern bemalt, und seine Zimmer sind mit seinen Bildern geschmückt. Hier lebte er mit seiner Frau Amsaleh, die leider im August 1996 verstarb, und seinen beiden Töchtern Meron, geboren 1981, und Martha, geboren 1988. Beide wohnen jetzt in Winnipeg, Manitoba, Kanada.

Wie erwähnt, besuchten wir während all unserer Aufenthalte in Addis Ababa Tibebe und führten mit ihm lange, philosophische Gespräche über das Leben im Allgemeinen und über seine künstlerische Arbeit im Besonderen. Er liebt es jedoch nicht, seine Malereien zu erklären, weil, seiner Meinung nach, jedes Kunstwerk bei jedem Betrachter wieder eine eigene Reaktion und Interpretation hervorruft. Diese Auffassung passt zur These von Umberto Eco, der das ‚offene Kunstwerk' postuliert, das sich seit der Romantik im Bereich der Künste manifestiere. Beim ‚offenen Kunstwerk' kann der Betrachter visueller Kunst insofern Mitautor des Werks sein, als es ‚offen' ist für neue Interpretationen, die über die Intention des Künstlers hinausgehen können.[4]

Dies ist auch der Grund, weshalb die meisten von Tibebes Arbeiten keinen Titel haben. Er erklärte

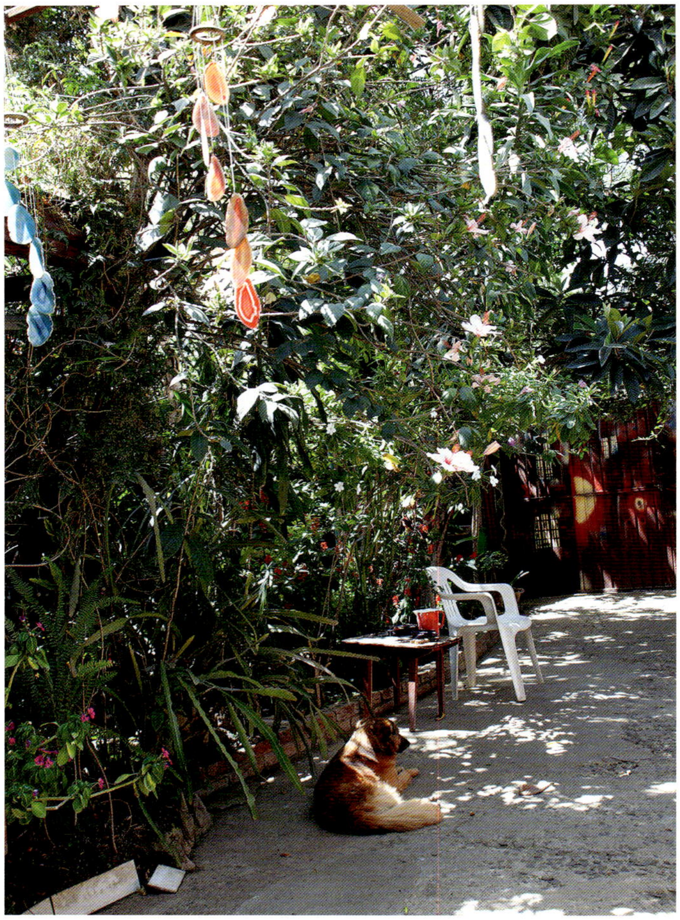

Der Garten von Tibebe; April 2015
Tibebe's garden; April 2015

At this point, it is useful to briefly explain the format of names in Ethiopia, where there are no family names. Everybody is given their own name and then – as a second name – the first name of their father. Thus, Tibebe's daughter Meron is called Meron Tibebe. Everybody is addressed by their own name, even in formal speech – in our case: Mrs. Elisabeth and Mr. Peter. Therefore, Ethiopian authors are alphabetised according to their first names in bibliographies; there is no comma between the first and the second name. Because of the use of names in Ethiopia, in this book we freely alternate between his names, sometimes only using his first name, Tibebe, and sometimes both names, Tibebe Terffa.

When we met Tibebe in April 1993 he welcomed us cordially to his wooden house surrounded by a marvellous garden, which he looks after himself. The inside of the enclosing wall was – and still is – paint-

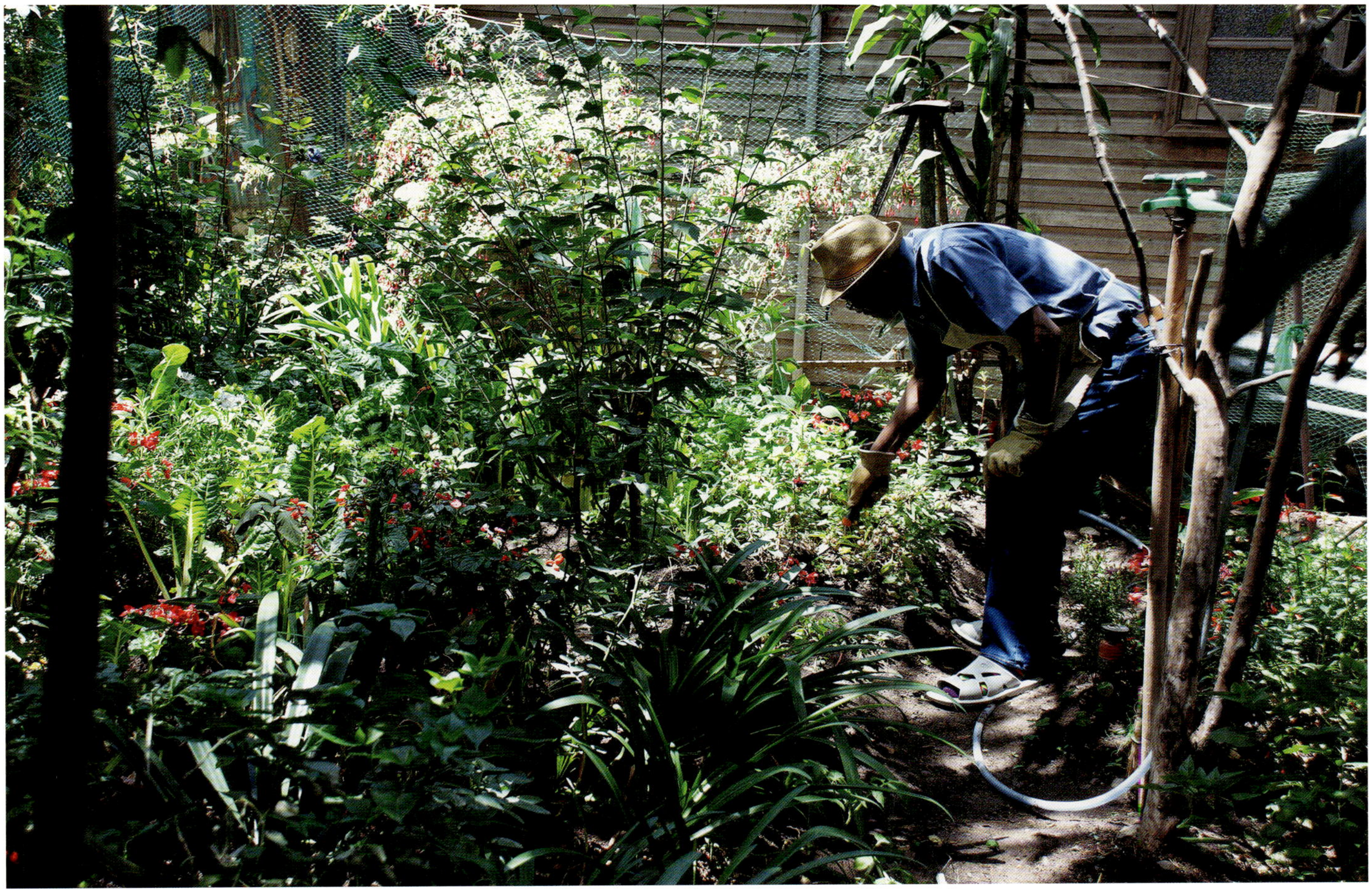

Tibebe als Gärtner; April 2015

Tibebe as a gardener; April 2015

dies in einer Einführung zu seiner Ausstellung im St. Norbert Arts Centre in Winnipeg am 10. August 2014:

„Kunst ist ein Ausdruck eigener Gefühle, Emotionen und Charakteristika – für beide, den Maler und den Betrachter. Der Künstler kreiert, und der Betrachter interpretiert, und die Übernahme der Interpretation macht den Sinn des Kunstwerks für den Betrachter bedeutungsvoll. Deshalb haben meine Werke meistens keinen Titel."[5]

Oder in anderen Worten:

„Nicht das Werk zählt, was zählt, ist der Betrachter. Der Betrachter ist wichtiger als das Werk. Denn es ist der Betrachter, der das Bild macht. Das Werk kann die Anordnung und die Farbkomposition liefern und die ästhetische Wirkung. Und es offenbart, ob du als Maler wirklich ehrlich zu dir selber bist. Dann aber muss der Betrachter selber eine Interpretation ausarbeiten."[6]

ed with intriguing faces, while the rooms are decorated with his artwork. He lived there with his wife Amsaleh, who sadly died in August 1996, and his two daughters Meron, born in 1981, and Martha, born in 1988. Both now live in Winnipeg, Manitoba, Canada.

During all our stays in Addis Ababa we visited Tibebe, as mentioned above, and had long philosophical talks with him, about life in general and his creative work in particular. However, Tibebe does not like to explain his paintings, because he believes that every piece of art will evoke a singular response and interpretation from each individual viewer. This conception matches Umberto Eco's thesis that 'open artwork' has been manifested in the realm of arts ever since the days of Romanticism. The viewer of a visual 'open artwork' can be considered as a co-author of the work, as far as it is 'open' for new interpretations going far beyond the intention of the artist.[4]

So begannen wir, während unserer Diskussionen über seine Werke, ihm zu erzählen, was wir in seinen Bildern sahen und wie wir uns als Betrachter fühlten. Manchmal lächelte er amüsiert über unsere Einbildungskraft, und einmal bemerkte er: „Ja, ihr beginnt zu sehen, was ihr sagt; ihr werdet auch ein Maler von jemandes Bild. Die Person neben dir würde über das gleiche Thema ein anderes Bild malen."[7] Und dann sprach er über seine eigenen Gefühle und Interpretationen seines Werks.

Bevor wir auf das Leben und Werk Tibebe Terffas eingehen, möchten wir einen kurzen Überblick über die Maltraditionen Äthiopiens geben, um einen Einblick in den reichen kulturellen Hintergrund des Landes zu ermöglichen, in welchen Tibebe eingebettet ist.

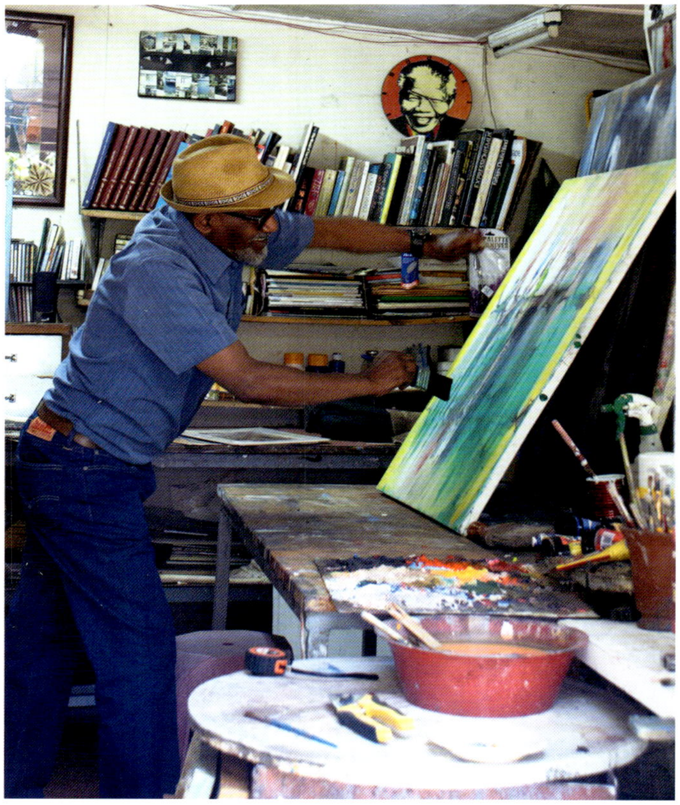

This is also the reason why most of Tibebe's works are untitled. He explained this during an introduction to his exhibition at St. Norbert Arts Centre in Winnipeg, on 10 August 2014:

"Art is an expression of one's own feelings, emotions and characteristics – for both the painter and the viewer. The artist creates and the viewer interprets and the interpretation takes over and makes sense of the art in ways that are meaningful for the viewer. This is why most of the time my works are untitled."[5]

Or in other words:

"It is not the painting that matters. What matters is the viewer. The viewer is more important than the painting, because it is the viewer who makes this painting. The painting can provide the arrangement and the colour composition and the aesthetic appeal. And it reveals how you are really honest to yourself as a painter. So the viewer himself has to work out an interpretation."[6]

So, during our discussions with Tibebe about his paintings, we started by telling him what we saw in his works and how we felt looking at them. Sometimes he was amused by our imaginations, and once said: "Yes, you start seeing what you are saying, you also become a painter of somebody's painting. The person next to you would paint another painting on the same subject."[7] And then he talked about his own feelings and interpretations concerning the work.

Before exploring Tibebe Terffa's life and artwork, we would like to provide a short overview of the painting traditions of Ethiopia, in order to give an insight into the rich cultural background of the country in which Tibebe Terffa is embedded.

Tibebe in seinem Atelier; April 2015
Tibebe in his studio; April 2015

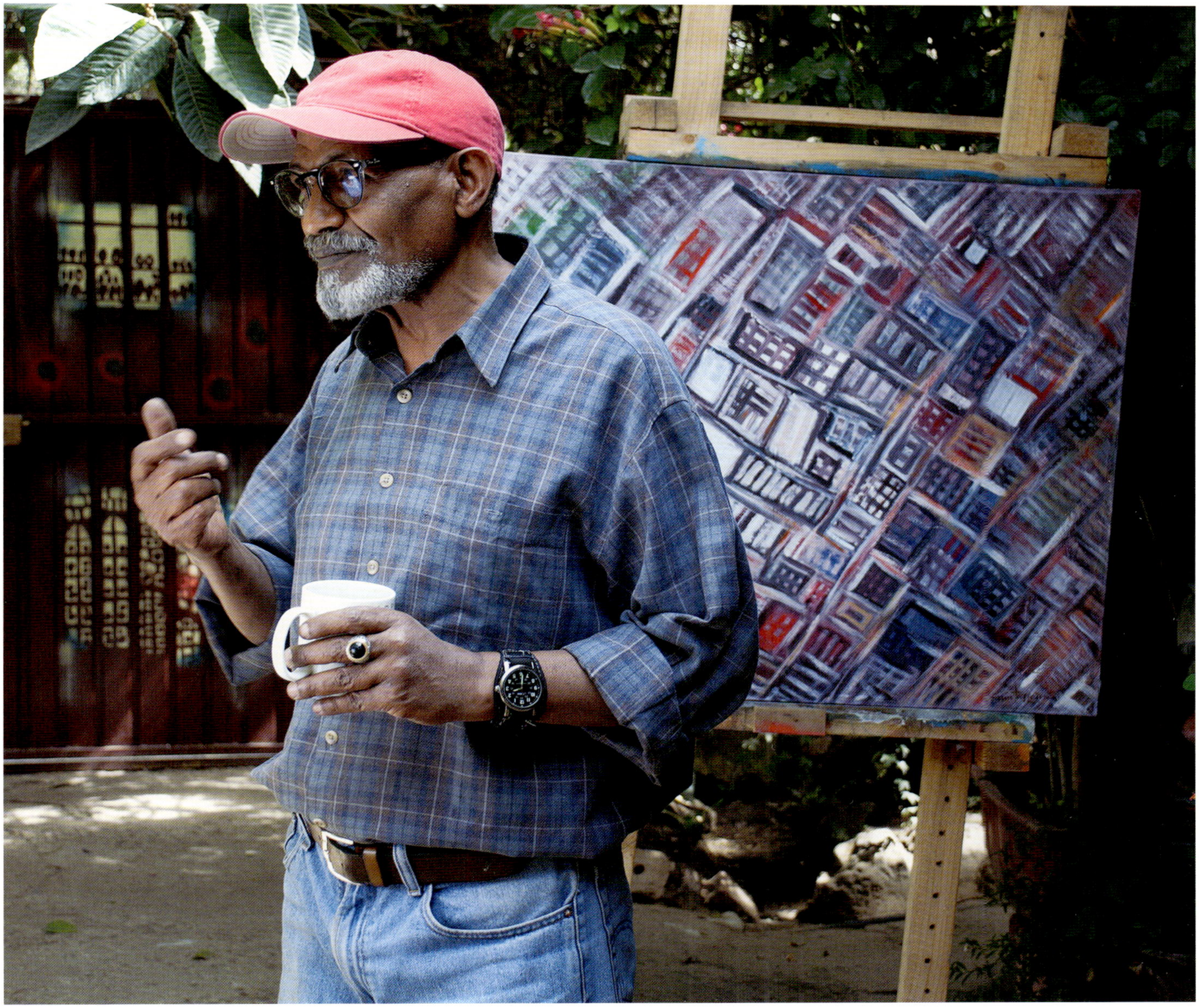

Tibebe erklärt seine Werke; April 2015

Tibebe explaining his artwork; April 2015

DIE MALTRADITIONEN ÄTHIOPIENS

Religiöse Malereien[8]

Seit der Christianisierung im vierten Jahrhundert entwickelte sich in Äthiopien eine christliche Maltradition. Kaiser, Könige, Adlige und hochrangige Kleriker waren die wichtigsten Auftraggeber von Malern, die entweder unabhängig oder in den Schreibstuben der Klöster arbeiteten, wo sie Manuskripte schrieben und illuminierten, Ikonen malten und Kirchen mit Malereien ausstatteten. Die Entwicklung der christlichen Kunst spiegelt die inneren Entwicklungen im Lande ebenso wider wie die Kontakte mit der östlichen und westlichen christlichen Welt sowie mit den islamischen und indischen Traditionen.

Manuskripte

Als die biblischen Texte und später auch andere religiöse Bücher, wie Heiligenviten oder die Erzählungen über Marienwunder, nach Äthiopien gelangten, wurden sie ins Ge'ez übersetzt – der klassischen äthiopischen Sprache, die heute noch Liturgiesprache ist – und in den Schreibstuben der Klöster immer wieder kopiert. Die Manuskripte wurden von Hand auf Pergament, seltener auf Papier geschrieben, dann in Holzdeckel eingebunden, die oft mit Leder überzogen waren. Die Illuminationen zeigen beispielsweise Begebenheiten aus dem Leben Jesu, der Jungfrau Maria, der Heiligen sowie Darstellungen der Evangelisten. Die Manuskripte werden in der Liturgie verwendet.

Wandmalereien in Kirchen

Ursprünglich scheinen die Malereien direkt auf den Stein oder auf eine Grundierung aus Kalkmörtel aufgetragen worden zu sein, wie dies u. a. die Felskirchen von Lalibela dokumentieren. Später wurden die Bilder auf Baumwollstoff gemalt und auf die Wand geklebt. Seit dem 20. Jahrhundert finden sich vermehrt gerahmte Bilder, die an die Kirchenwände gehängt werden. Die Wandmalereien sind nicht grundsätzlich verschieden von Buchmalereien in Bezug auf Form und Inhalt;

THE PAINTING TRADITIONS OF ETHIOPIA

Religious Paintings[8]

Since its Christianisation in the 4th century, a tradition of Christian religious painting has developed in Ethiopia. Emperors, kings, feudal lords and high-ranking clerics were the main patrons of painters who worked independently or in monastery scriptoria, writing and illuminating manuscripts, painting icons, and decorating churches with paintings. The development of Christian art reflects the internal development of the country as well as its contacts with both the Eastern and Western Christian world, and with Islamic and Indian traditions.

Manuscripts

When the Holy Scriptures and, later on, other religious books, such as the Lives of the Saints or the Miracles of Mary, were introduced to Ethiopia, they were translated into Ge'ez – the classical Ethiopic language, which is the liturgical language of the church today – and were copied again and again by scribes in the monasteries. The manuscripts were written by hand on parchment, rarely on paper, and then bound in wooden covers, which were often lined with leather. The illuminations show, for example, events from the life of Jesus Christ, the Virgin Mary and the Saints, and portrayals of the Evangelists. They were used for religious and liturgical practice.

Wall Paintings in Churches

These paintings seem to have originally been applied directly onto stone or onto a coating of lime mortar, as the rock-hewn churches of Lalibela reveal. Later on, the painters worked on cotton fabric glued to the wall. Since the 20th century, also framed paintings were hung on the church walls. Mural paintings are not fundamentally different from book paintings with regard to form and content, however, they show a wider iconographic repertoire, and they have a dif-

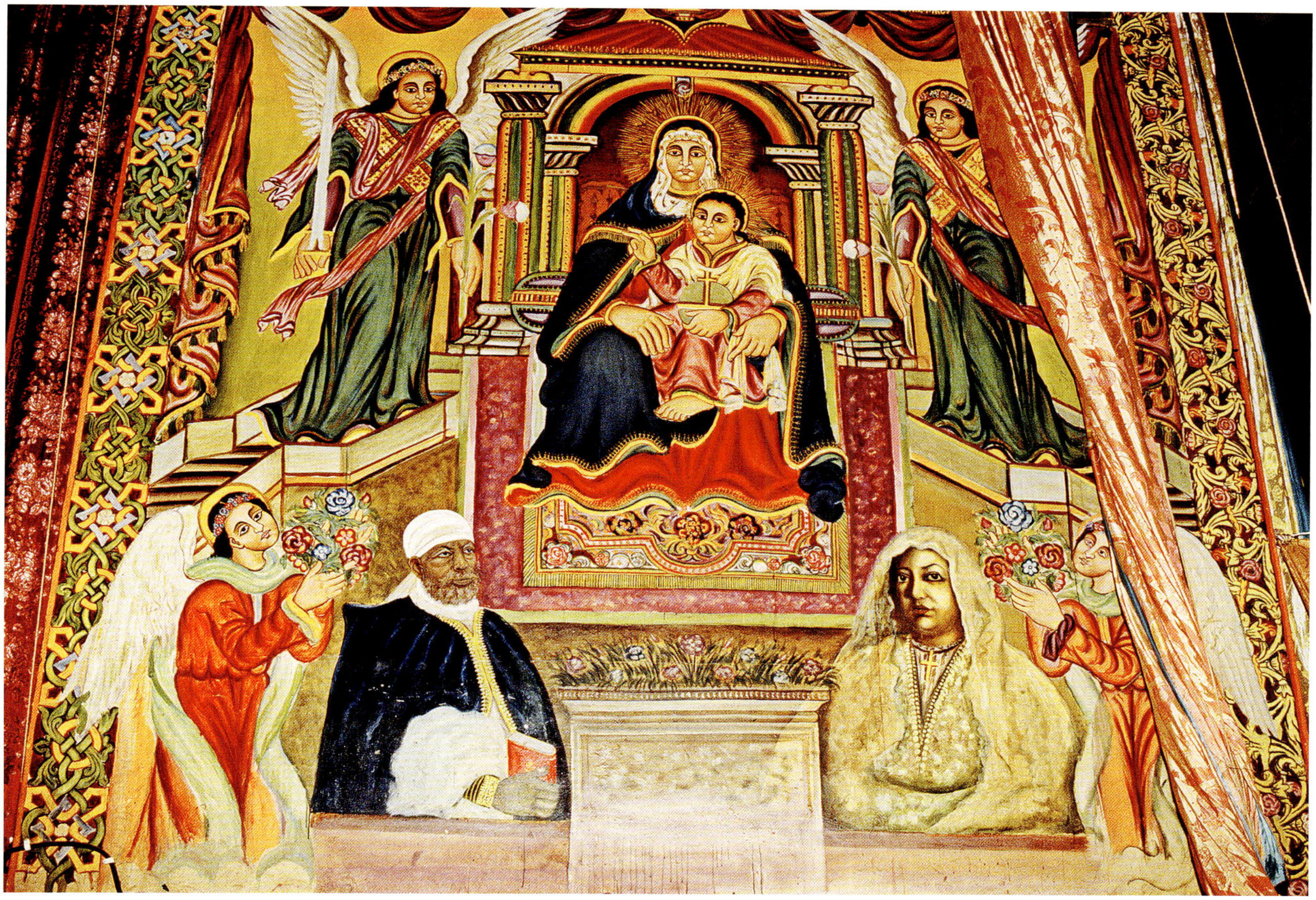

Wandmalerei in der Kirche Entotto Maryam in der Nähe von Addis Ababa (Westwand auf der rechten Seite des Tors): Thronende Jungfrau Maria mit Kind, flankiert von den Erzengeln Michael und Gabriel. Darunter sind die Stifter Kaiser Menilek II. und Kaiserin Taytu abgebildet. Das Bild wurde von Alaqa Heruy Ende des 19. Jahrhunderts oder Beginn des 20. Jahrhunderts ausgeführt. Die Malerei ist ein Beispiel des zweiten Gondar-Stils und zeigt den Einfluss der Fotografie, denn die Stifter sind sehr realistisch dargestellt; April 1993.

Wall painting in the Entotto Maryam church near Addis Ababa (west wall, to the right of the door): Enthroned Virgin Mary with Child, flanked by the Archangels Michael and Gabriel. The donors, Emperor Menilek II and Empress Taytu, are depicted underneath. Completed by the painter Alaqa Heruy in the late 19th or early 20th century. This painting is an example of the second Gondar Style and shows the influence of photography, because the donors are painted in a very realistic style; April 1993.

sie weisen hingegen ein breiteres ikonographisches Bildprogramm auf und haben eine unterschiedliche Funktion. Sie sollen dem Volk den christlichen Glauben nahebringen, indem sie für die Analphabeten die Bücher ersetzen. Doch die Tatsache, dass viele Gemälde, wie das Porträt der Jungfrau Maria oder Kreuzigungsdarstellungen, mit Tüchern verhängt sind, weist darauf hin, dass diese Malereien nicht nur einen didaktischen Zweck erfüllen, sondern dass sie auch heilig

ferent function. They are meant to instruct people about the Christian faith, in other words, taking the place of books for people who are illiterate. Nevertheless, the fact that many of the paintings are curtained, such as the images of the Virgin Mary and the Crucifixion, indicates that these paintings not only serve a didactic purpose, but are also sacred in the sense that the figure depicted can also reveal their power.

sind, indem die dargestellte göttliche Person ihre Wirksamkeit durch das Bild entfalten kann.

Ikonen

Es handelt sich um einfache Holztafeln oder um Diptycha oder Triptycha, die zusammengeklappt werden können. Die Bilder werden entweder über einer Grundierung direkt auf die Tafel aufgetragen oder auf grundierten Baumwollstoff, der auf die Tafel aufgezogen wird, eine Technik, die seit dem 17. Jahrhundert verbreitet ist. Die wichtigsten Themen sind Bildnisse der Maria mit dem Kind, Jesus, die Dreifaltigkeit und Heilige. Als besonders heilig angesehene Tafelbilder werden im Verborgenen aufbewahrt und nur während bestimmter Zeremonien oder in Krisenzeiten öffentlich in Prozessionen mitgeführt.

Es gibt auch kleine, doppelseitig bemalte Anhänge-Diptycha, die hauptsächlich von Mönchen mittels einer Schnur um den Hals getragen werden. Sie waren vor allem im 17. und 18. Jahrhundert verbreitet. Zu den bevorzugten Darstellungen gehören die Jungfrau Maria mit dem Kind und der heilige Georg auf einer Seite sowie die Kreuzigung und ein anderes Thema auf der anderen Seite des Anhängers.

Magische Rollen

Magische Rollen werden von den Dabtaras angefertigt. Diese Personen sind nicht ordinierte Mitglieder des Klerus mit Kenntnissen zur Astrologie, und sie verfügen über okkulte Fähigkeiten. Sie sind Spezialisten in der Anfertigung schriftlicher Amulette, speziell von magischen Rollen, die im Auftrag hergestellt werden und Schutz gegen Dämonen gewähren und Krankheiten heilen sollen. Es handelt sich um Pergamentstreifen von etwa 5–25 cm Breite und einer Länge, die in etwa der Körpergröße des Auftraggebers entspricht. Die Rollen enthalten mit schwarzer und roter Tinte geschriebene Gebete, die gegen den bösen Blick und gegen den Blick von Dämonen wirken sowie negative magische Einflüsse neutralisieren sollen. Sie enthalten zudem magische Darstellungen oder Figuren der Heiligen.

Der Stil der religiösen Malerei

Der Stil religiöser Bilder ist weder uniform noch statisch. Es gibt regionale Unterschiede, bedingt durch den Einfluss gewisser Skriptorien und Kunstzentren oder einzelner Meister und politischer Entwicklun-

Icons

These are simple wooden panels or diptychs or triptychs which can be folded up. The paintings are either applied directly onto a layer of plaster pasted on the panel, or onto primed cotton fabric pasted to the panel – a method which has been increasingly used since the 17th century. The primary subject matters are portraits of St. Mary with her child, Jesus, the Trinity and Saints. Particularly venerated icons are kept concealed and only carried on the occasion of certain ceremonies or in processions in times of crisis.

There are also small, double-sided pendant diptychs which are worn suspended by a cord around the neck, especially by monks. These were common in the 17th and 18th centuries. The favourite subject matters that these depict include the Virgin Mary with her child and Saint George on one side, with the Crucifixion and another subject on the other side.

Magic Scrolls

Magic scrolls are made by the dabtaras, who are unordained members of the clergy, who have astrological and other occult knowledge. They are experts at making written charms, especially magic scrolls, which are produced to order and are meant to provide protection against demons and to heal sicknesses.

The magic scrolls are parchment strips of around 5–25 cm wide; their length usually corresponds to the height of the person the scroll is for. They contain prayers written in black and red ink, which protect individuals against things like the evil eye and the eye of the demons, or they neutralise negative magic influences. The scrolls are decorated with magical representations or with figures of the saints.

The Style of Religious Paintings

The style of Ethiopian painting is neither uniform nor static. Regional differences have arisen from the influence of certain scriptoria and art centres, due to individual masters and political developments. Over time, other changes in style and iconography have appeared, attributed to foreign models of art or foreign artists working in Ethiopia. Nevertheless, it is clear that there is an autonomous Ethiopian style of painting, since the foreign approaches were not

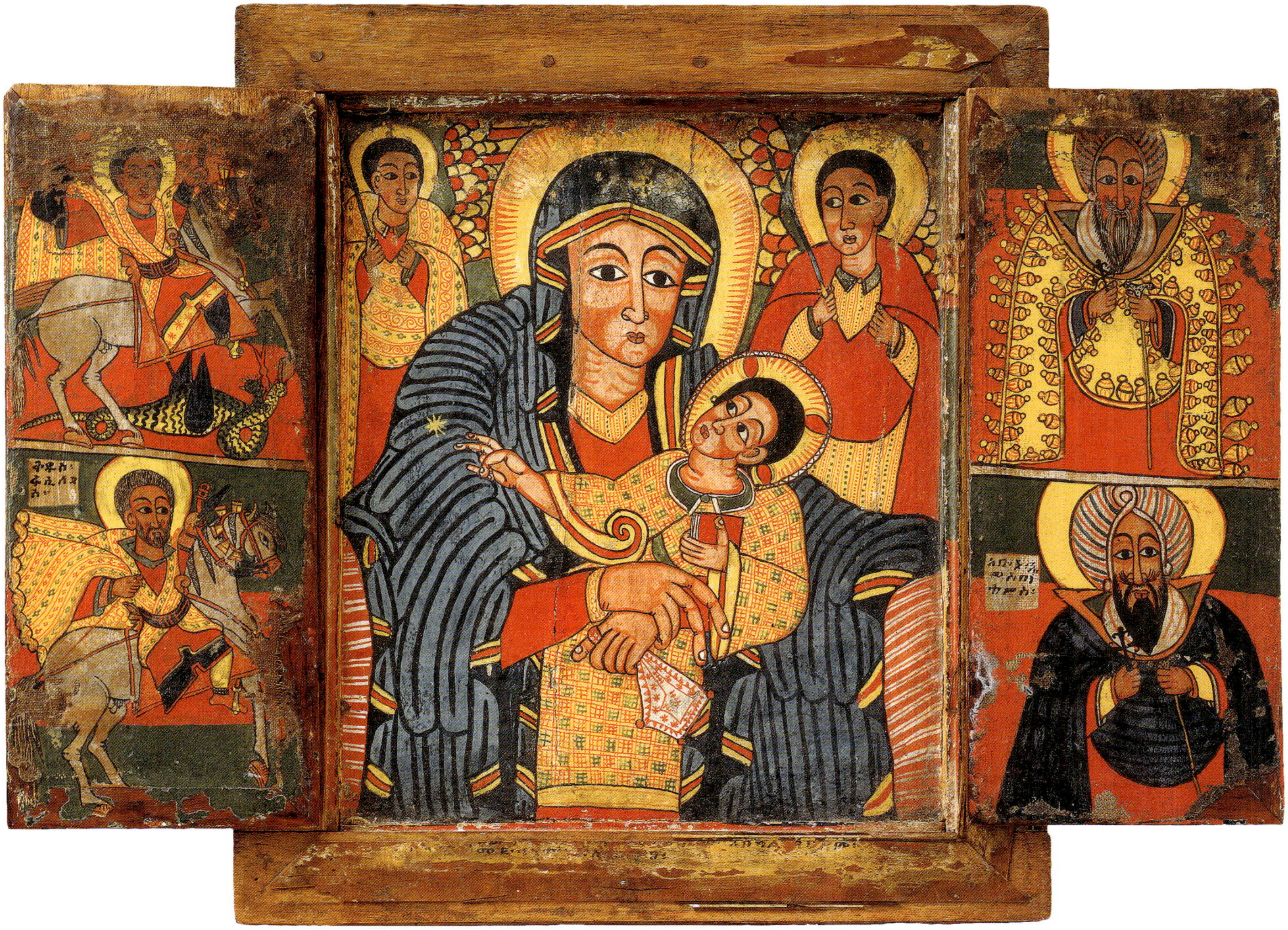

Triptychon; Maler unbekannt
Naturfarben auf Holz mit Gipsschicht
31,5 x 40,5 cm (offen)
Völkerkundemuseum der Universität Zürich, Inv. Nr. 13984
Foto: Kathrin Leuenberger

Triptych; painter unknown
Wood, natural colours on a gypsum layer
31.5 x 40.5 cm (open)
Ethnographic Museum of the University of Zurich,
Inv. no. 13984
Photo: Kathrin Leuenberger

Das Zentralbild zeigt die thronende Jungfrau Maria mit dem Kind, flankiert von den Erzengeln Michael und Gabriel. Auf dem oberen Teil des rechten Seitenflügels tötet der heilige Georg den Drachen, und auf dem unteren Teil wird der äthiopische Heilige Fasilades dargestellt. Auf dem oberen Teil des linken Seitenflügels kann man den Heiligen Tekle Haymanot erkennen und auf dem unteren Teil den Heiligen Abuna Ewostatewos. Das Triptychon wurde im 17. Jahrhundert angefertigt und ist ein Beispiel des ersten Gondar-Stils.

The central panel shows the enthroned Virgin Mary with her child, flanked by the Archangels Michael and Gabriel. Saint George is slaying the dragon in the upper part of the right-hand panel, and the Ethiopian Saint Fasilades is shown on the lower part. You can see the Saint Tekle Haymanot in the upper part of the left-hand panel, with the Saint Abuna Ewostatewos on the lower part. This triptych was produced in the 17th century and is an example of the first Gondar style.

gen. Der Stil und die Ikonographie änderten sich mit der Zeit auch durch den Einfluss fremder Vorbilder, die ins Land kamen, oder durch fremde Maler, die in Äthiopien arbeiteten. Trotzdem kann man von einem autonomen äthiopischen Malstil sprechen, denn die äthiopischen Künstler kopierten nicht einfach die fremden Vorbilder, sondern passten sie in Bezug auf Form und Inhalt der Maltradition des Landes an.

Die fundamentalen Charakteristika der äthiopischen Malerei sind folgende: Die Bilder sind mit starken, leuchtenden Farben gemalt, und die Figuren werden schwarz umrandet. Die Augen sind immer von prominenter Größe. Die Maler versuchen nie, eine illusionistische Darstellung mittels Zentralperspektive wiederzugeben. Die Größe einer Figur stimmt mit ihrer Bedeutung überein und nicht mit den Regeln der Perspektive. Die Raumverhältnisse sind daher nicht naturalistisch. Fast immer wird die sogenannte Profilregel angewandt: Gute Personen werden frontal dargestellt, schlechte im Profil. Die wichtigen Personen und Szenen werden schriftlich erklärt.

Zeitgenössische Malerei im traditionellen Stil[9]

Kaiser Menilek II. (reg. 1889–1909) legte – noch als König von Shoa – 1887 den Grundstein für die Hauptstadt Addis Ababa. Wie seine Vorgänger ließen er und seine Frau, Kaiserin Taytu, Kirchen errichten und sie mit Bildern schmücken, und die neue Hauptstadt wurde ein Anziehungspunkt für Kirchenmaler. Da sich auf Grund des von Menilek initiierten Modernisierungsprozesses immer mehr ausländische Gesandtschaften und Fremde in der Stadt niederließen, stieg die Nachfrage nach äthiopischen Souvenirs, und Kirchenmaler begannen, neben ihrer Aktivität für Kirchen und Adel, auch für diese neue Klientel zu malen. So entstand erstmals eine Malerei außerhalb des kirchlichen Kontexts. Diese neue Kategorie von Malereien erhielt unterschiedliche Bezeichnungen. In der Literatur ist sie bekannt geworden als ‚säkulare Malerei', ‚traditionelle Malerei', ‚Volksmalerei', ‚populäre Malerei' oder ‚zeitgenössische Malerei im traditionellen Stil'. Die religiösen Themen wurden weiterhin dargestellt, jedoch durch eine Reihe neuer Themen ergänzt, wie beispielsweise Alltagsleben, Kirchenrituale, Bankette, höfische Szenen oder Legenden – allen voran die Legende der Königin von Saba.

merely copied by Ethiopian artists, but their form and content was remodelled according to the painting tradition of the country.

There are several fundamental characteristics of the Ethiopian style of painting: The works are painted in strong, bright colours with black-rimmed figures. Eyes are always extraordinarily large. Painters never try to give an illusionistic rendering with a central perspective – the size of a figure varies in accordance with its degree of importance, not with the rules of perspective. The proportions of space, therefore, are always non naturalistic. The 'profile rule' is usually applied, which stipulates that good people should be represented in full face view; bad people in profile. The important people and scenes are described in captions.

Contemporary Painting in Traditional Style[9]

In 1887 Emperor Menilek II (r. 1889–1909), who was then still king of Shoa, established Addis Ababa as his capital city. Like his predecessors, he and his wife Empress Taytu founded churches and had them decorated with pictures, and the new capital became a magnet for church painters. As more and more foreigners and legations took up residence in the city, in the wake of Menilek's modernisation programme, the demand for Ethiopian souvenirs grew, so church painters also began painting for this new clientele, alongside their work for churches and the nobility. Thus, for the first time, painting was being done outside a religious context. This new category of painting has been given different names; in the literature it is known variously as 'secular painting', 'traditional painting', 'folk painting', 'popular painting', or 'contemporary painting in traditional style'. The religious themes of church painting continued being produced, but were augmented by a wealth of new themes, such as daily life, church rituals, banquets, court scenes, or legends – above all, the legend of the Queen of Sheba.

The traditional style of church painting continued being adhered to and, when artists painted multiple scenes of a legend, they would lay them out in linear succession, comic strip fashion. As the demand for paintings grew, above all during the tourist boom of the 1950s and 1960s, such pictures were rapidly mass-

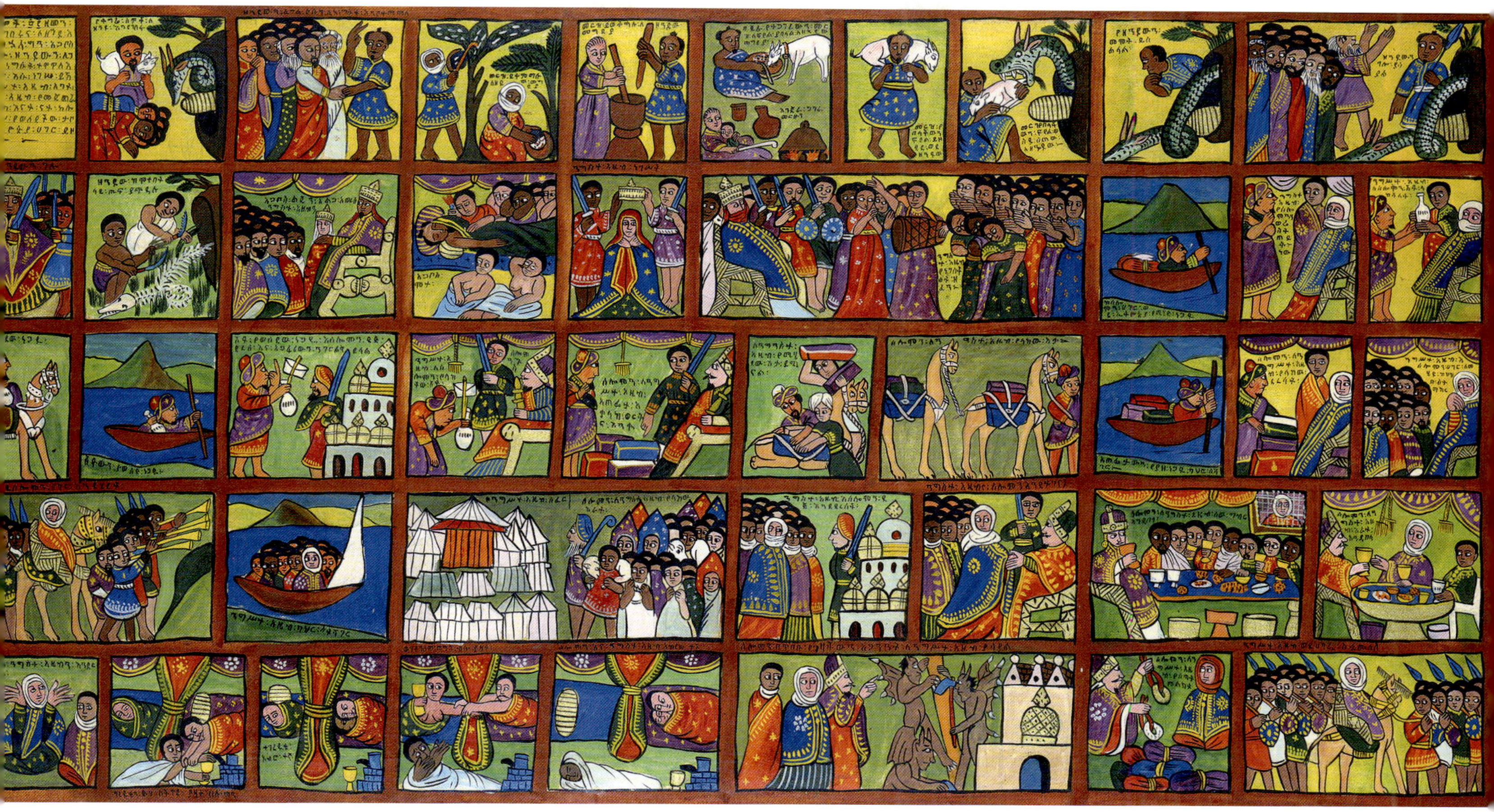

Die Legende des Drachentöters Angabos
und der Königin von Saba
Maler unbekannt
Farbe auf Baumwollstoff, 80 x 150 cm
Sammler: Charles-Henry Steiner 1927–1929
Völkerkundemuseum der Universität Zürich, Inv. Nr. 16856
Foto: Kathrin Leuenberger und Silvia Luckner

The Legend of the Dragonslayer Angabos
and the Queen of Sheba
Painter unknown
Paint on canvas, 80 x 150 cm
Collector: Charles-Henry Steiner 1927–1929
Ethnographic Museum of the University of Zurich,
Inv. no. 16856
Photo: Kathrin Leuenberger and Silvia Luckner

Der traditionelle Stil der Kirchenmalerei wurde beibehalten, und wenn ein Maler verschiedene Szenen einer Legende darstellen wollte, reihte er sie wie in einem ‚Comicstrip' aneinander. Als die Nachfrage nach Malereien zunahm, vor allem während des Touristenbooms der 1950er und 1960er Jahre, wurden die Bilder in Werkstätten in Massen produziert, was zu einem Niedergang der Qualität führte. Später wurden diese großformatigen Malereien durch kleinere Bilder auf Pergament ersetzt.

produced in workshops, with a resultant decline in quality. Over time, these very large-format paintings gave way to smaller pictures which were produced on parchment.

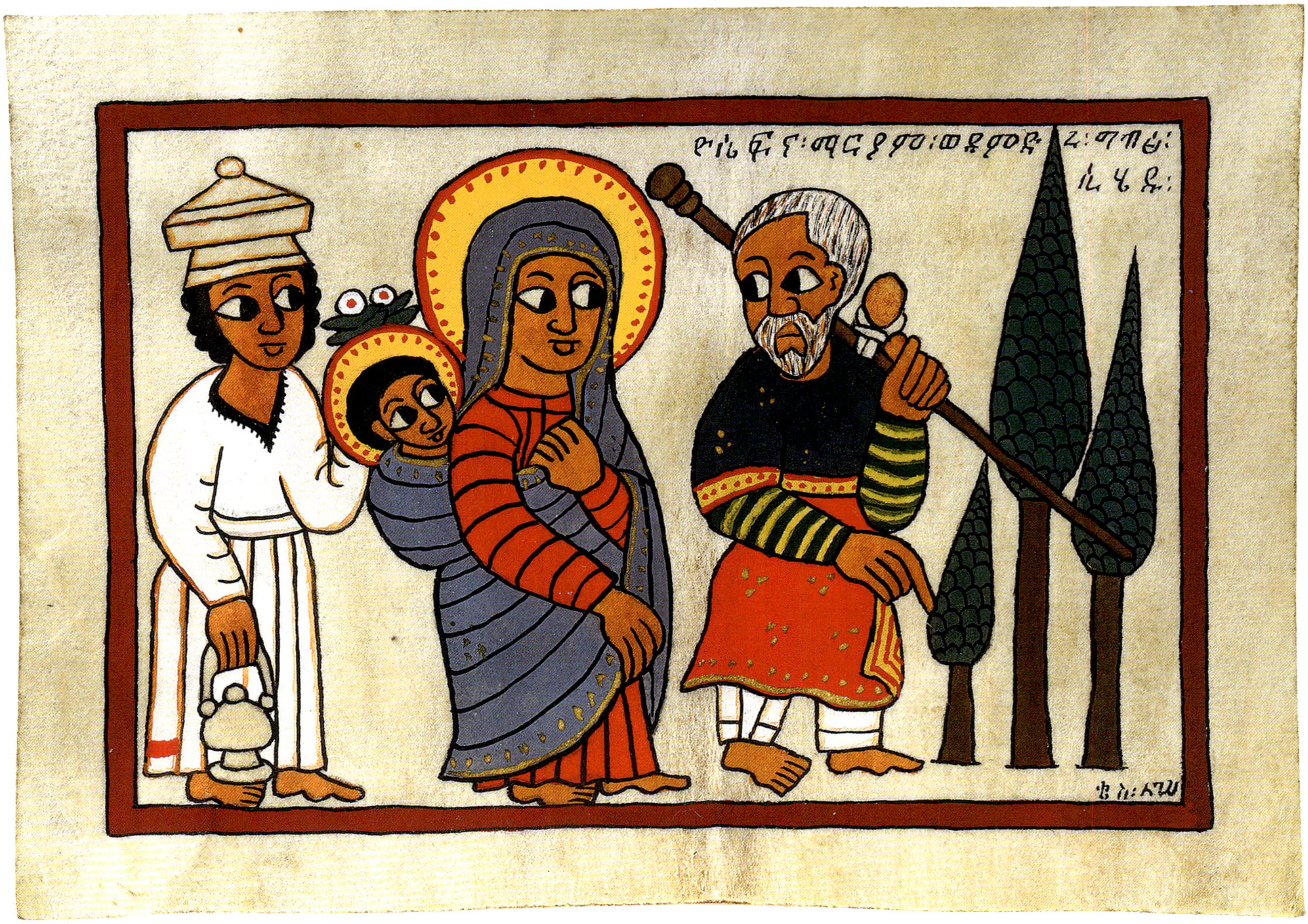

Die Flucht nach Ägypten
Maler: Qes (Priester) Leggese
Farbe auf Pergament, 14,2 cm x 19,2 cm
Sammlerin: Ingrid Bolt, Belvedere Art Gallery, Addis Ababa
1963–1974
Völkerkundemuseum der Universität Zürich, Inv. Nr. 15411
Foto: Kathrin Leuenberger

Maria und Josef werden von ihrer Dienerin Salome begleitet.

The Flight into Egypt
Painter: Qes (Priest) Leggese
Paint on parchment, 14.2 x 19.2 cm
Collector: Ingrid Bolt, Belvedere Art Gallery, Addis Ababa
1963–1974
Ethnographic Museum of the University of Zurich,
Inv. no. 15411
Photo: Kathrin Leuenberger

Mary and Joseph are accompanied by their servant Salome.

Moderne Kunst[10]

Akademische und moderne Kunst begannen sich in Addis Ababa in den 1930er Jahren zu entwickeln. Das westliche Schulsystem, das von Kaiser Haile Selassie I. (reg. 1930–1974) weiterentwickelt wurde, ermöglichte es Äthiopiern, im Ausland zu studieren, und so konnten sich auch Maler an ausländischen Kunstschulen ausbilden lassen. Nach ihrer Rückkehr erhielten diese Künstler zahlreiche Regierungsaufträge. Zusätzlich zu Wandmalereien für Kirchen und öffentliche Gebäude hatten sie kaiserliche Porträts, das Design für Straßenschilder und Banknoten anzufertigen oder sie wurden an Schulen als Kunstlehrer angestellt. Später gab die 1958 in Addis Ababa gegründete Fine Arts School (FAS) der Kunstausbildung in Äthiopien neue Impulse. Vorerst bestanden die Lehrkräfte aus Ausländern, doch Ende der 1960er Jahre wurden diese zunehmend durch einheimische Fachleute ersetzt. Mit der Integration der FAS in die Universität von Addis Ababa 1998 erhielt sie den neuen Namen School of Fine Arts and Design (SFAD), und seit Juni 2010 wird sie Alle School of Fine Arts and Design (ASFAD) genannt, zu Ehren des Gründers und ersten Direktors der FAS, Alle Felege Selam (geb. 1929).[11]

Bis in die 1950er Jahren schufen die Maler und Bildhauer vor allem religiöse und säkulare Werke in konventionell akademischem Stil, die von Kirche und Staat in Auftrag gegeben wurden. Tendenzen zu Stilisierung und Abstraktion hingegen zeigen bereits die Arbeiten von Afewerk Tekle (1932–2012). Zu seinen bedeutendsten Werken gehören das international bekannte Buntglas-Triptychon im Foyer der 1961 erbauten Africa Hall, des permanenten Hauptquartiers der United Nations Economic Commission for Africa (UNECA). 1968 schuf er in Harar die Reiterstatue von Ras Makonnen, Gouverneur von Harar und Vater von Kaiser Haile Selassie I.

Neue künstlerische Ausdrucksformen entwickelten sich in den 1960er Jahren in Addis Ababa, als sich eine finanzkräftige Mittelschicht formierte und sich vermehrt Ausländer in der Stadt niederließen, die als Auftraggeber für Künstler in Frage kamen. Ausländische Kulturinstitute und Galerien organisierten Ausstellungen, die regen Zulauf fanden. Der neue malerische Impuls kam zuerst von Gebre Kristos Desta (1932–1981). Er studierte in Köln (1958–1961),

Modern Art[10]

Academic and modern art began to develop in Addis Ababa in the 1930s. Thanks to the Western educational system promoted by Emperor Haile Selassie I (r. 1930–1974), it became possible for Ethiopians to study abroad, meaning that painters receive tuition to attend art schools abroad. On their return, these artists were generously given government commissions. In addition to wall paintings for churches and official buildings, they were also hired to make imperial portraits, to design street signs and bank notes, or they were recruited as art teachers in schools. Later on, new stimuli for art education in Ethiopia came from the Fine Arts School (FAS), which was set up in Addis Ababa in 1958. The teaching staff, at first composed of foreigners, increasingly gave way to indigenous art professionals towards the end of the 1960s. The FAS was integrated into Addis Ababa University in 1998, as the School of Fine Arts and Design (SFAD); in June 2010 it was renamed the Alle School of Fine Arts and Design (ASFAD), in honour of the founder and first director of the FAS, Alle Felege Selam (b. 1929).[11]

In the 1950s, painters and sculptors mainly produced religious and secular works in a conventional academic style, which were commissioned by the church and the state. Nonetheless, tendencies towards stylisation and abstraction can already be seen in the work of Afewerk Tekle (1932–2012) during that period. Among his most important masterpieces is the internationally-renowned stained glass triptych in the foyer of Africa Hall, the headquarters of the United Nations Economic Commission for Africa (UNECA), built in 1961. In 1968 he created in Harar an equestrian statue of Ras Makonnen, the governor of Harar and father of Haile Selassie I.

New forms of artistic expression arose in Addis Ababa in the 1960s, with the development of a financially strong middle class and an increase in the number of foreigners in the city, who represented potential customers for the artists. Foreign cultural institutes and galleries mounted exhibitions, which proved very popular. The new artistic impetus came first of all from Gebre Kristos Desta (1932–1981). He studied in Cologne (1958–1961), where he drew inspiration from German Expressionism, and created abstract compositions in oil and mixed media.[12] Another artist who decisively influenced Ethiopian art

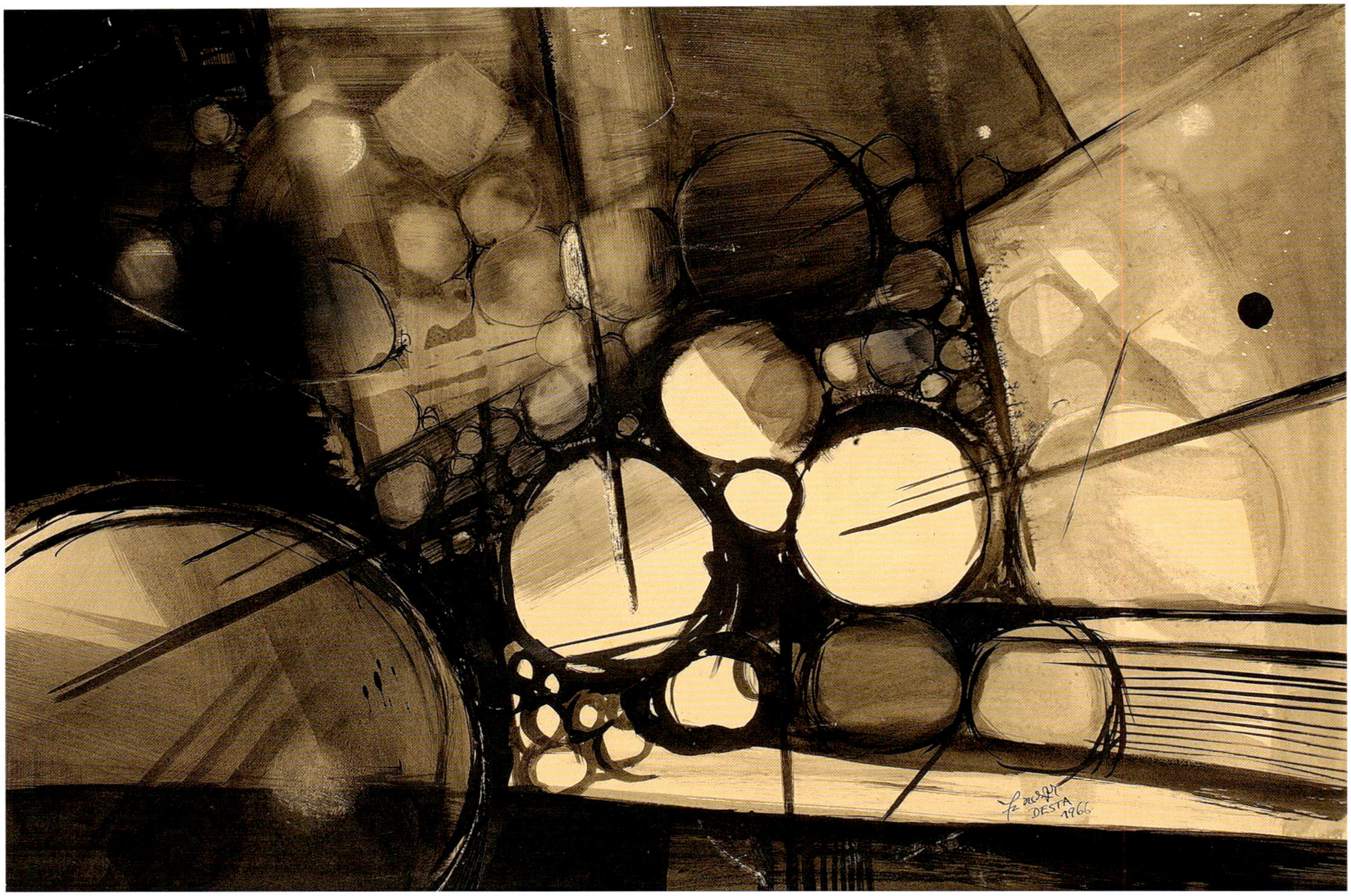

Gebre Kristos Desta: *Tam Tam*
Öl auf Leinwand, 1966, 77 x 102 cm
Sammler: Stanislaw Chojnacki 1994
Völkerkundemuseum der Universität Zürich, Inv. Nr. 21681
Foto: Peter Nebel

Gebre Kristos Desta: *Tam Tam*
Oil on canvas, 1966, 77 x 102 cm
Collector: Stanislaw Chojnacki 1994
Ethnographic Museum of the University of Zurich, Inv. no. 21681
Photo: Peter Nebel

wurde vom deutschen Expressionismus inspiriert und schuf abstrakte Werke in Öl und Mischtechnik.[12] Ein weiterer Künstler, der die Kunst entscheidend prägte, war Alexander Boghossian, der sich selbst Skunder nannte (1937–2003) und von 1969 bis 2003 in Washington DC lebte. In Paris (1957–1966) wurde er von der Kunst und Philosophie der ‚Négritude' beeinflusst. Seine abstrakten Kompositionen assimilieren die Motive von magischen Rollen, Manuskriptilluminationen, Legenden und von afrikanischer Kunst.[13]

Beide Maler unterrichteten an der FAS, Gebre Kristos Desta von 1962 bis 1974 und Skunder von 1966 bis 1969, wo sie einen nachhaltigen Einfluss auf

was Alexander Boghossian (1937–2003), who called himself Skunder and lived in Washington DC from 1969–2003. In Paris (1957–1966) he came under the influence of the art and philosophy of 'négritude'. His abstract compositions blend motifs from magic scrolls, manuscript illumination, legends, and African art.[13]

Both of these artists taught at the FAS – Gebre Kristos Desta from 1962 until 1974 and Skunder from 1966 until 1969 – where they left a lasting impression on their students. Their abstract means of expression in the 1960s and the early 1970s brought on a heyday of art in Addis Ababa. Two artists who were particularly

ihre Studenten ausübten. Ebenso lösten sie in den 1960er und frühen 1970er Jahren mit ihren abstrakten Ausdrucksmitteln einen künstlerischen Höhepunkt in Addis Ababa aus. Zwei Künstler, die speziell von Skunder inspiriert wurden, sind Wosene Worke Kosrof (geb. 1950), der heute in den USA lebt, und Zerihun Yetmgeta (geb. 1941). Sein Werk *Untersuchung über die Kunst der Magie* bezieht sich in Stil und Motiven speziell auf magische Rollen.

Während des sozialistischen Derg-Regimes (1974–1991) folgte auf die politische eine kulturelle Revolution auf allen Gebieten der Kunst. Die bildenden Künste sollten wie auch Literatur, Theater und Musik anti-feudale und anti-imperialistische Inhalte aufzeigen, d.h. als Waffe im Kampf gegen die Unterdrückung durch den Feudalismus und Imperialismus und zur Erziehung der Massen im Geiste des Sozialismus dienen. Die FAS unterrichtete jetzt vor allem sozialistischen Realismus, und die Künstler gingen zur Weiterbildung in die Ostblockstaaten. Ein lebendiger kultureller Austausch mit der Deutschen Demokratischen Republik, der Sowjetunion und Nordkorea begann sich zu etablieren.

Zu den bekanntesten Künstlern, die vor allem in realistischem Stil das Leben der Arbeiter, Bauern und Soldaten darstellten, gehören, neben dem schon erwähnten Afewerk Tekle, Worku Mammo (geb. 1936), Tadesse Mesfin (geb. 1952) und Eshetu Tiruneh (geb. 1953). Daneben existierte jedoch eine große Palette an Ausdrucksformen. Zu diesen Künstlern gehören der schon erwähnte Zerihun Yetmgeta, Tibebe Terffa (geb. 1948) mit seinen abstrakten Kompositionen aus Formen und Farben, Desta Hagos (geb. 1952), eine Malerin, die häufig die Bürde der Frauen thematisiert, oder Getachew Yossef (geb. 1957), der, von der Rastafari-Philosophie und -Religion beeinflusst, Bilder gegen Krieg und Hunger malt. Ausländische Kulturinstitute wie die Alliance Ethio-Française, das Goethe-Institut, das Istituto Italiano di Cultura waren sehr aktiv im Organisieren von Kunstausstellungen, obwohl die Werke gelegentlich der Zensur zum Opfer fielen.

Nach dem Sturz des Militärregimes entwickelte sich in Addis Ababa ab 1991 von neuem eine lebendige Kunstszene. Zahlreiche Galerien öffneten ihre Türen, und die erwähnten ausländischen Kulturinstitute führten ihre Ausstellungstätigkeit weiter. Junge Künstler experimentierten mit neuen Ausdrucksformen, wie

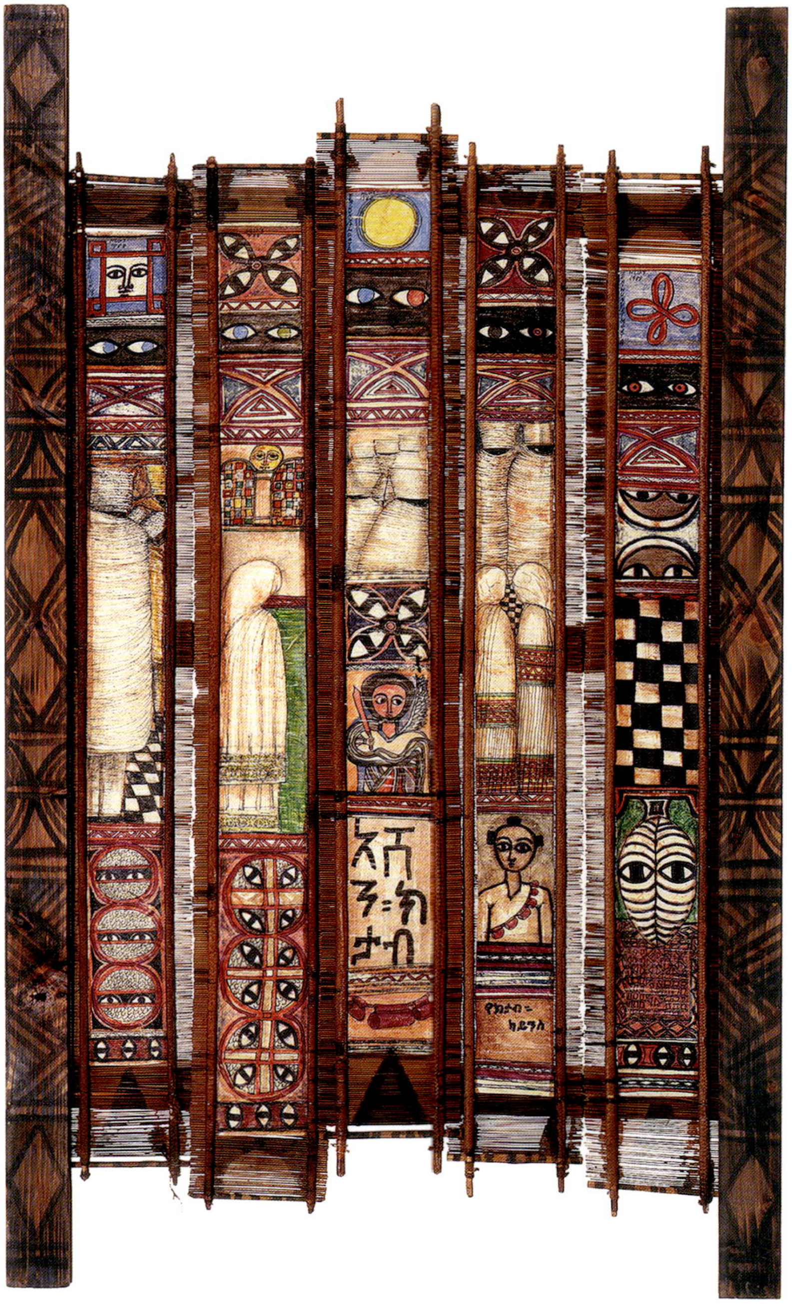

Zerihun Yetmgeta: *Untersuchung über die Kunst der Magie*
Mischtechnik auf Bambusstreifen, 1988, 110,5 x 64 cm
Sammlerin: Elisabeth Biasio 1989
Völkerkundemuseum der Universität Zürich, Inv. Nr. 20999
Foto: Kathrin Leuenberger

Zerihun Yetmgeta: *Research from the Art of Magic*
Mixed media on bamboo strips, 1988, 110.5 x 64 cm
Collector: Elisabeth Biasio 1989
Ethnographic Museum of the University of Zurich, Inv. no. 20999
Photo: Kathrin Leuenberger

z. B. Abstraktionen, und mit neuen Medien und Techniken wie Mischtechniken, Recycling von Objekten, digitalen Kompositionen, Fotografie, Installationen und Performances. Zu diesen Künstlern gehören Elias Sime (geb. 1968) und Assefa Gebrekidan (geb. 1973). Sie erhalten internationale Aufmerksamkeit für ihre Installationen und Mischtechnik-Arbeiten, für die sie unter anderem Knöpfe, Karton, Haushaltsgefäße und -utensilien oder Schnur verwenden. Diese beiden Künstler konnten ihre Werke zusammen mit 28 weiteren Afrikanern auf der Dak'Art von 2004, der Biennale zeitgenössischer afrikanischer Kunst, in Dakar, Senegal ausstellen. Skulpturen aus farbenfrohem Papiermaché kreiert Mickaël Bethe-Sélassié (geb. 1951), der in Paris lebt und arbeitet und beispielsweise 1994 im Haus der Kulturen der Welt in Berlin ausstellen konnte. Ebenfalls bekannt ist Tesfahun Kibru (geb. 1978) für seine Skulpturen, für die er Material wie Körbe, Kürbisse, Metall, Gummi, Leder, Holz und Ton wiederverwertet.

Da Künstler vom Staat nicht subventioniert werden, bilden vor allem die neu von der SFAD graduierten Absolventen Gruppenateliers, in denen sie arbeiten und ausstellen können. Den meisten fehlen die finanziellen Mittel, um ins Ausland zu reisen, und so sind sie häufig von den neuen künstlerischen Trends und Entwicklungen im Westen abgeschnitten.

Zur heutigen Kunstszene in Addis Ababa[14]

Für die Künstler ist es wichtig, ihre Werke einem Publikum zu präsentieren, nachdem sie für eine lange Zeit isoliert in ihren Ateliers gearbeitet haben. Heutzutage gibt es dafür unzählige Möglichkeiten. Es existieren staatliche Institutionen wie beispielsweise das National Museum und das Modern Art Museum – Gebre Kristos Desta Center, das 2008 gegründet wurde.

Im National Museum gibt es zwei Abteilungen, eine mit einer permanenten Ausstellung, wo die Werke von bereits etablierten Künstlern gezeigt werden, und eine für Wechselausstellungen für junge Künstler. Fitsum Tefera, der Kurator der Wechselausstellungen, wählt die Werke mit Kollegen des Museums in einer Art blindem Verfahren aus. Sie beurteilen einzig die Werke, ohne zu wissen, welche Künstler dahinter stehen. Ein Kriterium allerdings ist, dass die

inspired by Skunder are Wosene Worke Kosrof (b. 1950), who lives in the USA today, and Zerihun Yetmgeta (b. 1941). Zerihun's work *Research from the Art of Magic* draws particularly on magic scrolls in both style and motifs.

During the socialist Derg regime of 1974–1991, a cultural revolution followed the political revolution in all areas of art. Different forms of artistic expression, like literature, theatre and music, were now commanded to convey anti-feudal and anti-imperialist content, that is, to serve as a weapon in the fight against feudalist and imperialist oppression and to educate the masses in the spirit of socialism. The FAS was obliged to mainly teach socialist realism, and artists would go to the Eastern Bloc countries for further training. There was a lively cultural exchange with the German Democratic Republic, the Soviet Union and North Korea.

Among the best-known of those artists, who chiefly portrayed the life of workers, peasants and soldiers in a realistic style, were Worku Mammo (b. 1936), Tadesse Mesfin (b. 1952) and Eshetu Tiruneh (b. 1953), alongside the previously-mentioned Afewerk Tekle. However, there also existed a broad palette of forms of artistic expression. Artists in this category include the already-mentioned Zerihun Yetmgeta, as well as Tibebe Terffa (b. 1948), with his abstract compositions of forms and colours, Desta Hagos (b. 1952), a female painter who often depicted the burden of women, and Getachew Yossef (b. 1957) who, influenced by Rastafarian philosophy and religion, painted anti-war and anti-hunger pictures. Foreign cultural institutes like the Alliance Ethio-Française, the Goethe-Institut and the Istituto Italiano di Cultura were all very active in organising art exhibitions, although, on occasion, paintings fell victim to censorship.

After the military regime was overthrown in 1991, the art scene in Addis Ababa re-emerged into vigorous life. Numerous galleries opened, and the foreign cultural institutes once again hosted exhibitions. Young artists experimented with new forms of expression, such as abstraction, and with new media and techniques – for instance, mixed media, recycled objects, digital compositions, photography, installations and performance art. Two of these artists – Elias Sime (b. 1968) and Assefa Gebrekidan (b. 1973) – have both attracted international attention for their in-

Werke weder die Regierung kritisieren noch einzelne Religionen diskriminieren.

Das Modern Art Museum, das neben dem Goethe-Institut liegt, ist Teil der Addis Ababa Universität. Es besitzt 24 Werke von Gebre Kristos Desta, die 2005 aus Deutschland nach Addis Ababa zurückgeführt wurden, ebenso Werke seiner Zeitgenossen und Studenten wie Skunder Boghossian, Abdurahman Sherif, Yohannes Gedamu, Tibebe Terffa und anderen. Von Zeit zu Zeit organisiert das Museum auch Wechselausstellungen.[15]

Wie schon erwähnt, pflegten die ausländischen Kulturinstitute eine aktive Ausstellungstätigkeit während der Derg-Periode. Heutzutage organisieren sie noch immer Ausstellungen für äthiopische Künstler, erwarten aber, dass diese eine Beziehung zum Land haben, welches das jeweilige Institut vertritt.

Irmtraut Hubatsch, die Direktorin des Goethe-Instituts (bis Ende 2015), erklärte, sie stelle vor allem äthiopische Künstler aus, die in Deutschland leben, oder lade deutsche Künstler ein, die in Äthiopien gearbeitet hätten. 2015 beispielsweise lud sie den deutschen Fotografen Jens Liebchen ein. Dieser stellte nicht nur seine Werke aus, sondern gab auch einen Workshop an der ASFAD.

Francesca Amendola vom Istituto Italiano di Cultura vertrat eine ähnliche Meinung. Sie legte dar: „Die Aufgabe [des Instituts] besteht darin, italienische Künstler in Zusammenarbeit mit hier lebenden äthiopischen Künstlern zu fördern." Sie erwähnte auch, dass im Institut nur ein sehr kleiner Ausstellungsraum zur Verfügung stehe und dass sie daher bei Ausstellungen mit Galerien zusammenarbeite, die größere Räume hätten.

Die Alliance Ethio-Française mit ihrem großen Ausstellungsraum hingegen organisiert für äthiopische Künstler noch immer etwa sechs oder sieben Ausstellungen jährlich. Béatrice Braconnier, die für die Ausstellungen zuständig ist, besucht im Juni und Juli die Graduierungsaktivitäten der ASFAD, um einen Eindruck von den Werken der jungen Künstler zu gewinnen. Wenn ein Künstler oder eine Künstlerin ihr Interesse geweckt hat, verfolgt sie dessen oder deren künstlerische Entwicklung eine Zeitlang, und falls der Künstler oder die Künstlerin für sie noch immer vielversprechend ist, kontaktiert sie ihn oder sie nach zwei oder drei Jahren, da etwa vierzig Werke für eine Einzel-Ausstellung vorhanden sein müssen. Einmal

stallations and mixed media works, which make use of items including buttons, cardboard, household containers, utensils and string. In 2004 these two artists were with 28 other African exhibitors at Dak'Art, the Biennale for Contemporary African Art in Dakar, Senegal. Mickaël Bethe-Sélassié (b. 1951) creates sculptures out of colourful papier maché. He lives and works in Paris and exhibited for example at the Haus der Kulturen der Welt in Berlin, in 1994. Likewise, Tesfahun Kibru (b. 1978) is known for his sculptures, in which he utilises materials such as baskets, gourds, metal, rubber, leather, wood and clay.

Since the artists are not government-sponsored, the new graduates of the SFAD get together in collective studios, which give them a place to work and exhibit. As most of them lack the financial means to travel abroad, they are frequently cut off from the latest artistic trends and developments in the West.

Today's Art Scene in Addis Ababa[14]

It is important for artists to escape from the isolation of their workshops and show their work to the public – and there are plenty of opportunities for this nowadays. For instance, there are some state institutions, like the National Museum and the Modern Art Museum – Gebre Kristos Desta Center, founded in 2008.

There are two sections in the National Museum which display contemporary art – one with a permanent exhibition where well-established artists are displayed, and one for temporary exhibitions, where newcomers also are welcome. Fitsum Tefera, the temporary exhibitions curator, selects which artworks will be exhibited with a panel of museum colleagues who view each piece without knowing who the artist is. One of the criteria for selecting artworks is that they must not criticise the government or discriminate against any kind of religion.

The Modern Art Museum near the Goethe-Institut is part of Addis Ababa University and hosts about 24 works by Gebre Kristos Desta, which were sent back from Germany in 2005, as well as works by his contemporaries and followers, such as Skunder Boghossian, Abdurahman Sherif, Yohannes Gedamu and Tibebe Terffa. From time to time, the museum also stages temporary exhibitions.[15]

jährlich findet ein von der Alliance organisierter Basar statt. Im Garten wird ein Zelt aufgerichtet, wo Künstler eines oder mehrere Werke ausstellen können und wo die Besucher die Möglichkeit haben, diese zu kaufen.

Die wichtigsten Orte für Ausstellungen moderner Kunst sind aber die zahlreichen Galerien, die in den letzten 20 Jahren ihre Türen geöffnet haben. Hier sollen nur einige der wichtigsten erwähnt werden:

Die Asni Art Gallery (seit 1996)[16], das Habesha Art Studio (seit 2001)[17], die Makush Art Gallery (seit 2002)[18], das Zoma Contemporary Art Center (ZCAC, seit 2002)[19], die LeLa Art Gallery (seit 2007), die Laphto Art Gallery (seit 2012)[20], die TOMOCA Gallery (seit 2013), das Guramayle Art Center (seit 2014)[21], die Addis Fine Art Gallery (seit 2016)[22].

Die meisten Galerist/-innen oder Kurator/-innen erklärten, sie führten durchschnittlich sechs Ausstellungen im Jahr durch. Konjit Seyoum von der Asni

As already noted, the foreign cultural institutes were very active in exhibiting Ethiopian art during the Derg era, and they still organise exhibitions for Ethiopian artists today, although they are also expected to maintain a relationship with the country that is represented by the cultural institute.

Irmtraut Hubatsch, director of the Goethe-Institut (until the end of 2015), stated that she mainly exhibits Ethiopian artists living somewhere in Germany, or invites German artists who have worked in Ethiopia. For example, in 2015 the German photographer Jens Liebchen was invited, not only to exhibit his work, but also to give a workshop at the ASFAD.

Francesca Amendola from the Istituto Italiano di Cultura has a similar opinion. She stated: "The mission [of the Institute] is to promote Italian artists in collaboration with Ethiopian artists here." She also mentioned that the institute only has a very small exhi-

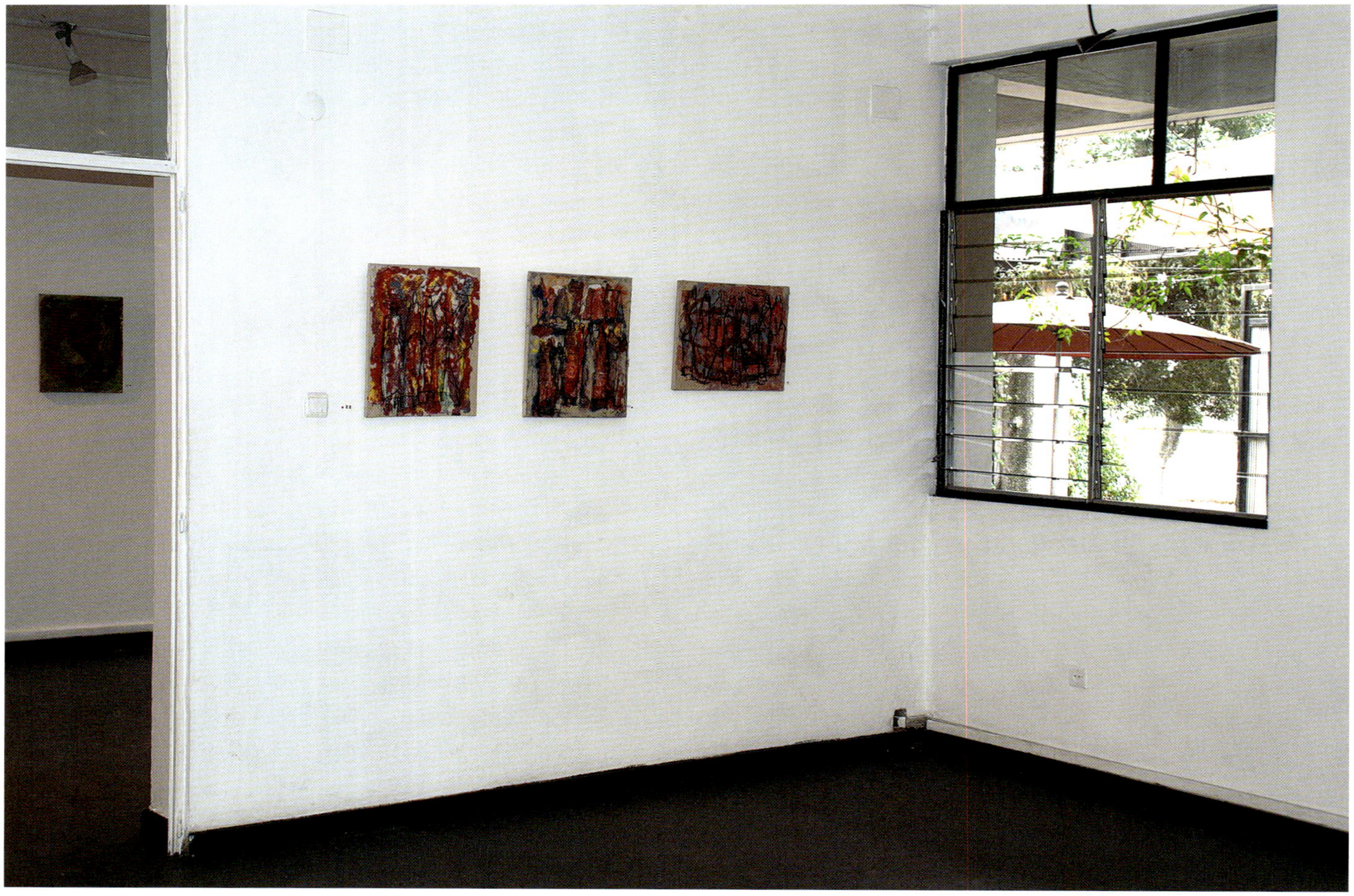

Asni Art Gallery; Februar 2017

Asni Art Gallery; February 2017

Art Gallery organisiert zwischen drei und fünf Ausstellungen, Mesai Haileleul von der Addis Fine Art Gallery eröffnet vier Ausstellungen, die zwischen acht und zwölf Wochen dauern, und Mifta Zeleke Berga vom Guramayle Art Center sogar vierzehn; für fünf Ausstellungen publizierte er bis jetzt auch je eine kleine Broschüre. Auch Eshetu Tiruneh von der TOMOCA Gallery publiziert Broschüren, und Samson Meressa und Nuru Abegaz von der Laphto Art Gallery geben regelmäßig kleine Kataloge zu ihren Ausstellungen heraus. Meistens enthalten die Publikationen Kommentare der Autoren zu den Künstlern und dazu einige Abbildungen.

Alle Galerist/-innen oder Kurator/-innen stellen bereits etablierte Künstler aus, ebenso wie noch junge, unbekannte Künstler/-innen. Konjit Seyoum von der Asni Art Gallery bestätigte:

„Ich denke, die Galerie ist sehr bekannt dafür, neue Künstler zu lancieren. In den vergangenen neunzehn Jahren hatten die meisten ausgestellten Künstler ihre erste Einzelschau in der Asni Art Gallery. Hin und wieder zeige ich auch etablierte Künstler wie Tibebe Terffa, Achamyeleh Debela und andere, sogar Zerihun Yetmgeta. Ich organisierte auch eine Retrospektive zu Lebzeiten von Skunder Boghossian mit Bildern aus meiner Sammlung."

Mesai Haileleul von der Addis Fine Art Gallery erzählte uns, er stelle sowohl bekannte Künstler aus als auch „neue Talente, die noch nie von einer Galerie gezeigt wurden; das ist nicht einfach, aber wir sind aufgeschlossen".

Als wir im Mai 2015 die Laphto Art Gallery besuchten, wurde eine Ausstellung mit dem Titel *Inspired Women*[23] gezeigt. Die Schau präsentierte sowohl bekannte Künstlerinnen wie Barbara Goshu als auch junge Künstlerinnen wie etwa Birkti Tsegaye, die das dritte Jahr ihres Studiengangs an der ASFAD absolvierte. Nuru Abegaz, der Kurator der Ausstellung, erklärte im Katalog:

„Einmal jährlich hat die Laphto Art Gallery eine Ausstellung nur für Künstlerinnen im Programm [...]. Viele hochbegabte Graduierte der Kunstschule scheinen aus der Kunstwelt zu verschwinden, nachdem sie im Eheleben absorbiert sind oder für ein kontinuierliches Einkommen für ihre Familie sorgen müssen [...]. LAG glaubt, dass es ihre Pflicht sei, Künstlerinnen aufzusuchen und ihnen Gelegenheit zu geben, ihre Arbeiten in der LAG auszustellen und ihnen auch eine

bition room, so she sometimes collaborates with galleries with larger facilities.

The Alliance Ethio-Française, however, with its considerable exhibition space, still mounts six or seven exhibitions every year for Ethiopian artists. Béatrice Braconnier, who is in charge of exhibitions at the Alliance, always attends the ASFAD degree shows in June and July, in order to get an overview of the young artists' work. When she is interested in one of the students, she keeps track of her or his artistic development and, if she or he is still a promising artist two or three years later, she will contact her or him. This is because any artist given a solo show at the Alliance needs to have created about forty works to display. The Alliance also hosts a special art sale once a year, erecting a marquee in the garden where artists can exhibit one or more paintings for the public to buy.

The most important exhibition places for modern art, however, are the numerous galleries which have opened in the past twenty years. This is a list of just some of these establishments:

Asni Art Gallery (established in 1996)[16], Habesha Art Studio (2001)[17], Makush Art Gallery (2002)[18], Zoma Contemporary Art Center (ZCAC, 2002)[19], LeLa Art Gallery (2007), Laphto Art Gallery (2012)[20], TOMOCA Gallery (2013), Guramayle Art Center (2014)[21], Addis Fine Art (2016)[22].

Most of the gallery owners or curators stated that they hold an average of about six exhibitions per year. Konjit Seyoum from the Asni Art Gallery organises between three and five, while Mesai Haileleul from the Addis Fine Art Gallery, hosts four exhibitions, lasting between eight and twelve weeks. Mifta Zeleke Berga even organised fourteen exhibitions in the first year of his Guramayle Art Center, publishing a small catalogue for five of them. Eshetu Tiruneh from TOMOCA Gallery also publishes brochures, and Samson Meressa and Nuru Abegaz from the Laphto Art Gallery regularly produce small catalogues for their exhibitions. These brochures generally contain the author's comments about the artist's works, along with some images.

All gallery owners or curators stated that they exhibit established artists as well as newcomers. Konjit Seyoum from the Asni Art Gallery said:

"I think the gallery is very well known for launching new artists. So, in the past nineteen years, the majority of the artists I have exhibited have had their

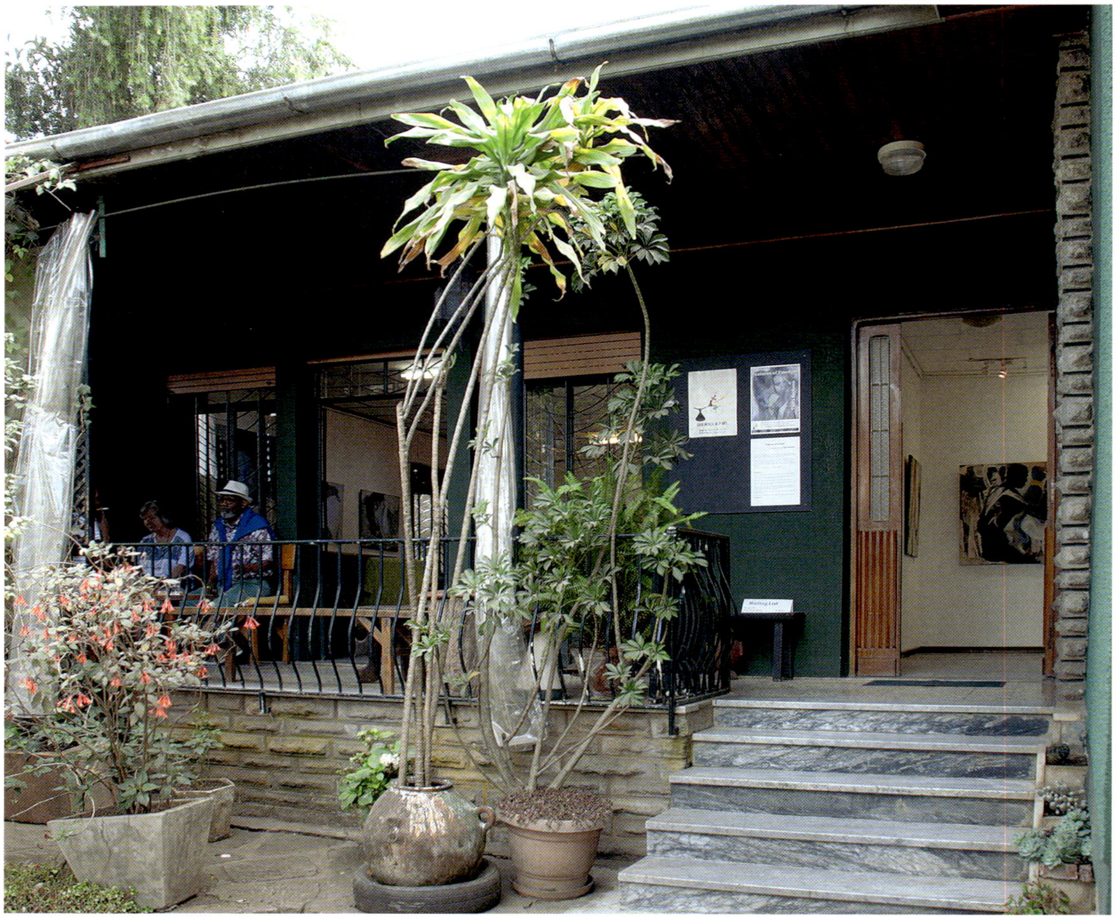

Eingang zur LeLa Art Gallery; Februar 2017

Entrance to the LeLa Art Gallery; February 2017

Plattform zu bieten, sich zu treffen, auszutauschen und sich ohne Einschränkungen auszudrücken."[24]

In meinem Artikel ‚The Burden of Women – Women Artists in Ethiopia'[25] von 1994 illustrierte ich, wie wichtig die Förderung von Künstlerinnen ist.

Auf die Frage nach den Kriterien, nach denen Künstler und Künstlerinnen für eine Ausstellung ausgewählt werden, antwortete Lilly Sahle von der LeLa Art Gallery, dass sie meistens Studio-Künstler ausstelle, was Vollzeit-Künstler bedeute. Doch einmal jährlich biete sie neuen und aufstrebenden Künstlern an, ihre Werke in ihrer Galerie zu zeigen. Nach Samson Meressa und Nuru Abegaz von der Laphto Art Gallery müssen die Künstler einen Abschluss der ASFAD aufweisen, während Konjit Seyoum von der Asni Art Gallery auch Künstler ohne Ausbildung ausstellt, wenn „die Werke zu ihr sprechen und sie fordern", wie sie sich selbst ausdrückte. Mesai Haileleul von der Addis Fine Art Gallery legt Wert auf Künstler, die fähig sind,

first solo show at Asni Art Gallery. Now and then I also show established artists like Tibebe Terffa, Achamyeleh Debela and others, even Zerihun Yetmgeta. I also did one retrospective of Skunder Boghossian while he was alive, with paintings from my collection."

Mesai Haileleul from the Addis Fine Art Gallery told us that he also shows both well-known artists and "new talents who have not yet shown in any gallery; that's not easy, but we are very open-minded".

When we visited Laphto Art Gallery in May 2015 there was an exhibition on called *Inspired Women*.[23] The show displayed some very well-known artists such as Barbara Goshu alongside young artists like Birkti Tsegaye – a third year student at the ASFAD. Nuru Abegaz, the exhibition's curator, explained in the catalogue:

"Once every year Laphto Art Gallery schedules an art exhibition exclusively for women artists [...].

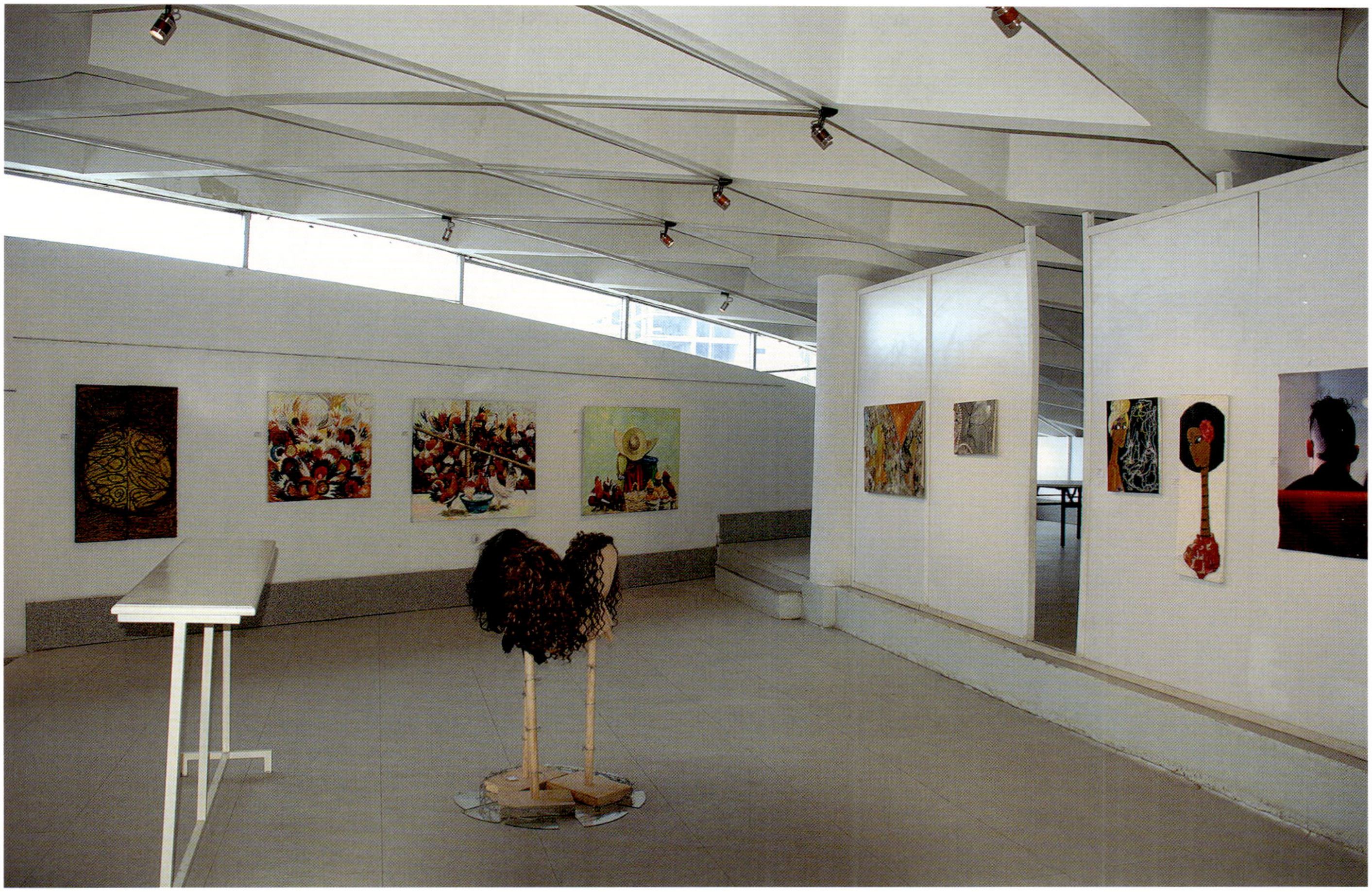

Laphto Art Gallery; Mai 2015

Laphto Art Gallery; May 2015

eine Beziehung zur äußeren Welt herzustellen, und die wissen, was im internationalen Kunstmarkt ankommen könnte.

Wenn wir uns an unsere Besuche der Vernissagen in den ausländischen Kulturinstituten in den 1980er und frühen 1990er Jahre erinnern, bestanden die Besucher vor allem aus in Addis Ababa lebenden Ausländern, wie Angestellten der Botschaften oder internationalen Organisationen, und nur einige einheimische Studenten der Kunstschule waren anwesend. Unser Eindruck von einer Vernissage am Guramayle Art Center im Mai 2015 war komplett verschieden: Die Anwesenden waren hauptsächlich Äthiopier und Äthiopierinnen, und nur einige Ausländer konnten ausgemacht werden. Als wir Eshete Tiruneh von der TOMOCA Gallery besuchten, befanden sich viele Einheimische in der Galerie, die Kaffee tranken und sich die Bilder anschauten. Eshete erklärte, die Galerie sei von TO.MO.CA., einer Kaffee-Rösterei, unterstützt

Many highly skilled female art school graduates seem to disappear from the art world after being absorbed by marital life or the need of a steady income to support their family [...]. LAG believes that there is work to be done, to seek and encourage women artists and give them an opportunity to display their work at LAG and, furthermore, a platform to meet, exchange and speak out without restrictions."[24]

In my article, 'The Burden of Women – Women Artists in Ethiopia'[25] from 1994, I explained the importance of promoting female artists.

In reply to the question of what criteria are used to select artists for an exhibition, Lilly Sahle from the LeLa Art Gallery answered that she mainly exhibits studio artists – that is, individuals who work full-time as artists. However, once a year she gives new and upcoming artists the opportunity to show their work in her gallery. Samson Meressa and Nuru Abegaz

und neben deren Verkaufsladen situiert; es sei ein Anliegen des General Managers, dass die Besucher des Verkaufsladens in der angrenzenden Galerie auch die Kunstwerke bewundern könnten.

Wir waren zudem an der Frage interessiert, wer die Käufer der Werke sind. Lilly Sahle von der LeLa Art Gallery bestätigte unseren Eindruck, dass die Klientel früher meistens aus im Lande lebenden Ausländern bestanden hätte. Lillys Absicht ist es nun, auch äthiopische Jungunternehmer als Käufer anzuziehen; sie hat aber den Eindruck, dass die meisten nicht an abstrakter Kunst interessiert seien und realistische Kunst vorzögen.

Nach Ansicht der Betreiber der Laphto Art Gallery sind 95 % der Käufer Fremde, während Mifta vom Guramayle Art Center feststellte, dass es 50 % Äthiopier seien, weil in Addis Ababa eine Händlerschicht leichtes Geld verdiene. Er fokussiert sich auf diese potentiellen Käufer und versucht, ihre Aufmerksamkeit auf sich zu ziehen.

Riccarda Mandrini, die Rakeb Sile, die Ko-Gründerin und Ko-Direktorin von Addis Fine Art, befragte, bekam folgende Antworten, was die Galeriebesucher anbelangt:

„Addis Ababa nimmt neben Genf den zweiten Rang ein, was die Zahl der internationalen Büros und NGOs betrifft, welche die Stadt sehr vielfältig und wechselhaft machen. Die Anwesenheit dieser im Land lebenden Ausländer unterstützt die lokale Kunstszene. Wir haben auch eine lange Geschichte von lokalen Kunstsammlern, […] die wir anziehen. Wir sind auch für eine wachsende Zahl von ausländischen Besuchern attraktiv, sei es fürs Geschäft oder die Freizeit."[26]

Mesai Haileleul fügte bei, dass er und Rakeb Sile sehr aktiv im Bereich der sozialen Medien (Facebook, Instagram, Twitter) seien, damit auch Reisende von der Galerie wüssten und manchmal kämen, um sich eine Ausstellung anzusehen und sogar um ein Bild zu kaufen. Rakeb und Mesai beschäftigen eine junge IT-Fachfrau in Amsterdam, die ihnen im Umgang mit den sozialen Medien behilflich ist, und wer auch immer nach äthiopischer Kunst in Addis Ababa im Internet sucht, begegnet der Addis Fine Art Gallery.

So scheint es also, dass die Klientel der verschiedenen Galerien nicht homogen ist, sondern von Galerie zu Galerie variieren kann. Doch haben wir den Eindruck gewonnen, dass im Vergleich mit der sozia-

from the Laphto Art Gallery mentioned that the artists they show have to be graduates from the ASFAD, while Konjit Seyoum from the Asni Art Gallery would also exhibit self-taught artists as long "as the artworks speak to her and challenge her", as she explained. Mesai Haileleul from the Fine Art Gallery values artists who can make a connection with the outside world, and who are also aware of what could appeal to the international art market.

Remembering our visits to foreign cultural institutes' opening events in the 1980s and early 1990s, the guests mainly came from the expatriate community, such as those employed by embassies or international organisations, while only a few students from the FAS were present. However, our impression of an opening in the Guramayle Art Center in May 2015 was completely different: most of the attendees were Ethiopians, with only a few foreigners. When we went to see Eshete Tiruneh at the TOMOCA Gallery, a lot of Ethiopians were in the gallery, drinking coffee and looking at the pictures. Eshete explained that the gallery is supported by TO.MO.CA., a coffee-roasting company, and located beside its coffee-shop; its general manger's aim is that customers of the coffee-shop will also enjoy the artwork.

We were also interested to discover who buys the artwork. Lilly Sahle from the LeLa Art Gallery confirmed our impression that, in the past, the clientele had consisted mainly of expatriates. She is keen to encourage young Ethiopian entrepreneurs to become buyers, but she believes that most of them are not interested in abstract arts, but would prefer realistic paintings.

According to the managers of the Laphto Art Gallery, 95 % of their clientele are foreigners, while Mifta from the Guramayle Art Center stated that 50 % are Ethiopians because a merchant class can easily acquire money in Addis Ababa. He is focusing on this class and targeting his marketing and promotional activities at them.

Riccarda Mandrini interviewed Rakeb Sile, cofounder and co-director of Addis Fine Art Gallery, who gave this reply about her gallery's audience:

"Addis Ababa is second only to Geneva in its number of international offices and NGOs, which makes the city very diverse and transient. The presence of this large expatriate community lends support to the local art scene. We also have a long history of locals

listischen Zeit mehr Äthiopier und Äthiopierinnen den Kunstmarkt beleben und anregen.

Die Rolle aller dieser Galerien besteht natürlich darin, der Kunstszene von Addis Ababa einen positiven Input zu verschaffen und für alle in Addis Ababa lebenden und arbeitenden Künstler Ausstellungsmöglichkeiten bereitzustellen. Einzelne Galerien sind aber mehr als nur Ausstellungsorte. Konjit Seyoum beispielsweise verbindet Ausstellungen mit Essen; dabei kocht sie immer vegetarisch, damit alle, Muslime und Christen, bei ihr essen können; ihr Ziel ist es, wie sie sagt, Menschen zusammenzubringen. Dem Internet kann man entnehmen, dass Konjit auch lokale und internationale künstlerische Workshops sowie Residences für Künstler organisiert; die Asni Art Gallery ist ebenso bekannt für künstlerische Veranstaltungen für Kinder, für Diskussionen, Filmnächte und Kunstunterricht.[27]

Mifta vom Guramayle Art Center beantwortete unsere Frage nach seiner Rolle in der Kunstszene von Addis Ababa wie folgt:

„Ich besitze die Galerie, nenne sie aber Kunstzentrum, [...] denn sehr viele Künstler kommen zu mir, um sich darüber beraten zu lassen, wie man beispielsweise ein Projekt organisiert, wie man Dinge macht, sogar wie man über Werke schreibt, oder wie man ein Konzept entwickelt."

Ein weiteres Beispiel war das Netsa Arts Village, das 2008 gegründet und vorerst durch Konjit Seyoum unterstützt wurde. Als die Regierung den Ferensay Park, in dem das Dorf lag, weiterentwickeln wollte, wurde es geschlossen. Das Netsa Arts Village „verschaffte den äthiopischen Künstlern Gelegenheit zu Networking, Kommunikation und dynamischem Austausch. Konzerte, Lesungen, Video-Präsentationen, Diskussionen und Ausstellungen brachten die Künstler und die lokalen Gemeinschaften zusammen, indem ein lebendiges Museum geschaffen wurde".[28]

Das Zoma Contemporary Art Center (ZCAC) wird von der Anthropologin Meskerem Assegued zusammen mit dem Künstler Elias Sime geführt. Meskerem pflegt seit Jahren als freischaffende Kuratorin ein internationales Netzwerk; sie organisiert zusammen mit den Kulturinstituten wie der Alliance Ethio-Française Ausstellungen. Im Zentrum werden jedoch keine Ausstellungen gezeigt, dafür Konzerte, Lesungen und Diskussionen über Kunst oder andere Themen veranstaltet. ZCAC bietet auch Residenz-Programme

collecting art, [...] who we attract. We also attract the increasing number of visitors to the country, be it for business or leisure."[26]

Mesai Haileleul added that he and Rakeb Sile are so active on social media (Facebook, Instagram and Twitter) that travellers also use to find out about the gallery, and sometimes they come to look at an exhibition and even buy a painting. Rakeb and Mesai have hired a young female IT professional from Amsterdam to help them with social media, so whenever anyone searches for 'Ethiopian Art in Addis Ababa' on the Internet, they come across Addis Fine Art Gallery.

So it appears that there is no homogeneous clientele across all the various galleries, but audiences differ from one gallery to another. However, it seems evident that more Ethiopians are stimulating the art market now than during the socialist Derg rule.

The role that all these galleries play is, of course, to contribute a positive impetus to Addis Ababa's art scene and to provide opportunities for all the artists living and working there to exhibit their work. However, some galleries are more than just exhibition spaces. For example, Konjit Seyoum includes food in her exhibition activity, and she always prepares vegetarian food to ensure that everybody can eat at her place, whether they are Muslim, Christian, or anything else. This is because, as she says, her aim is to bring people together. According to her website, Konjit also organises local and international artistic workshops and residences, and the Asni Art Gallery is also known for children's artistic events, talks, film nights and art classes.[27]

Mifta from the Guramayle Art Center replied to our question about his role in Addis Ababa's art scene by saying:

"I own the gallery, but I call it an art center, [...] because I have a lot of artists coming to me, seeking advice on how to make a project, how to do things, even writing about their artwork, how to develop a concept."

Another vibrant example was the Netsa Arts Village, founded in 2008 and first supported by Konjit Seyoum. It had to close because the government wanted to develop Ferensay Park where the village was situated. Netsa Arts Village "provided Ethiopian artists with a forum for networking, communication and dynamic exchange. Concerts, readings, video pre-

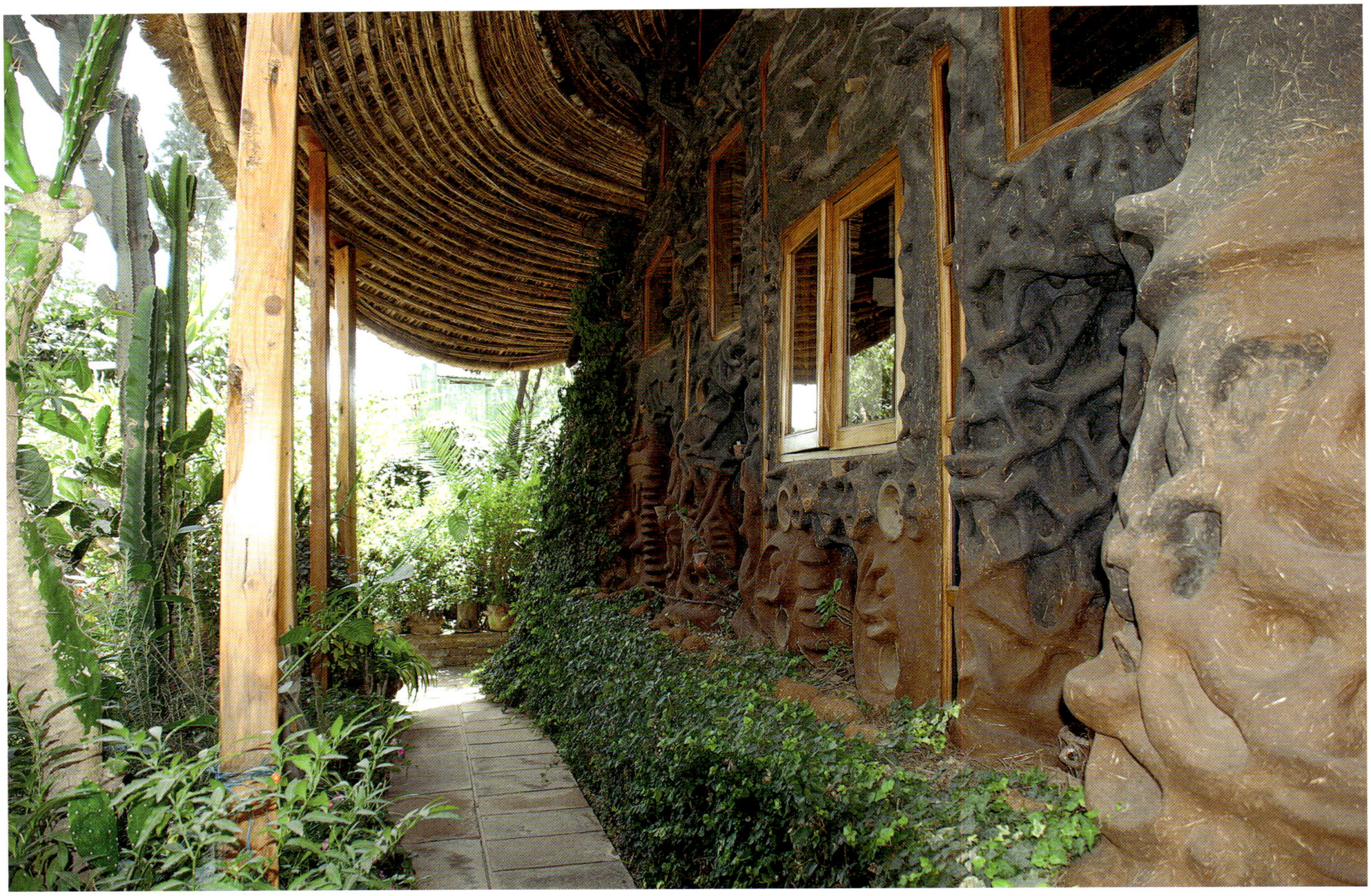

Zoma Contemporary Art Center (ZCAC); Februar 2017

Zoma Contemporary Art Center (ZCAC); February 2017

an für äthiopische und internationale Kunstschaffende aus verschiedenen Bereichen wie Kunst, Architektur oder Dokumentarfilm. Das Zentrum selbst ist ein faszinierender Bau, der von Elias entworfen und aus Lehm, Stroh, Holz und Stein aufgebaut wurde. Es soll „die Philosophie des Kunstzentrums repräsentieren, nämlich, die ökologische Nachhaltigkeit mit Hilfe der Kunst zu fördern".[29]

Mesai von der Addis Fine Art Gallery betonte ebenfalls die Wichtigkeit seiner und Rakebs internationalen Beziehungen. „Wenn man die nicht hat", sagte er, „so weiß der Kunstmarkt nicht einmal, dass man existiert."

Mit diesem Kapitel versuchten wir zu zeigen, wie sich Addis Ababa zu einer vibrierenden Kunstszene entwickelt hat. Allerdings ist Tibebe Terffa, ein etablierter Künstler, mit seiner Situation in Addis Ababa unzufrieden. Er beklagt, dass nicht genügend Museen für moderne Kunst vorhanden seien und dass die Ku-

sentations, discussions and exhibitions brought artists and the local communities together, creating a living museum".[28]

The Zoma Contemporary Art Center (ZCAC) is run by the anthropologist Meskerem Assegued and the artist Elias Sime. As a freelance curator, Meskerem has cultivated an international creative network for many years. She organises exhibitions in collaboration with cultural institutes like, for instance, the Alliance Ethio-Française. The centre does not display exhibitions, but hosts music events, literature readings, art talks and discussions around different issues. ZCAC also provides residency programmes for Ethiopian and international artists on different themes such as art, architecture or documentary film. The centre itself is a fascinating construction, designed and sculptured by Elias Sime from mud, straw, wood and stone, "representing the centre's philosophy of driving environmental sustainability through art".[29]

rator/-innen der Museen und Galerien keine professionelle Ausbildung aufweisen. In diesem Punkt hat Tibebe Recht. Die meisten Kurator/-innen oder Galeriebesitzer/-innen haben keine spezielle Ausbildung für ihre Tätigkeit absolviert. Konjit Seyoum zum Beispiel ist professionelle Übersetzerin, und Mifta Zeleke Berga arbeitet noch als Englischlehrer. Allerdings studierte Konjit Seyoum in den letzten Jahren Kunst und erhielt 2016 einen Master in Fine Arts vom Transart Institute, New York. Mesai Haileleul absolvierte einen BA in politischen Wissenschaften in den USA und führte bereits 2005 eine Galerie in Los Angeles. Andere, wie Eshetu Tiruneh oder Samson Meressa und Nuru Abegaz, sind Künstler und absolvierten ihre Ausbildung an der School of Fine Arts and Design. Es wäre also wünschenswert, wenn die Kunstschule auch Kurse für das Kuratieren von Ausstellungen und das Verfassen von Katalogen anbieten würde.

Mesai from the Addis Fine Arts Gallery also stressed the importance of his and Rakeb's international connections. "If you don't have them", he said, "the art market doesn't know that you exist."

This chapter has described the way that Addis Ababa has developed a vibrant art scene. However, Tibebe Terffa, as a well-established artist, is not satisfied with the situation there. He complained that there are not enough museums of modern art in Addis Ababa, and that the museum and gallery curators are not professionally educated. Tibebe is right about this last point. Most of the curators or gallery owners said that they had not had any specific training for their role. For instance, Konjit Seyoum is a professional translator and Mifta Zeleke Berga is an English teacher. Konjit, however, has studied art over the last few years and gained a Master's degree in Fine Arts from New York's Transart Institute in 2016. Mesai Haileleul graduated with a Bachelor's degree in Political Science in the USA, and had already run a gallery in Los Angeles by 2005. Others, like Eshetu Tiruneh, Samson Meressa and Nuru Abegaz, are artists who were taught at the School of Fine Arts and Design. Thus, it would be beneficial if the art school began to offer courses on curating exhibitions and writing catalogues.

TIBEBE TERFFA WIRD KÜNSTLER

Tibebe Terffa wurde am 17. Juli 1948 in der muslimischen Stadt Harar geboren, allerdings gehörten seine Eltern zur Glaubensgemeinschaft der Katholiken beziehungsweise der orthodoxen Christen. Nachdem er in Harar die High School abgeschlossen hatte, studierte er von 1968 bis 1973 an der Fine Arts School (FAS) in Addis Ababa. Er war besonders an der Malerei interessiert, und einer seiner Lehrer war Gebre Kristos Desta. Nach seiner Einschätzung ermutigte Gebre Kristos seine Studenten dazu, ihre eigenen Formen zu entwickeln, um ihre innere und äußere Welt auszudrücken: „Er wollte nicht, dass die Studenten in seine Fußstapfen traten, er leitete die Studenten dazu an, ihre eigenen Schritte zu finden."[30] Dies war genau das, was Tibebe ebenfalls wollte.

Er war auch ein sehr aktiver Student und diskutierte mit einigen Kollegen die Idee, eine Vereinigung zu gründen. Er informierte über die Bedeutung von Künstlervereinigungen, wie beispielsweise Der Blaue Reiter[31] und das Bauhaus[32] in Europa. Die Sixteen Young Artists Association wurde gegründet mit Tibebe als Präsidenten von 1970 bis 1973. Die Vereinigung verwendete ihre Mitgliederbeiträge, um einen Raum außerhalb der FAS zu mieten und um Malutensilien für alle zu kaufen. So konnten die Mitglieder nicht nur an der FAS studieren, sondern auch voneinander lernen. Zu einem ihrer Ziele gehörte, Kunst im ganzen Land zu fördern, beispielsweise in Bahar Dar, aber auch in Eritrea oder in der Wollo-Provinz, heute Amhara-Region genannt. Zu den Vereinsmitgliedern gehörte auch Teshome Bekele (geb. 1950), ein heute bekannter Künstler, der als Vizepräsident agierte.

Nach dem Erwerb des Diploms arbeitete Tibebe von 1973 bis 1980 als Kunstlehrer an der Medhane Alem Comprehensive High School in Harar.

TIBEBE TERFFA BECOMES AN ARTIST

Tibebe Terffa was born on 17 July 1948 in the Muslim city of Harar, although his parents were a Catholic and an Orthodox Christian. Having completed his high school education in Harar, he attended the Fine Arts School (FAS) in Addis Ababa from 1968 until 1973. Tibebe was especially interested in painting, and one of his teachers there was Gebre Kristos Desta. According to Tibebe Terffa, Gebre Kristos encouraged his students to find their own forms of expressing their inner and outer worlds: "He didn't want the students to follow in his footsteps, he led the students to take their own steps."[30] This was exactly what Tibebe was looking for.

He was also a very active student, and he discussed the idea of founding an association with some of his colleagues. Tibebe explained the importance of artists' associations such as The Blue Rider[31] and the Bauhaus[32] in Europe. The Sixteen Young Artists Association was founded, with Tibebe as its president from 1970 until 1973. The association used its members' fees to rent a room outside the FAS and buy painting materials for all of them. Thus, they were not only learning at the Arts School, but also from each other. One of their aims was to promote art all over the country, for example in Bahar Dar, but also in Eritrea or in Wollo province (today Amhara Region). Association members included Teshome Bekele (b. 1950), also a well-known artist, who was the vice-president of the association.

After gaining his diploma, Tibebe worked as an art teacher at the Medhane Alem Comprehensive High School in Harar from 1973 until 1980.

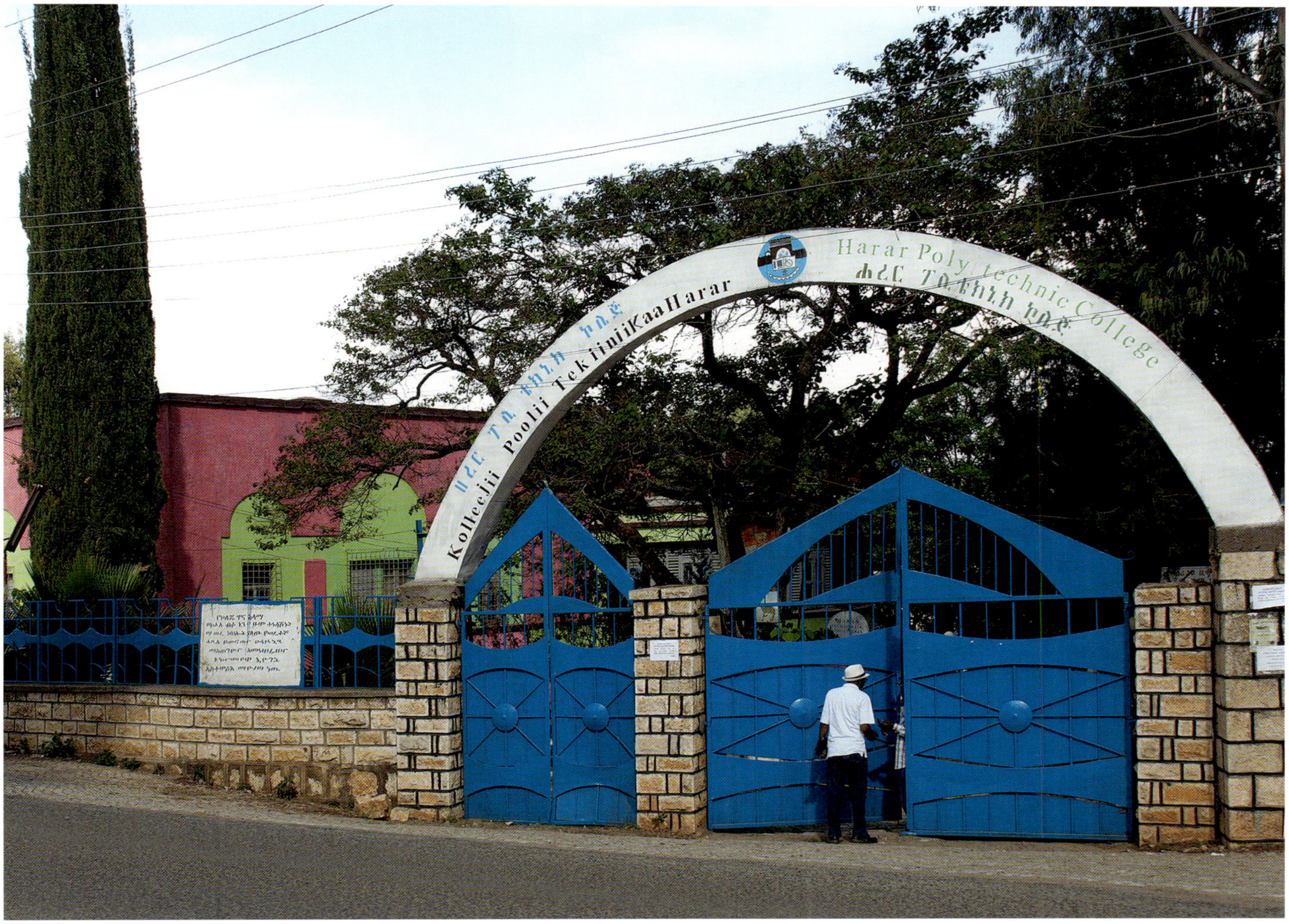

Die frühere Medhane Alem Comprehensive High School, jetzt Harar Technical & Vocational Education & Training College; Mai 2015

The former Medhane Alem Comprehensive High School, now Harar Technical & Vocational Education & Training College; May 2015

DIE SITUATION VON TIBEBE TERFFA WÄHREND DES DERG-REGIMES 1974–1991

THE SITUATION OF TIBEBE TERFFA DURING THE DERG REGIME 1974–1991

1974 riss das Derg-Regime während der politischen Revolution die Macht an sich. Tibebe als Lehrer wurde gezwungen, für zwei Jahre an der Alphabetisierungskampagne der Regierung teilzunehmen. Er wurde zusammen mit 144 Studenten in eine isolierte Region in der Nähe der so-

In 1974, the Derg regime took power during the political revolution. Tibebe, as a teacher, was forced to join the regime's literacy campaign for two years. He was sent to an isolated region near the Somali border, along with 144 students. However, many of the people there died because of the severe

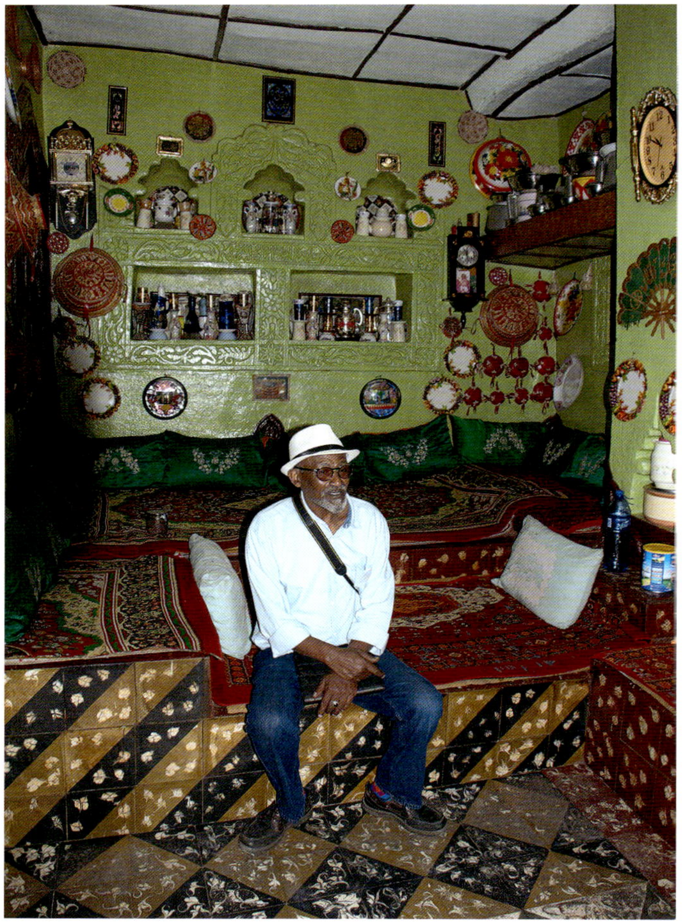

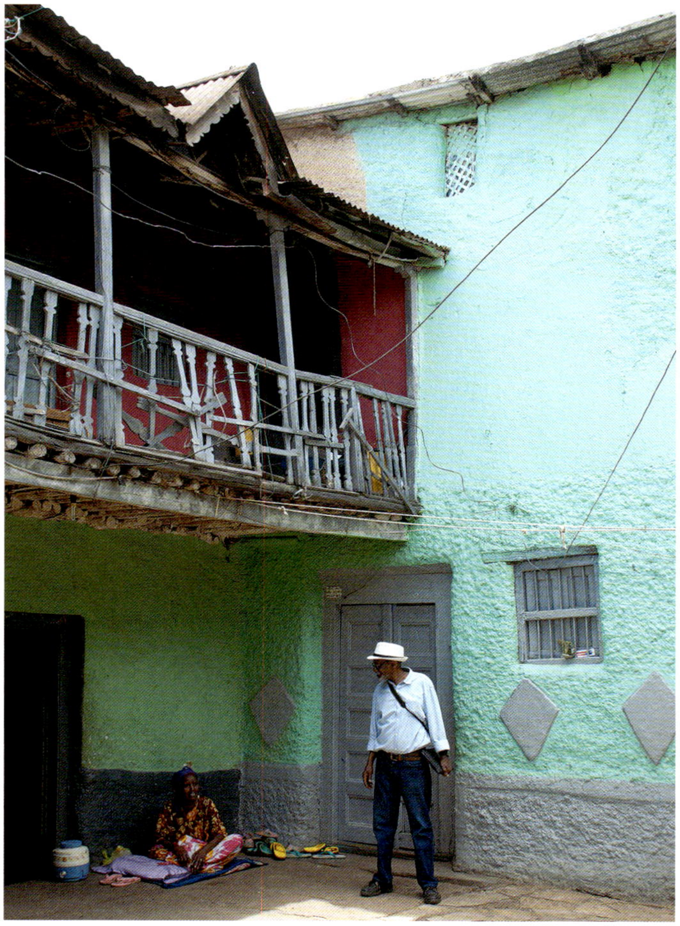

Tibebe lebte in diesem typischen Harari-Haus, als er als Kunstlehrer in Harar arbeitete; Mai 2015
Tibebe lived in this typical Harari house when he worked as ar art teacher in Harar; May 2015

malischen Grenze geschickt. Doch viele der Menschen dort waren wegen der schlimmen Hungersnot bereits verstorben; Tibebe und die Studenten mussten vorerst nichts Anderes tun, als die Toten zu begraben. Die ganze Kampagne, die amharische Sprache und die amharischen Schriftzeichen zu vermitteln, war ein Misserfolg, weil die Somali ihre eigene Sprache sprechen, die sie unter Verwendung lateinischer Buchstaben schreiben.

Als Tibebe wieder nach Harar zurückgekehrt war, blieb er wegen seiner Rolle als Lehrer weiterhin unter Verdacht. Er wurde festgenommen, weil er die Ideologie des Derg-Regimes ablehnte, und musste acht Monate im Gefängnis verbringen. Hier lernte er seine zukünftige Frau Amsaleh kennen, die mit einer Freundin das Gefängnis besuchte, um einen Verwandten zu sehen. Amsaleh freundete sich mit Tibebe an und begann ihm Essen zu bringen und seine Kleider zu waschen. Seine Lage als Gefangener verbesserte sich, als er das Bühnenbild für ein Theater malen musste, das von hochrangigen Parteiangehörigen frequentiert wurde.

1980 präsentierte Tibebe zusammen mit Teshome Bekele eine Ausstellung am Istituto Italiano di Cultura in Addis Ababa, wo drei seiner Bilder der Zensur zum Opfer fielen, wie er uns 2015 erzählte. Eines mit dem Titel *Wo es einen Weg gibt* zeigt eine kleine Frau, die auf ihrem Rücken Feuerholz trägt. Sie geht auf einem Bahngleis, weil kein Weg für Fußgänger existiert. Die Zensoren argumentierten, das Bild propagiere einen besseren Weg als den Sozialismus.

Ein anderes zensuriertes Bild hieß *Zeitweiliger Rückzug*. Während des Krieges mit Somalia begegnete Tibebe einmal einem alten, weißbärtigen Soldaten mit einem Gewehr, der auf seinem Weg von Harar nach Jijiga einen Brief las. Er vermutete, dass der Brief wahrscheinlich von des Soldaten Frau oder von einem Freund stamme, und zwar aus einem Ort, wo es keinen Krieg gab. Das Lesen dieses Briefs, der so von einem besseren Leben handelte, verschaffte einen zeitweiligen Rückzug aus der schrecklichen Realität. Nach der erfolgreichen Vernissage der Ausstellung befahlen die politischen Funktionäre dem Direktor des Instituts, diese Bilder zu entfernen. Das Publikum war darüber so verärgert, dass der ungarische Botschafter das eine und die Frau des italienischen Botschafters das andere Bild kaufte.[33]

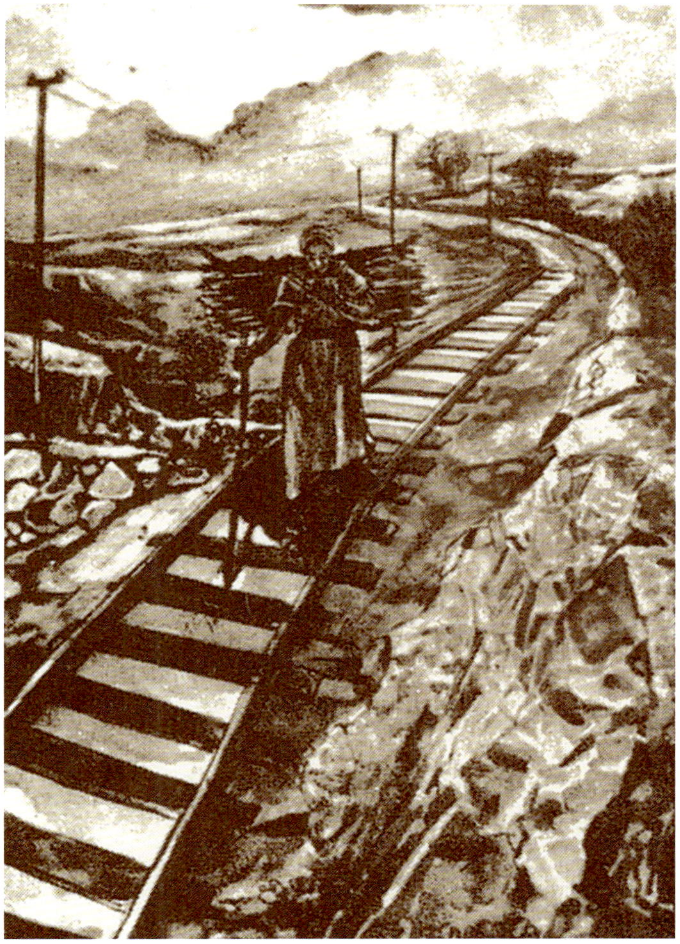

Wo es einen Weg gibt, Detail der Einladungskarte für die Ausstellung am Istituto Italiano di Cultura; 28. April 1980
Where There Is a Way, detail of the invitation card for the exhibition at the Istituto Italiano di Cultura; 28 April 1980

famine; at first Tibebe and the students had nothing else to do but bury dead bodies. The entire campaign to teach the Amharic language and Amharic characters was a failure, because the Somali people speak their own language and write using Latin letters.

Back in Harar, Tibebe remained under suspicion because of his role as a teacher. He was arrested for refusing to conform to the Derg regime's ideology, and spent eight months in prison, where he met his future wife Amsaleh, when she came with a friend to visit one of her relatives there. She befriended Tibebe, started to bring him food and wash his clothes. Later, Tibebe's situation in prison improved when he had to paint the scenery for a theatre frequented by high-ranking officials.

Ein weiteres zensuriertes Bild mit dem Titel *Nach der Sintflut*, 1988 entstanden, wurde vom damaligen Schweizer Botschafter Gaudenz B. Ruf gekauft.

1980 kehrte Tibebe nach Addis Ababa zurück und arbeitete als freier Illustrator für das Kuraz Publishing House bis 1983. Er illustrierte das erste Kinderbuch in Äthiopien, ebenso Bücher der berühmten äthiopischen Schriftsteller Dagnachew Worku (1944–1994) und Hailu Araya, eines Führers der Opposition. Seit 1984 arbeitet er als Vollzeit-Künstler in seinem Atelier in Addis Ababa.

In 1980 Tibebe held an exhibition with Teshome Bekele at the Istituto Italiano di Cultura in Addis Ababa, at which three of his paintings had been censored, as he told us in 2015. One of these, entitled *Where There Is a Way*, shows a small woman carrying firewood on her back. She is walking on a railway track because there is no room for pedestrians. The censors argued that the painting depicted a better way than socialism.

One of the other censored paintings was called *Temporary Withdrawal*. During the war with Somalia, Tibebe had seen an old, white-bearded soldier with a gun reading a letter, on his way from Harar to Jijiga. Tibebe imagined that this letter was probably from the soldier's wife or a friend and sent from a place where there was no war. So, reading that letter about a better life provided a temporary withdrawal from the horrible reality. After the successful opening of the exhibition, the political functionaries told the institute's director to remove these paintings. The public was so indignant about this that the Hungarian Ambassador bought one painting and the Italian Ambassador's wife a second.[33]

Another example of a censored work was *After the Deluge*, which was painted by Tibebe in 1988 and bought by the former Ambassador of Switzerland Gaudenz B. Ruf.

In 1980 Tibebe moved back to Addis Ababa and worked as a freelance illustrator for the Kuraz Publishing House until 1983. He illustrated the first book published for children in Ethiopia, as well as books by famous Ethiopian writers like Dagnachew Worku (1944–1994) and Hailu Araya, an opposition leader. Since 1984, he has worked full-time as an artist from his home studio in Addis Ababa.

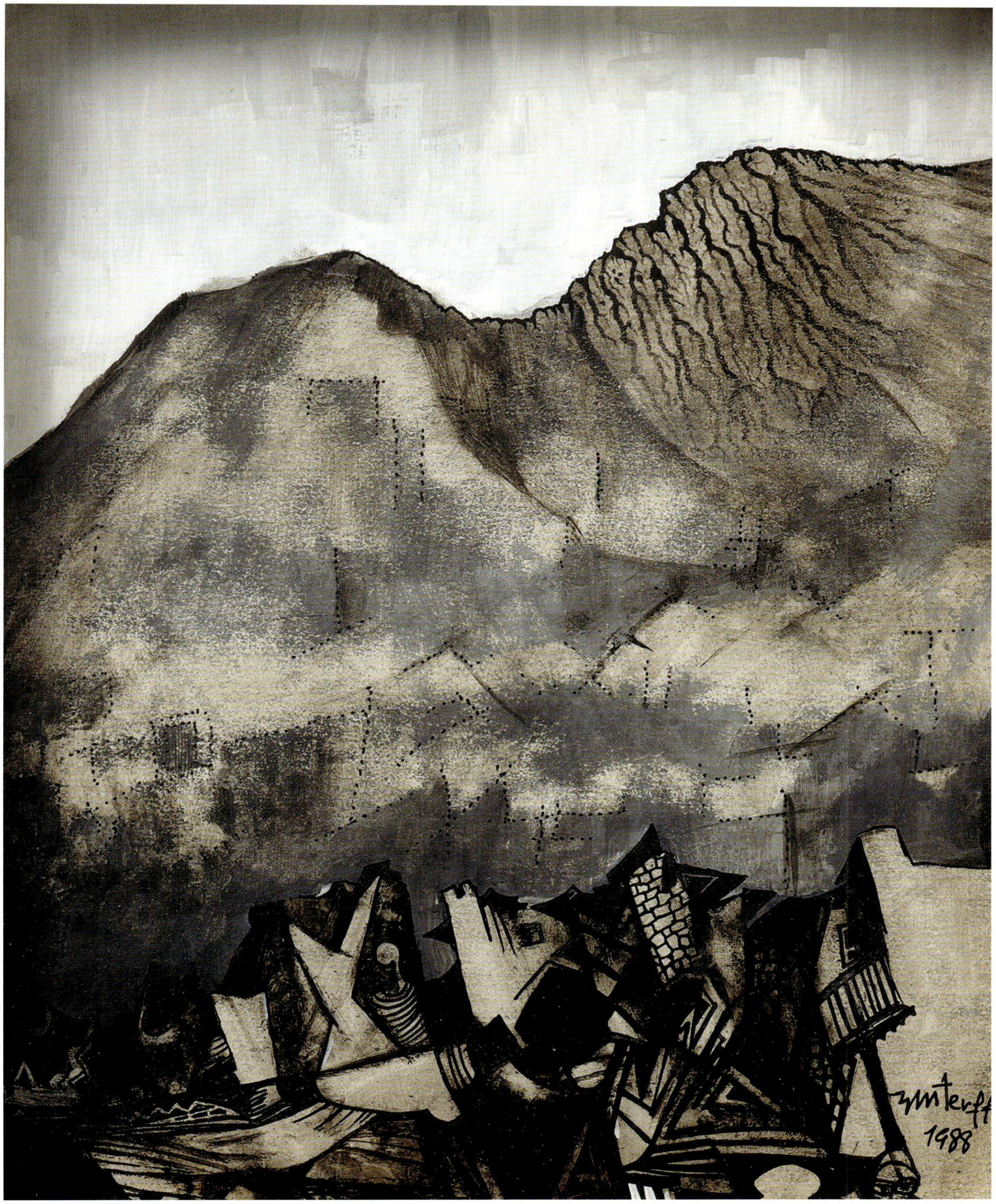

Nach der Sintflut
Tempera auf Halbkarton, 1988, 28,5 cm x 23 cm
Völkerkundemuseum der Universität Zürich, Inv. Nr. 30288
Geschenk: Dr. Gaudenz B. Ruf, Zürich
Foto: Kathrin Leuenberger

After the Deluge
Tempera on thin board, 1988, 28.5 cm x 23 cm
Ethnographic Museum of the University of Zurich, Inv. no. 30288
Donation: Dr. Gaudenz B. Ruf, Zurich
Photo: Kathrin Leuenberger

TIBEBE TERFFA – EIN ‚HARARI-MALER'?

TIBEBE TERFFA – A 'HARARI PAINTER'?

Kann Tibebe Terffa als ‚Harari-Maler' betrachtet werden, wie dies verschiedene Publikationen suggerieren? Besonders zwischen 1980 und 1990 schuf er eine Reihe von Bildern mit dem Titel *Harari Impressionen*, ein Thema, das er immer wieder aufnahm. Seine farbenfrohe Heimatstadt Harar war und ist noch immer eine tiefe Quelle seiner Inspiration.

Can Tibebe Terffa be considered a 'Harari Painter', as several publications have suggested? Between 1980 and 1990, in particular, Tibebe produced a number of paintings entitled *Harari Impressions*; a subject he has returned to again and again. His colourful home city of Harar was – and still is – a source of great inspiration for his art.

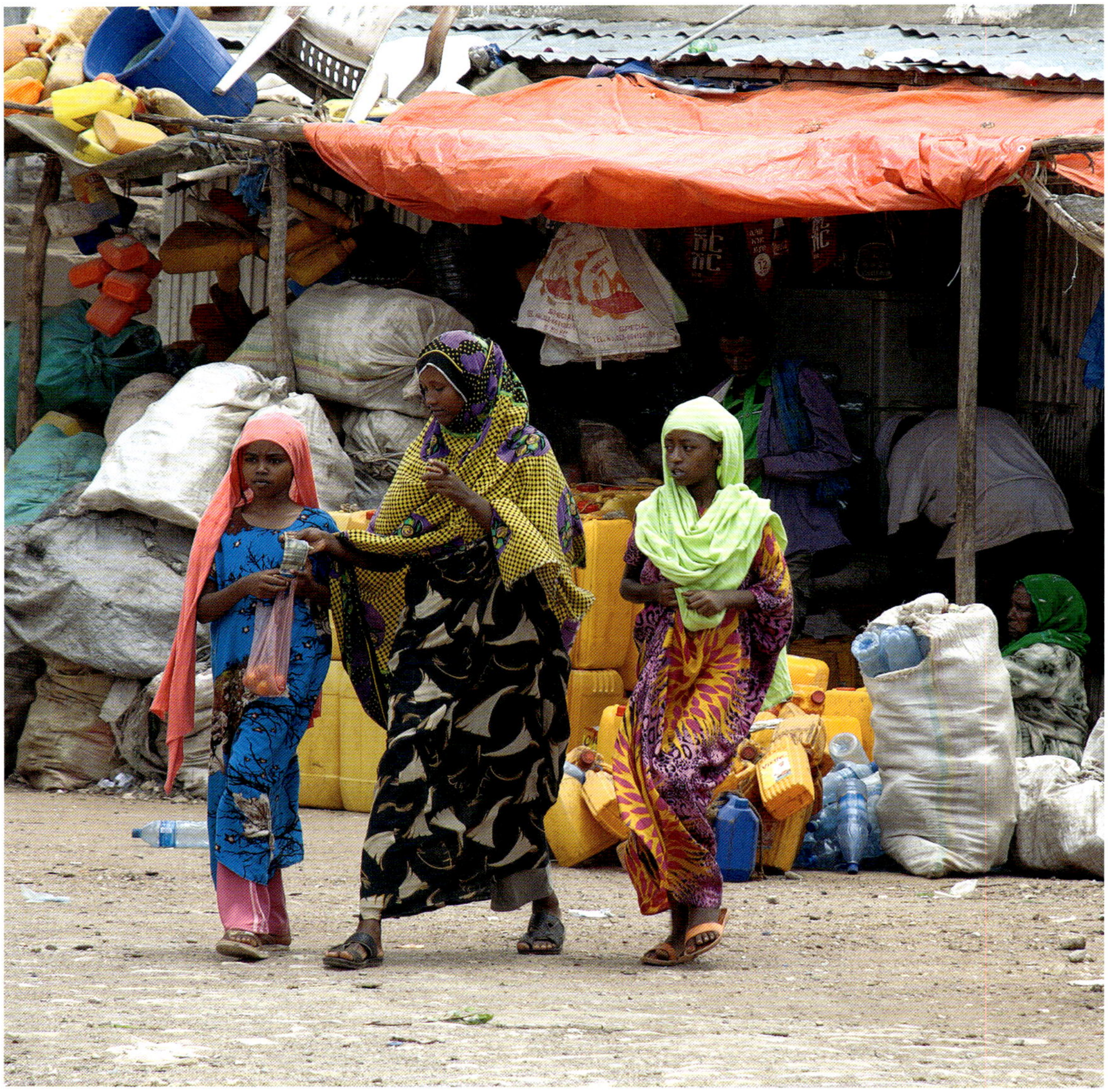

Drei junge Frauen auf einem Markt in Harar; Mai 2015
Three young women at a market in Harar; May 2015

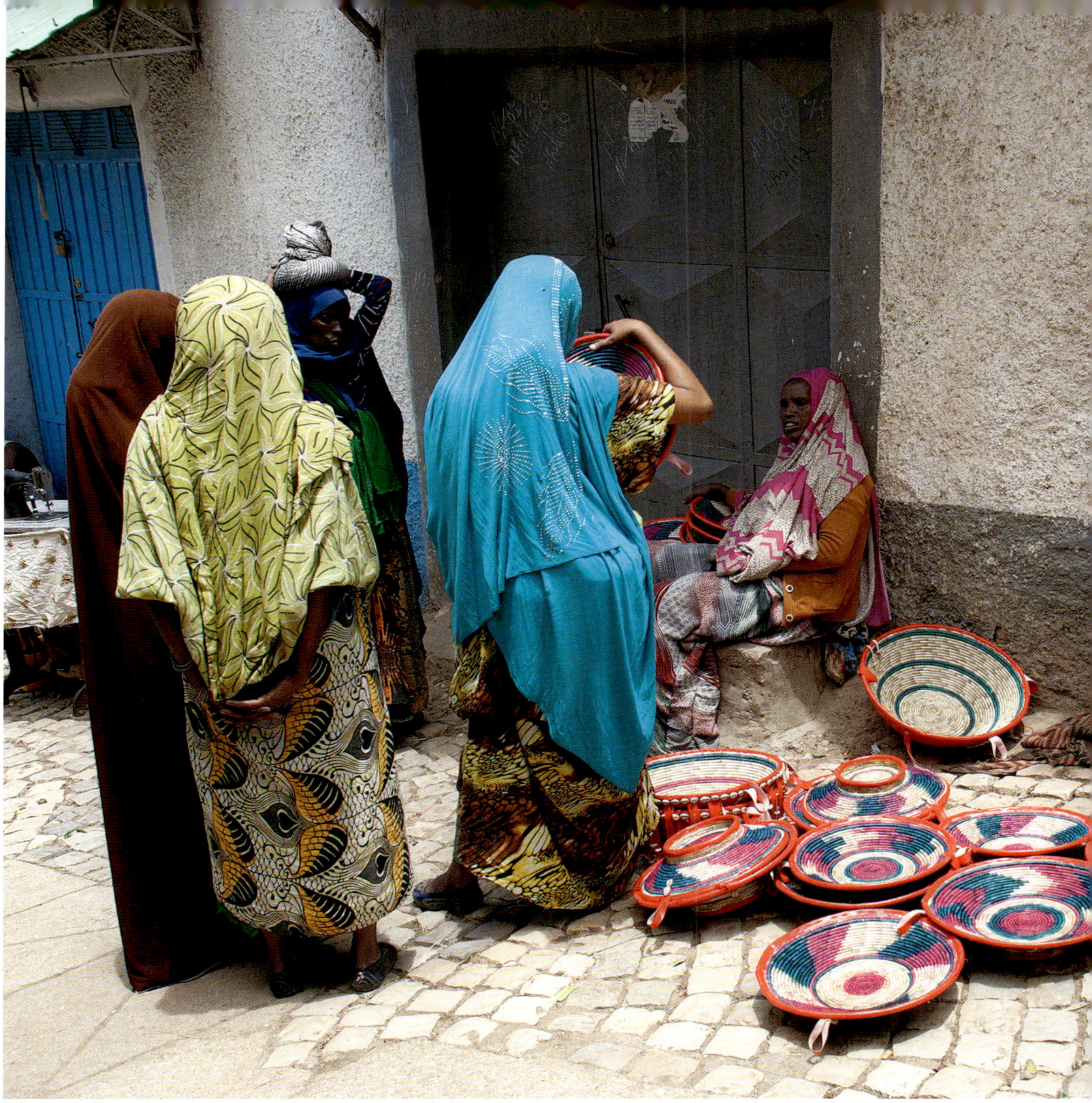

Neue Körbe werden zum Verkauf angeboten; Mai 2015
New baskets for sale; May 2015

Die traditionelle muslimische Stadt Harar ist von einer im 16. Jahrhundert erbauten Mauer mit fünf Toren (*bari*) umgeben. Hier leben Harari, Amhara, Oromo, Gurage und Somali zusammen und pflegen einen relativ hohen Grad religiöser Toleranz. Die tägliche Interaktion zwischen diesen ethnischen Gruppen findet beim Handel und bei religiösen Aktivitäten statt.[34] Als Handelszentrum besitzt die Stadt zahlreiche Märkte, die bei den Toren liegen; dort treffen sich Frauen der verschiedenen ethnischen Gruppen, deren Kleider sehr farbenfroh sind, ebenso die zum Verkauf bestimmten Güter.

Der Wohnraum eines traditionellen Harari-Hauses ist mit verschiedenen Arten von Körben mit komplizierten Mustern geschmückt, welche auch ein Motiv in Tibebes Kunst bilden. Diese Körbe werden ausschließlich von Frauen geflochten und von der Mutter an die Tochter weitergegeben.[35]

The traditional Muslim city of Harar is surrounded by a wall with five gates (*bari*), which was built in the 16th century. Here, Harari, Amhara, Oromo, Gurage and Somali people live together with a relatively high degree of religious tolerance. Daily interaction between these ethnic groups takes place especially in areas of commerce and devotional activities.[34] As a centre of commerce there are numerous markets near the gates; women from different ethnic groups meet each other, and their clothes are very colourful, as are the goods on sale.

The living room of a traditional Harari house is decorated with different types of baskets with intricate patterns, which also form a motif in Tibebe's art. These baskets are made exclusively by women and are handed down from mother to daughter.[35]

As well as 82 mosques, there are also 102 shrines in the old city, including those to female saints like

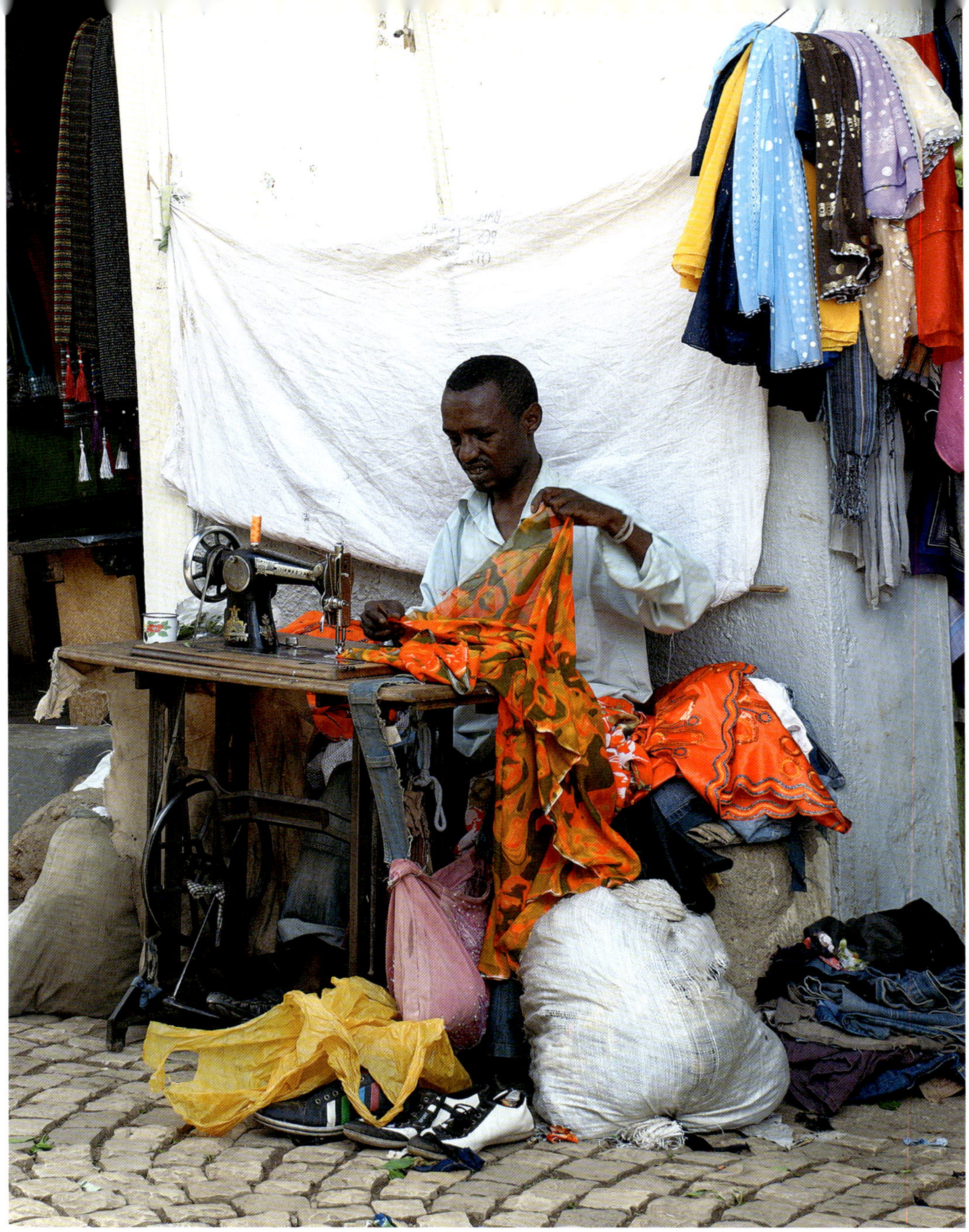

Ein Mann schneidert Frauenkleider; Mai 2015
A man makes women's dresses; May 2015

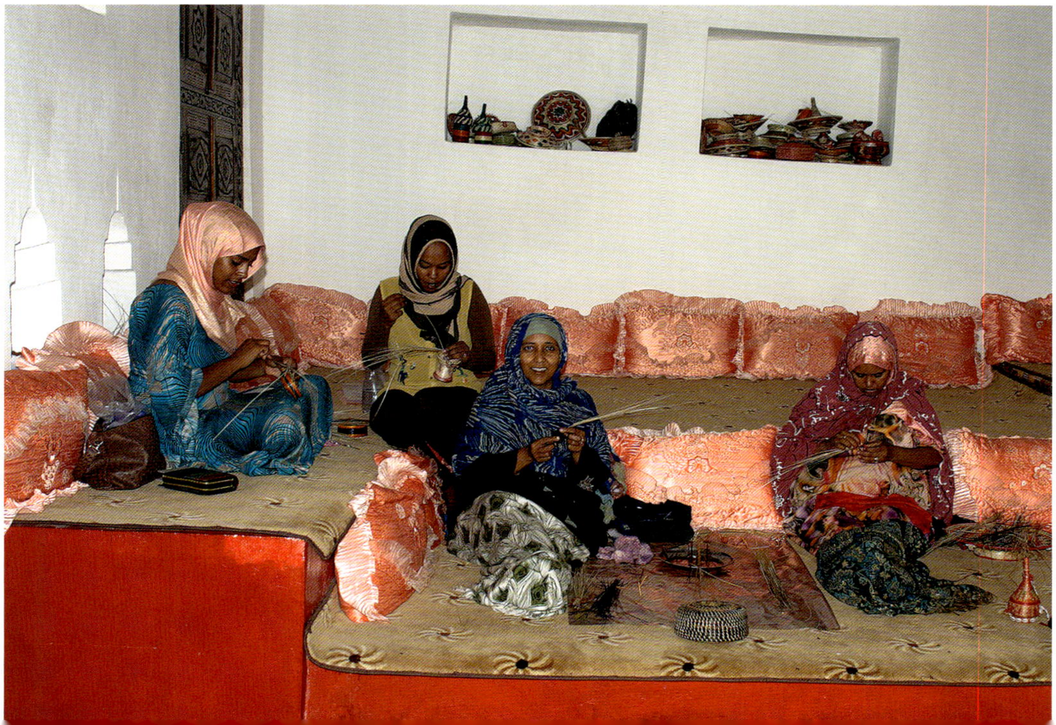

Junge Frauen lernen das traditionelle Korbflechten im renovierten und wieder eröffneten Enay Abida Harar Traditional Craft Center; Mai 2015
Young women learn traditional basket-weaving skills in the renovated and reopened Enay Abida Harar Traditional Craft Center; May 2015

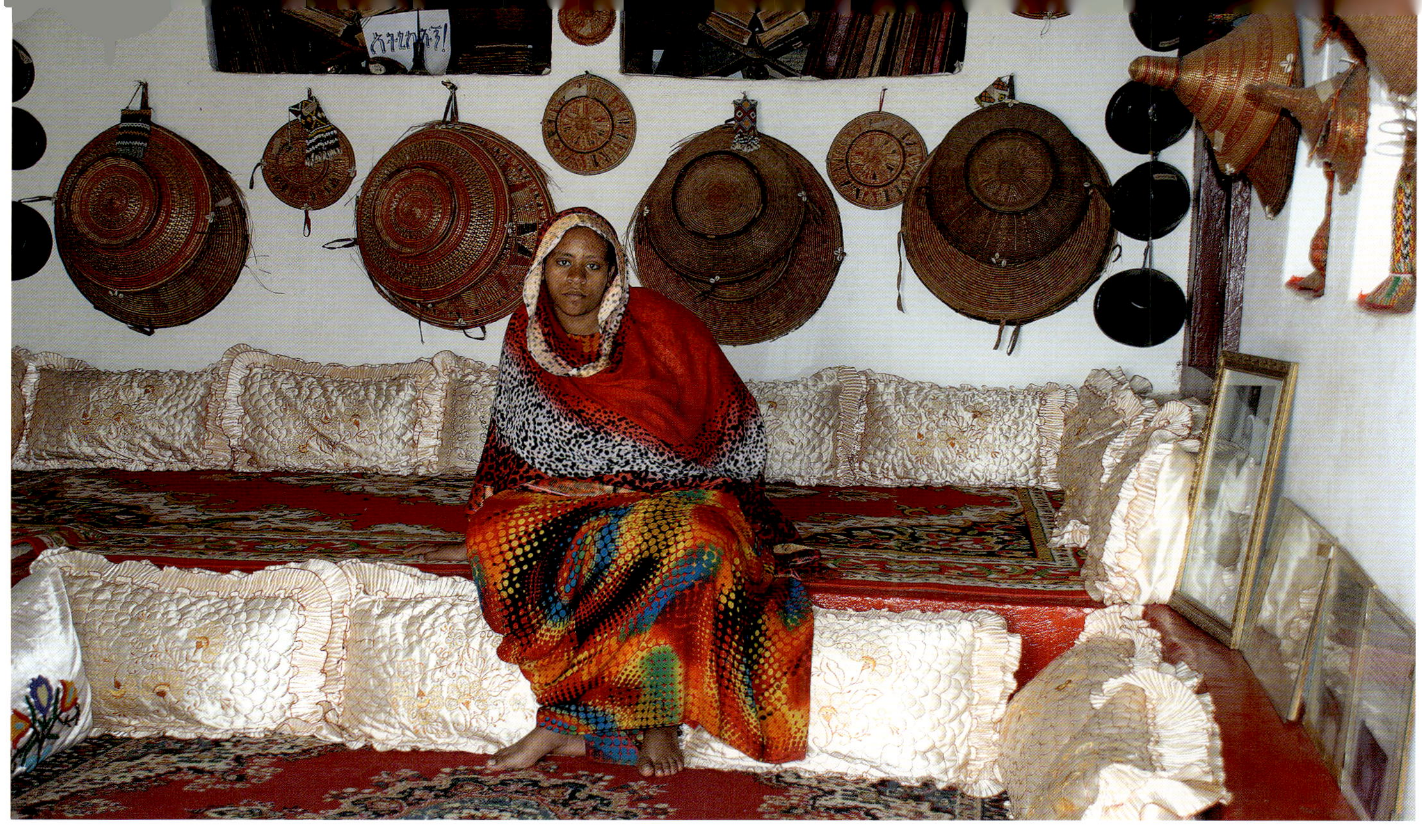

Das Innere eines Harari-Hauses im Harari National Cultural Centre; Mai 2015

The interior of a Harari house in the Harari National Cultural Centre; May 2015

Neben 82 Moscheen befinden sich auch 102 Schreine in der Altstadt, ebenfalls solche für weibliche Heilige wie beispielsweise für Ay Abida (Mutter Abida), die für Tibebe spirituell besonders bedeutungsvoll ist.

Es gibt drei heilige Orte, die mit ihrem Gedenken verbunden sind: Ihr Grab befindet sich unter einem riesigen alten Baum. Dieser Schrein wird nur von Frauen verehrt. Die ihr gewidmete Moschee liegt im Assum *bari* Gebiet, und der Platz, wo ihre Hochzeit stattfand, neben der Aw Dabana Moschee im Umkreis des Badro *bari*.[36]

In den 1980er Jahren war Tibebe in mehreren Ausstellungen in verschiedenen Kulturinstituten vertreten, die neben anderen Bildern viele *Harari Impressionen* zeigten. In einem nicht publizierten Text kommentierte Ahmed Zekaria, ein früherer Kurator des Museums des Instituts für äthiopische Studien, Tibebes Werk wie folgt:

„Immer und immer wieder liebt Tibebe Harar, tauscht mit Harar Gedanken aus, malt Harar. Harar scheint für ihn eine Quelle für Farben in ihrer sich stetig ändernden Vielfalt zu sein. Die Form und die

Ay Abida (Mother Abida), who is spiritually meaningful for Tibebe.

There are three sacred places related to her memory. Her grave lies beneath a huge old tree. This shrine is only worshipped by women. The mosque dedicated to her is situated in the Assum *bari* area, and her wedding place near Aw Dabana Mosque in the Badro *bari* area.[36]

In the 1980s, Tibebe held several exhibitions in different cultural institutes, which included many *Harari Impressions* artworks amongst others. In an

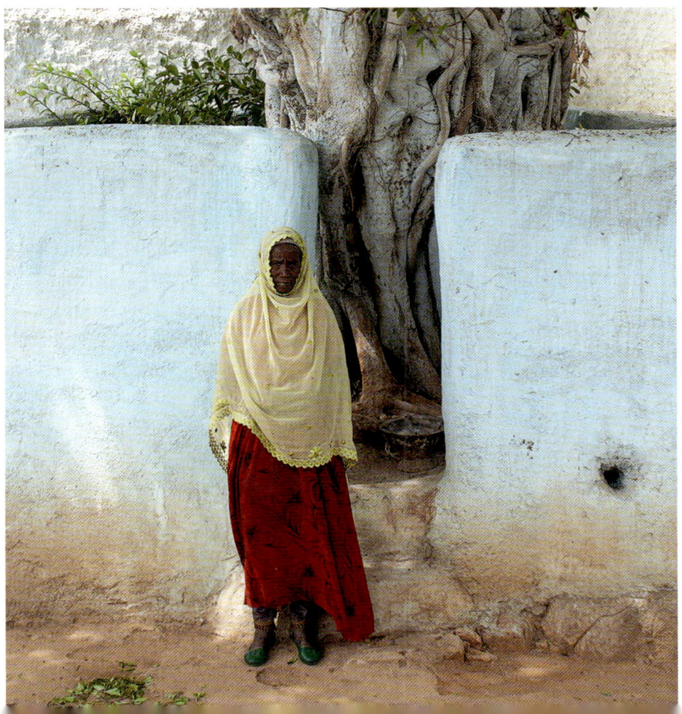

Schrein von Ay Abida mit einer Hüterin; Mai 2015

Shrine of Ay Abida with a female guard; May 2015

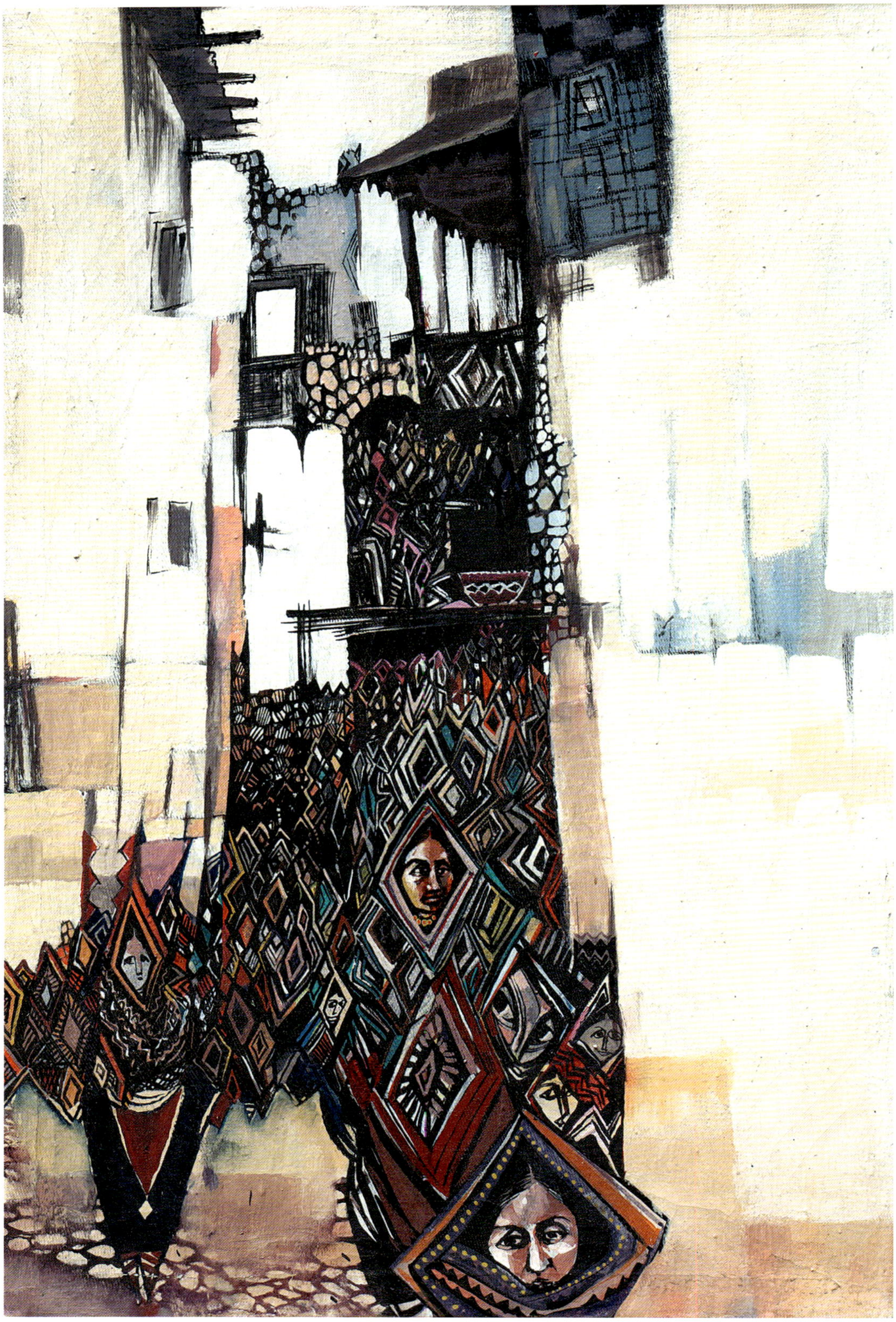

Harar … ein lebendiger Augenblick
Tempera und Öl auf Leinwand, 1986, 60 x 40 cm
Bibliothek des Goethe-Instituts, Addis Ababa

Harar … a Living Moment
Tempera and oil on canvas, 1986, 60 x 40 cm
Library of the Goethe-Institut, Addis Ababa

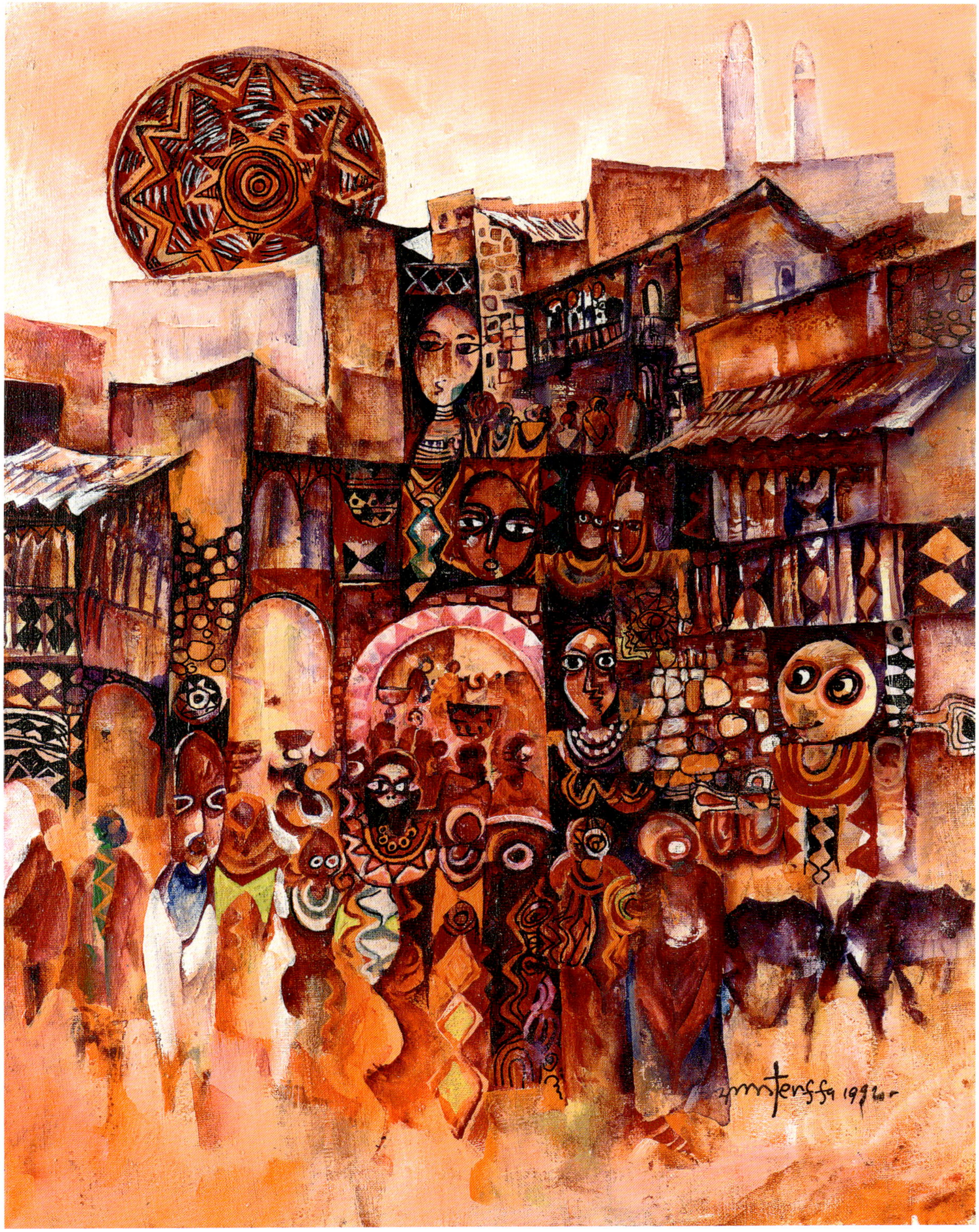

Harari Impressionen 3
Öl und Acryl auf Leinwand, 1992, 45 x 35 cm
Völkerkundemuseum der Universität Zürich, Inv. Nr. 21382
Foto: Kathrin Leuenberger

Harari Impressions 3
Oil and acrylic on canvas, 1992, 45 x 35 cm
Ethnographic Museum of the University of Zurich, Inv. no. 21382
Photo: Kathrin Leuenberger

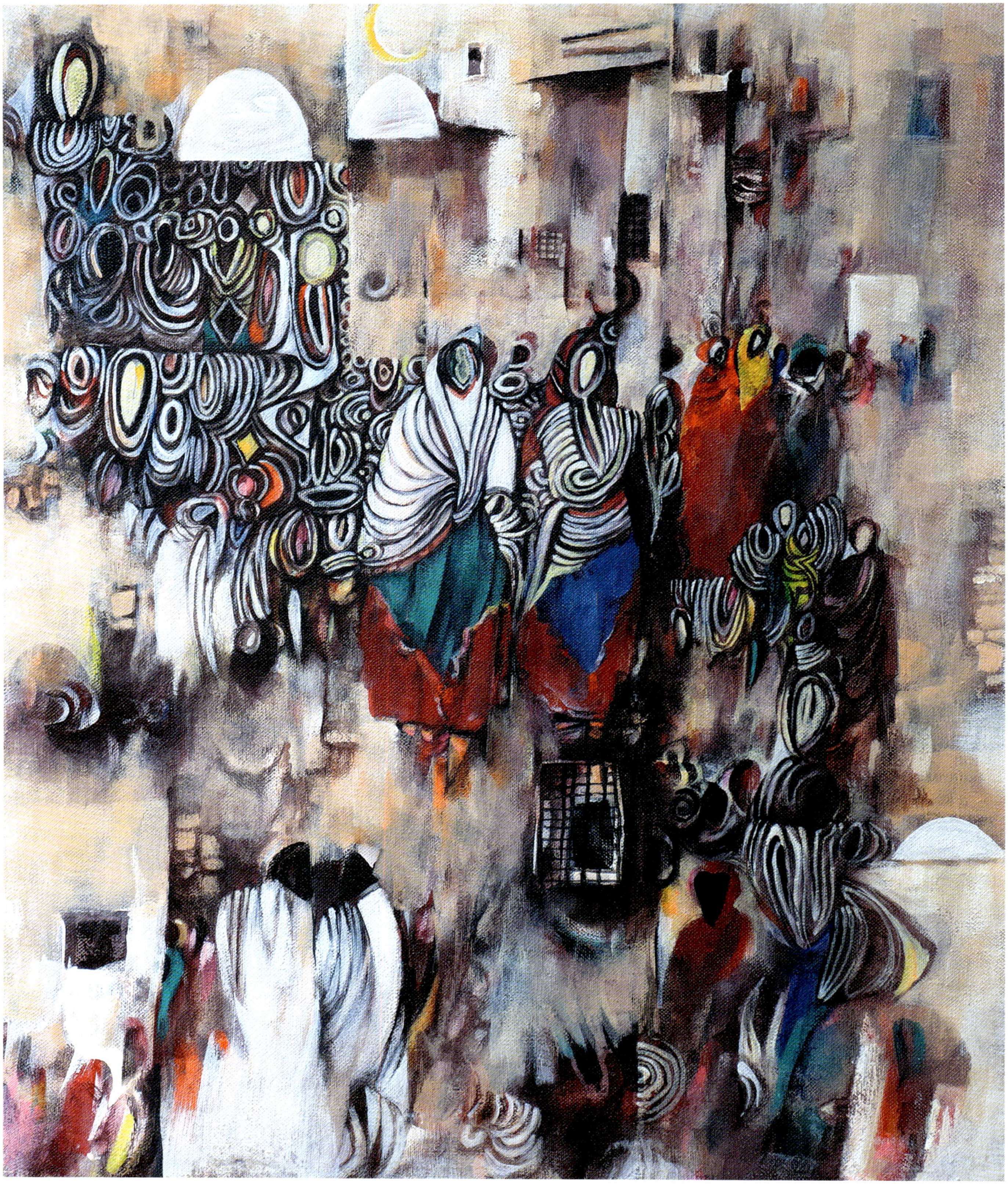

Harari Impressionen
Acryl auf Leinwand, 2015, 60 x 50 cm

Harari Impressions
Acrylic on canvas, 2015, 60 x 50 cm

Farbe der Gebäude, der Kleider und des Schmucks der Harari, die Flechtereien mit ihren komplizierten Mustern und leuchtenden Farben, der lebendige Markt – all das scheint ideal zu sein, um den Maler zu inspirieren."[37]

Im Gegensatz dazu kommentierte der Journalist Arefeayne Hagos eine Ausstellung im Goethe-Institut in einem Artikel im *Ethiopian Herald* vom November 1988 mit dem Titel ‚Tibebe comes out of the walls of Harrar':

„Die 47 Gemälde und Wasserfarbenarbeiten, die morgen im Deutschen Kultur-Institut ausgestellt werden sollen, geben das Ringen des Künstlers wieder, seine inneren Gefühle und die Welt jenseits der Mauern von Harar zu erschaffen."[38]

Offensichtlich begann Tibebe bereits 1988 sein Repertoire zu erweitern. Wir befragten ihn 1993 und 2015 über seine ‚Harari-Periode', vor allem deshalb, weil er auch 2015 noch *Harari Impressionen* malte. Tibebe erklärte bereits 1993:

„Für jeden Künstler mit einem offenen Herzen ist Farbe attraktiv. Und die Stickerei und die Designs, die die Harari verwenden, sind so kunstvoll. Aber ich male nicht direkt Harar, einen spezifischen Ort oder eine bestimmte Ecke der Stadt. Ich versuche zu malen, was ich wirklich in Bezug auf Harar fühle, das harmonische Gefühl in meinem Herzen. So gebrauche ich verschiedene Typen von Stickereien, verschiedene Arten von Körben mit jenen verschlungenen Designs und der Vielfalt der Farben. Deshalb nennen mich die meisten Leute einen ‚Harari-Maler'."[39]

2015 betonte Tibebe nochmals, dass er, obwohl er von Harar inspiriert sei, nicht nur als ‚Harari-Maler' wahrgenommen oder charakterisiert werden wolle:

„Harar ist ein geheimnisvoller Ort, so gibt er viel her für die Kunst, gibt dir Ideen, macht dich kreativ. Ich gebrauche die Menschen in Harar, um meine Ideen auszudrücken. Ich gebrauche dieses Material, um mich selbst auszudrücken, um mir zu erlauben, die Formen und die Farben, die ich dort sehe, zu verwenden."[40]

Einmal malte Tibebe ein Bild zum Thema *Abida*; doch anstatt eine wirklichkeitsgetreue Darstellung der Heiligen oder den Schrein wiederzugeben, gestaltete er ein Konzept ihrer inneren Person, ihrer Spiritualität (siehe S. 50).

Wie oben erwähnt, malte er in derselben Periode, neben den *Harari Impressionen,* auch andere Werke (siehe S. 51–55), wie etwa die folgenden:

unpublished text, Ahmed Zekaria, a former curator of the museum of the Institute of Ethiopian Studies, commented on Tibebe's work:

"Over and over again Tibebe loves Harar, communes with Harar, paints Harar. Harar does seem to be a spring of colour in its ever-changing variety. The shape and colour of the buildings, the clothes and jewellery of the Harari, the basketwork with its intricate design and brilliant colours, the lively market – it all seems ideal for inspiring the painter."[37]

However, commenting on an exhibition at the Goethe-Institut, the journalist Arefeayne Hagos wrote an article in the *Ethiopian Herald* in November 1988 entitled 'Tibebe Comes Out of the Walls of Harrar':

"The 47 paintings and watercolour works that are to be exhibited at the German Cultural Institute beginning tomorrow portray the struggle of the artist to express his internal feelings and the world beyond the walls of Harar."[38]

Evidently, Tibebe was already starting to broaden his repertoire by 1988. We interviewed Tibebe in 1993 and 2015 about his 'Harari Period', especially because he also painted *Harari Impressions* in 2015. Tibebe stated in 1993:

"For any artist with an open heart, colour is so attractive. And the embroidery and designs used by the Harari people are so artistic. But I am not directly painting Harar, a specific place or a certain corner of the town. I try to depict what I really feel about Harar, the harmonious feeling in my heart. So, I use different types of embroideries, different kind of baskets with those intricate designs and their variety of colours. That's why most people call me a 'Harari painter'."[39]

In 2015 Tibebe stressed once again that, although he is inspired by Harar, he does not want to be perceived or characterised solely as a 'Harari Painter':

"Harar is a mysterious place, so it gives a lot for art, gives you ideas, makes you creative. I use the people in Harar to express my ideas. I use these materials to express myself, to allow me the use of the forms, the colours I see there."[40]

Tibebe once created a painting entitled *Abida*; however, instead of painting a literal representation of the saint's figure or a shrine, he produced a concept of the inner person, of her spirituality (see p. 50).

During the same period, as mentioned above, Tibebe created other works besides *Harari Impressions* (see pp. 51–55), such as the following paintings:

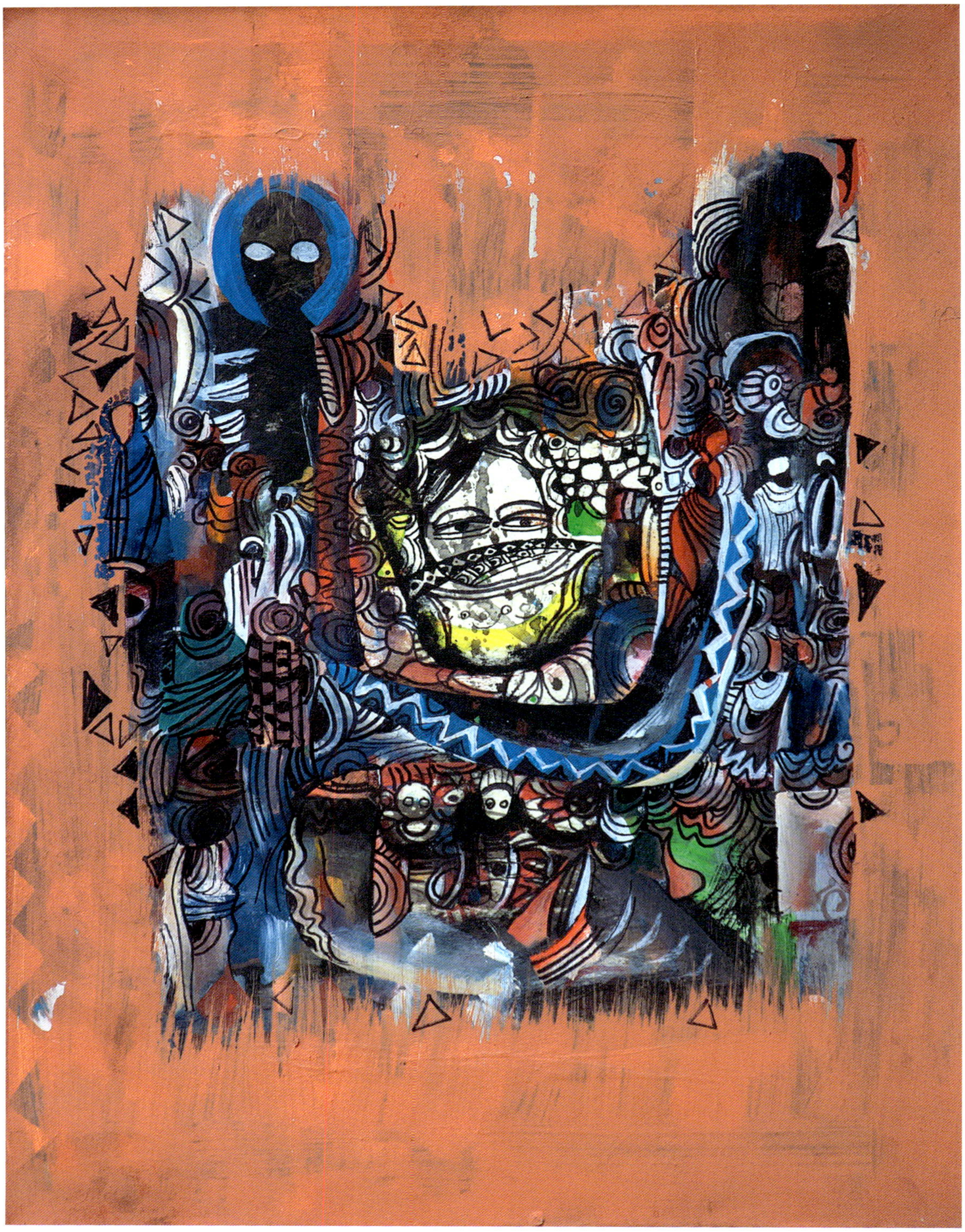

Ohne Titel
Acryl auf Ziegenhaut, 1998, 42 x 32 cm

Jedes Mal, wenn Tibebe nach Harar reist, besucht er das Heiligengrab von Ay Abida, das sich in der Nähe befindet, wo er aufwuchs. Dieses Bild widmete er Abida.

Untitled
Acrylic on goatskin, 1998, 42 x 32 cm

Each time Tibebe visits Harar, he goes to see the shrine of Ay Abida, near where he grew up. This painting is a dedication to Abida.

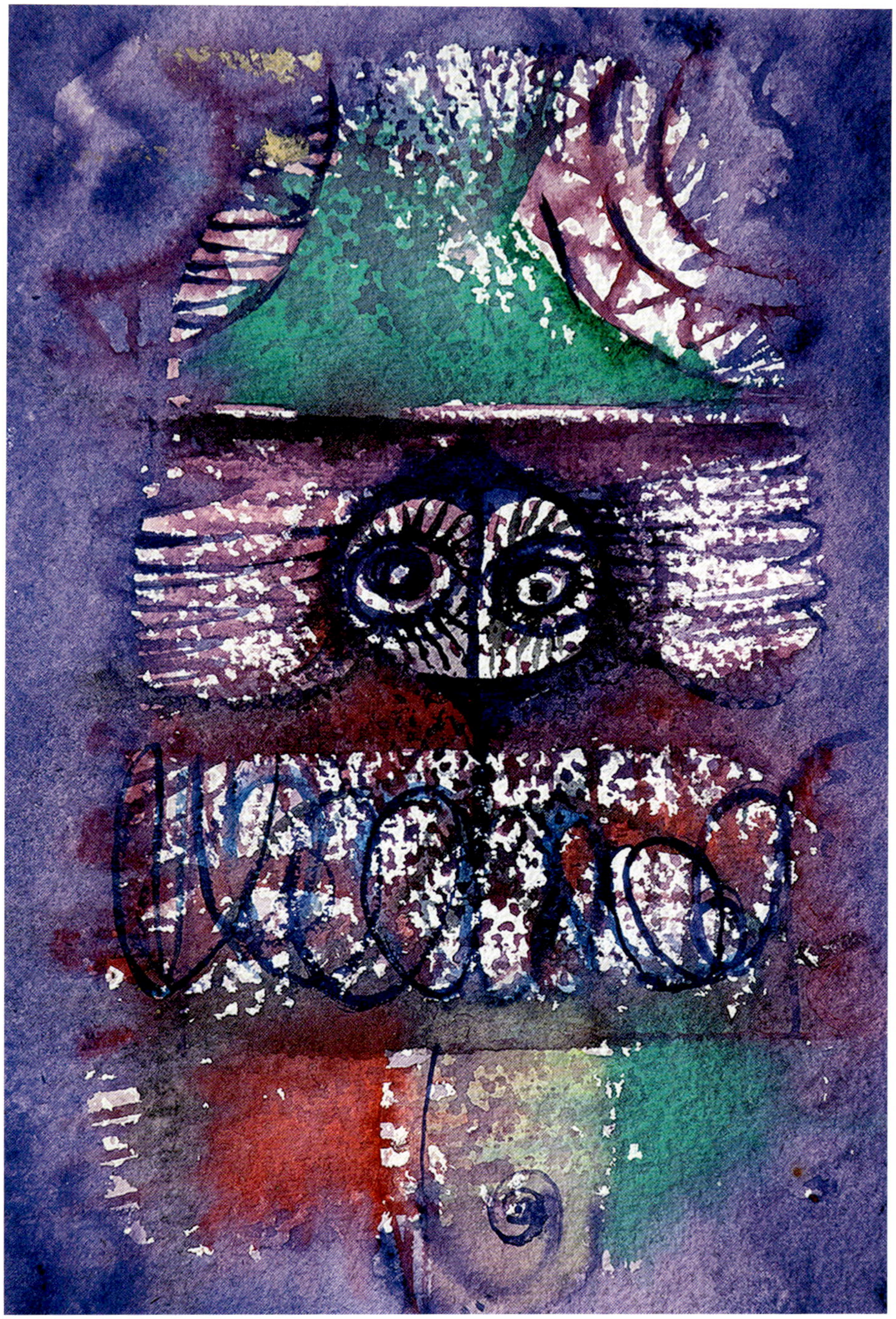

Ohne Titel
Wasserfarbe auf Papier, 1984, 23,5 x 16 cm

Tibebe kommentierte dieses Bild: „Es ist nur ein Spiel mit Formen; wenn du spontan bist, kann auf der Leinwand alles geschehen. Figuren können plötzlich auftauchen, und dann wirst du darauf aufmerksam, und vielleicht versuchst du sie auszuarbeiten und mit anderen Dingen in Verbindung zu setzen."[41]

Untitled
Watercolour on paper, 1984, 23.5 x 16 cm

Tibebe comments about this painting: "It is just playing with forms, when you are spontaneous, anything can happen on the canvas, figures can pop up by accident and then you might give attention to that, maybe you try to elaborate and connect it with other things."[41]

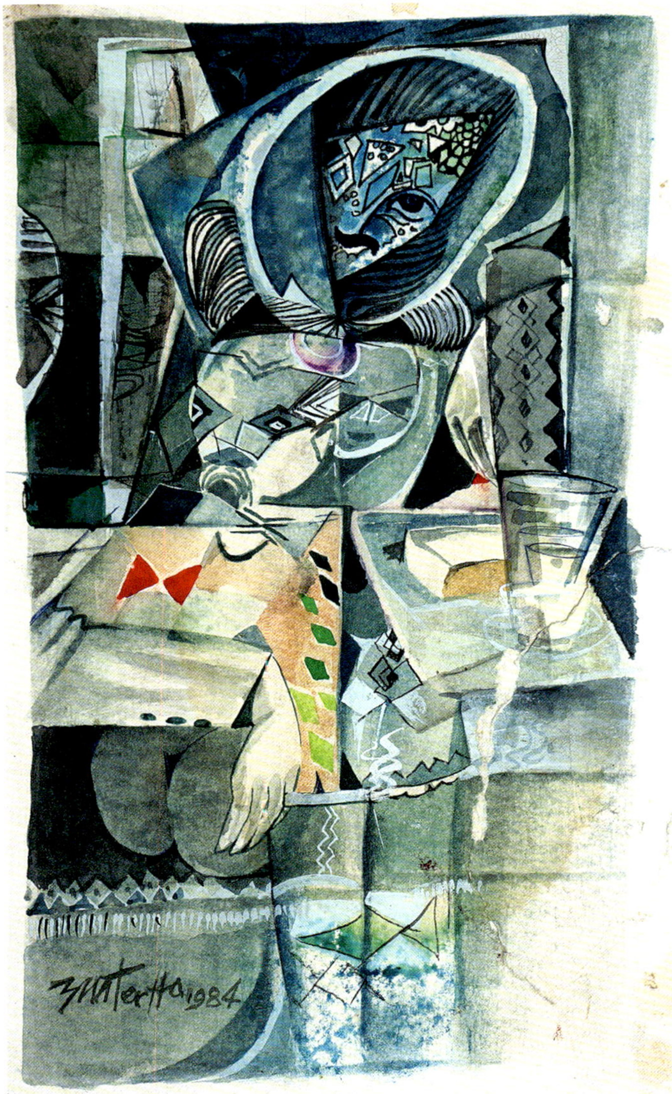

Muse in Harmonie
Wasserfarbe auf Papier, 1984, 30 x 17,5 cm

Tibebe erklärte: „Diese ‚Muse in Harmonie' hat ein wunderschönes Gesicht; sie hat Wein, Käse und jemanden bei sich; sie befindet sich wirklich in einer harmonischen Verfassung." Auf die Frage hin, ob die Muse jemand sei, die ihn inspiriere, antwortete Tibebe: „Ja, es ist jemand, der dich motiviert. Du kannst sie als treibende Kraft betrachten, in einer spirituellen, sehr heiligen Art, welche dich zu Stärke und Spiritualität führt." Und als wir ihn fragten, ob die dargestellte Frau, die ein Baby zu halten scheint, seine Frau Amsaleh sei, stimmte Tibebe zu: „Ja, es könnte sein. Es war wirklich ein großes Ding, ein Baby und eine Frau zu haben, die deine Arbeiten bewundert und dich ermutigt; und all das bedeutet, dass es einen tieferen Lebenssinn gibt."[42]

Muse in Harmony
Watercolour on paper, 1984, 30 x 17.5 cm

Tibebe explained: "This 'Muse in Harmony' has a beautiful face, she has wine, cheese and somebody beside her, she is really in good harmony." To the question whether the muse is somebody who inspires him, Tibebe replied: "Yes, it is somebody who motivates you. You can consider that as a driving force in a spiritual, very sacred way, which leads you to strength and spirituality." And when we asked if this woman who seems to be holding a baby is his wife Amsaleh, Tibebe agreed: "Yes, it could be. It was really a big thing, having a baby and a wife next to you, who admires your work and encourages you; and all that means that there is a deeper meaning to life."[42]

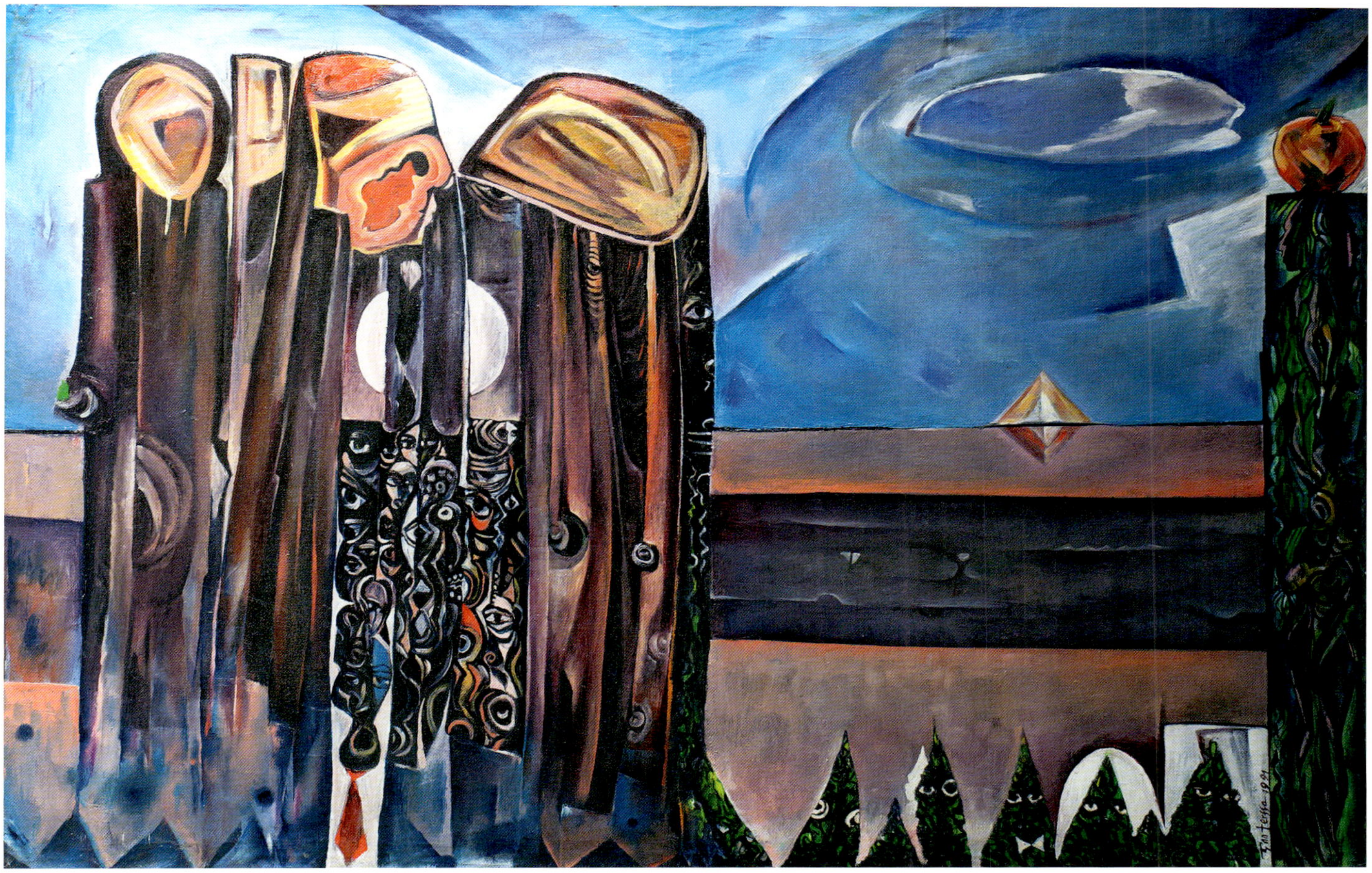

Leben … der Vogel des Todes
Öl auf Leinwand, 1991, 79 x 119 cm

Life … the Bird of Death
Oil on canvas, 1991, 79 x 119 cm

Der Maler erklärte, dass er den Titel nur wegen der Poesie der Wörter verwendet hätte, um mit ihnen zu spielen, und dass er sich noch immer an diesem Bild erfreue wegen der Art von Bewegungen, dem Spiel der Linien und der Möglichkeit, dazwischen Formen zu erschaffen.[43]

The painter said that he only gave the painting this title because of the poesy of the words, in order to play with them, saying that he still likes this painting because of these kinds of movement, playing with lines and creating forms in between.[43]

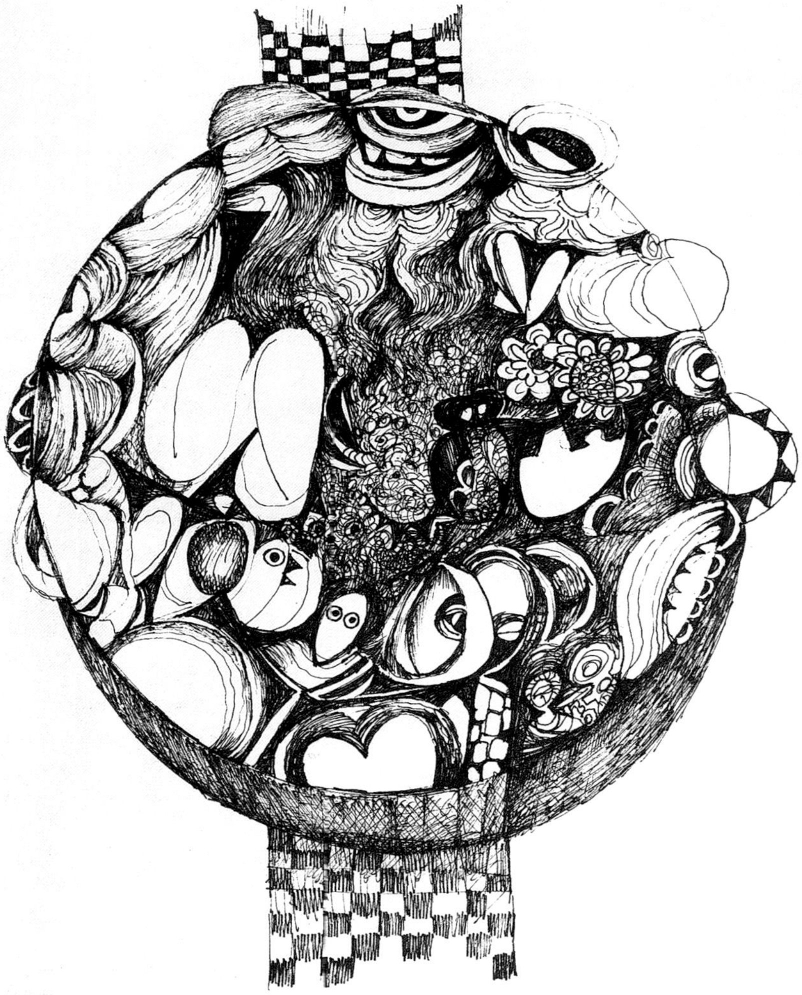

Ohne Titel
Feder auf Papier, 1991, 39,5 x 29,5 cm

Als wir dieses Bild betrachteten, gaben wir verschiedene Kommentare ab: P. G. nahm es wie ein Vexierbild mit vielen Formen wahr, beispielsweise mit Früchten, wie Bananen, Tomaten und anderen. E. B. sah eine islamische Mondsichel, darin Gesichter, eine Henne, Blumen und eine Eule. Tibebe kommentierte: „Hier oben ist Santa Klaus; es gibt so viele Dinge; ihr benötigt Zeit, um ein solch detailliertes Werk zu erkennen; morgen werdet ihr etwas anderes sehen, beispielsweise ist hier in der Mitte ein Drache."[44]

Untitled
Pen on paper, 1991, 39.5 x 29.5 cm

When we looked at this picture we had different responses. P. G. saw it as a picture puzzle with a lot of forms, e. g. fruits like bananas, tomatoes and others. E. B. saw an Islamic crescent moon with faces inside, as well as a hen, flowers and an owl. Tibebe commented: "Up here, there is Santa Claus, there are so many things, you need time to look at such a detailed work; tomorrow you see something else, for example, here in the middle there is a dragon."[44]

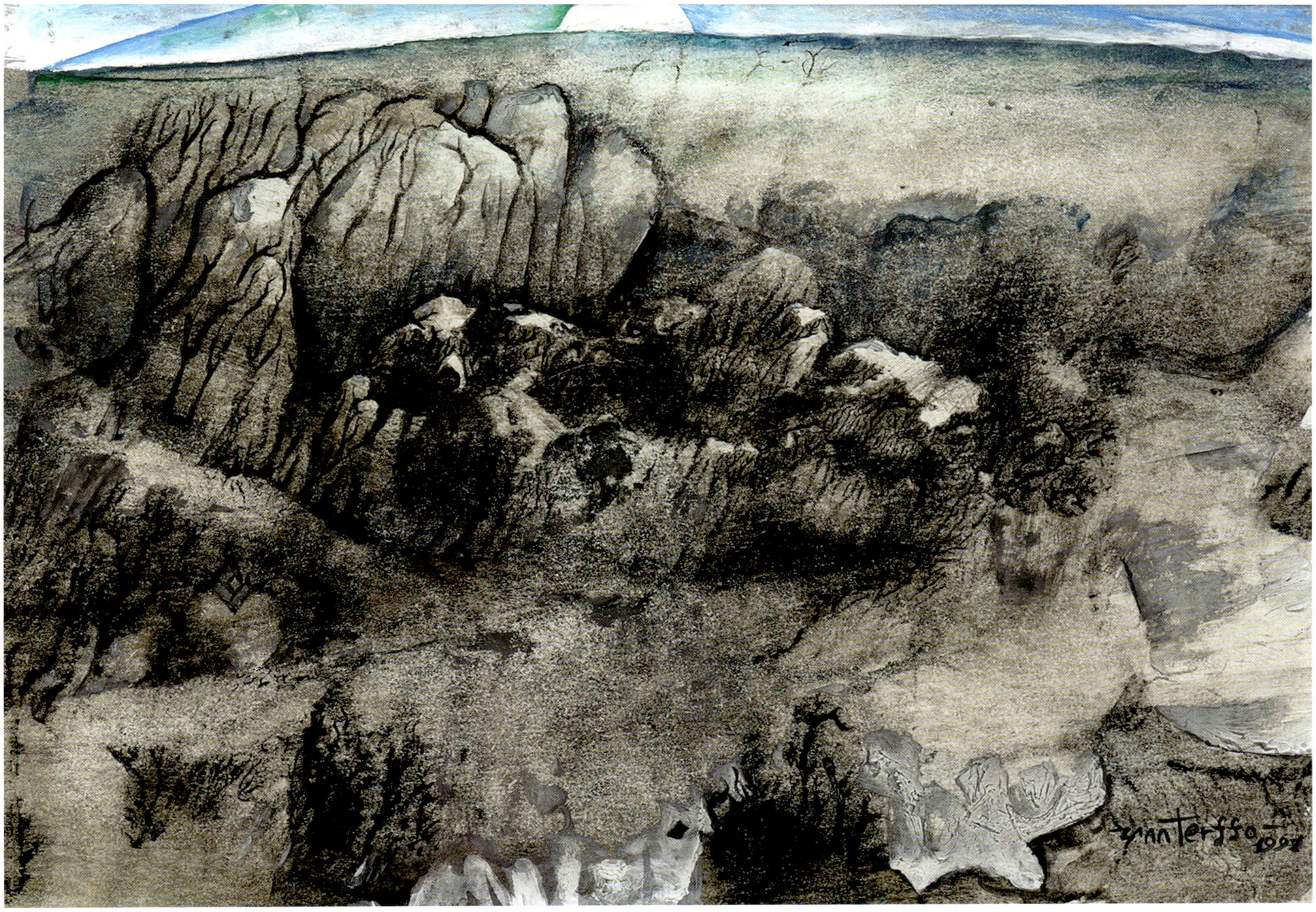

Träume und Reflektionen
Tinte und Wasserfarbe auf Papier, 1991, 22 x 30 cm
Völkerkundemuseum der Universität Zürich, Inv. Nr. 30289
Geschenk: Dr. Gaudenz B. Ruf, Zürich
Foto: Kathrin Leuenberger

Dreams and Reflections
Ink and watercolour on paper, 1991, 22 x 30 cm
Ethnographic Museum of the University of Zurich,
Inv. no. 30289
Donation: Dr. Gaudenz B. Ruf, Zurich
Photo: Kathrin Leuenberger

NEUE KÜNSTLERISCHE AUSDRUCKSFORMEN

NEW ARTISTIC FORMS OF EXPRESSION

Seit dem Sommer 1991, nach der Niederwerfung des Derg-Regimes, suchte auch Tibebe neue Ausdrucksformen. Beispielsweise malte er 1992 zwei Bilder zusammen mit Karl Herweg, einem Freund, der für das Soil Conservation Research Programme in Ethiopia von der Universität Bern, Schweiz arbeitete.

Tibebe betonte, dass die Malereien von der Zeit des Wandels geprägt seien und dass es von beiden Künstlern Mut brauchte, sich zur Zusammenarbeit zu entscheiden (siehe S. 57).

Diese gesprayte Malerei inspirierte Christine Meuer, Direktorin des Goethe-Instituts, Tibebe zu be-

Since the summer of 1991, after the Derg regime was toppled, Tibebe has been seeking new forms of expression. For example, in 1992 he produced two paintings with a friend, Karl Herweg, who worked for the Soil Conservation Research Programme in Ethiopia at the University of Berne, Switzerland.

Tibebe stressed that the paintings came out of a time of change and explained that both artists were courageous in deciding to work together (see p. 57).

This sprayed painting inspired Christine Meuer, director of the Goethe-Institut, to commission Tibebe

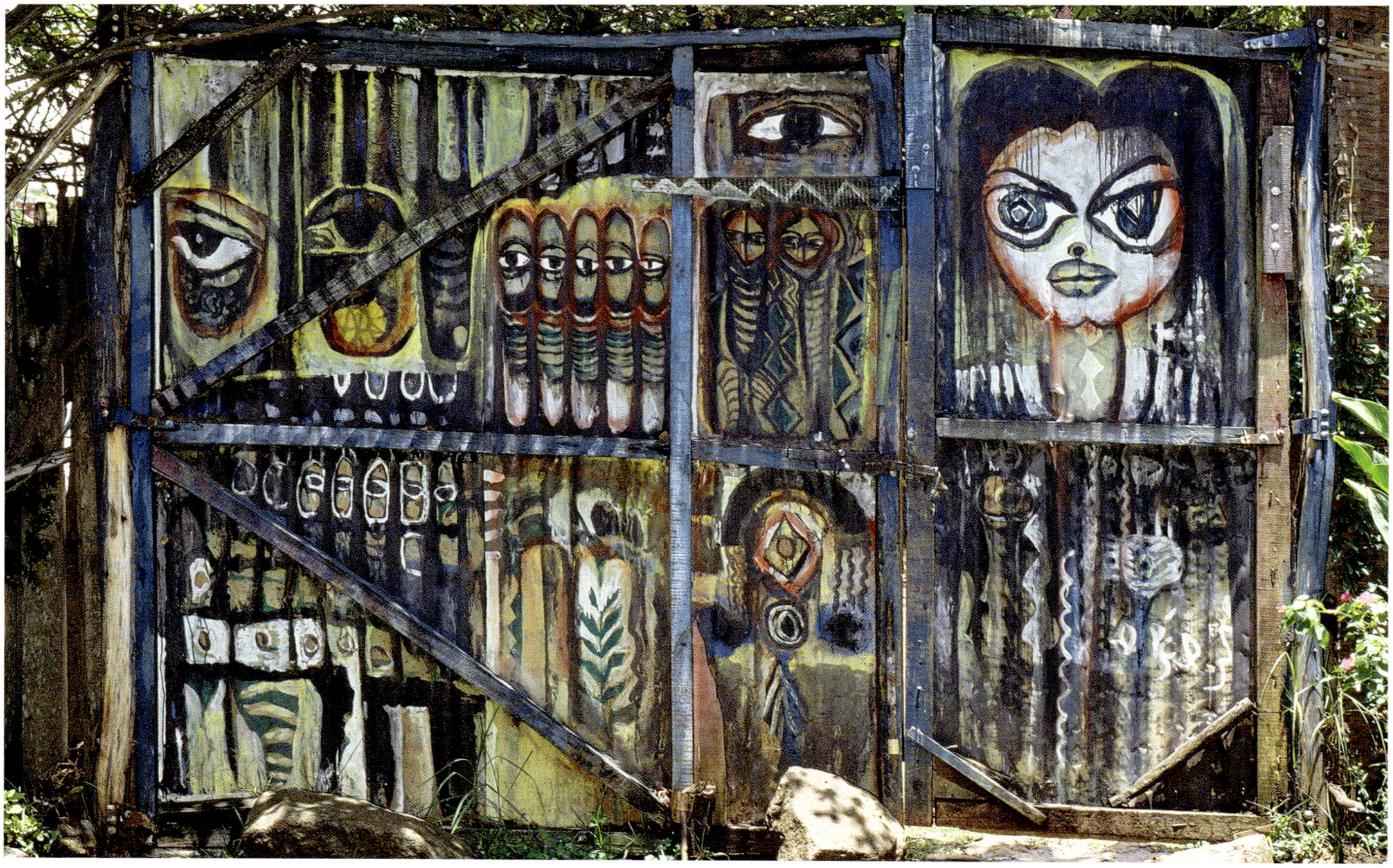

Teil einer gesprayten Malerei auf einer Wellblechwand in Tibebes Garten; Mai 1993

Part of a sprayed painting on a corrugated iron wall in Tibebe's garden; May 1993

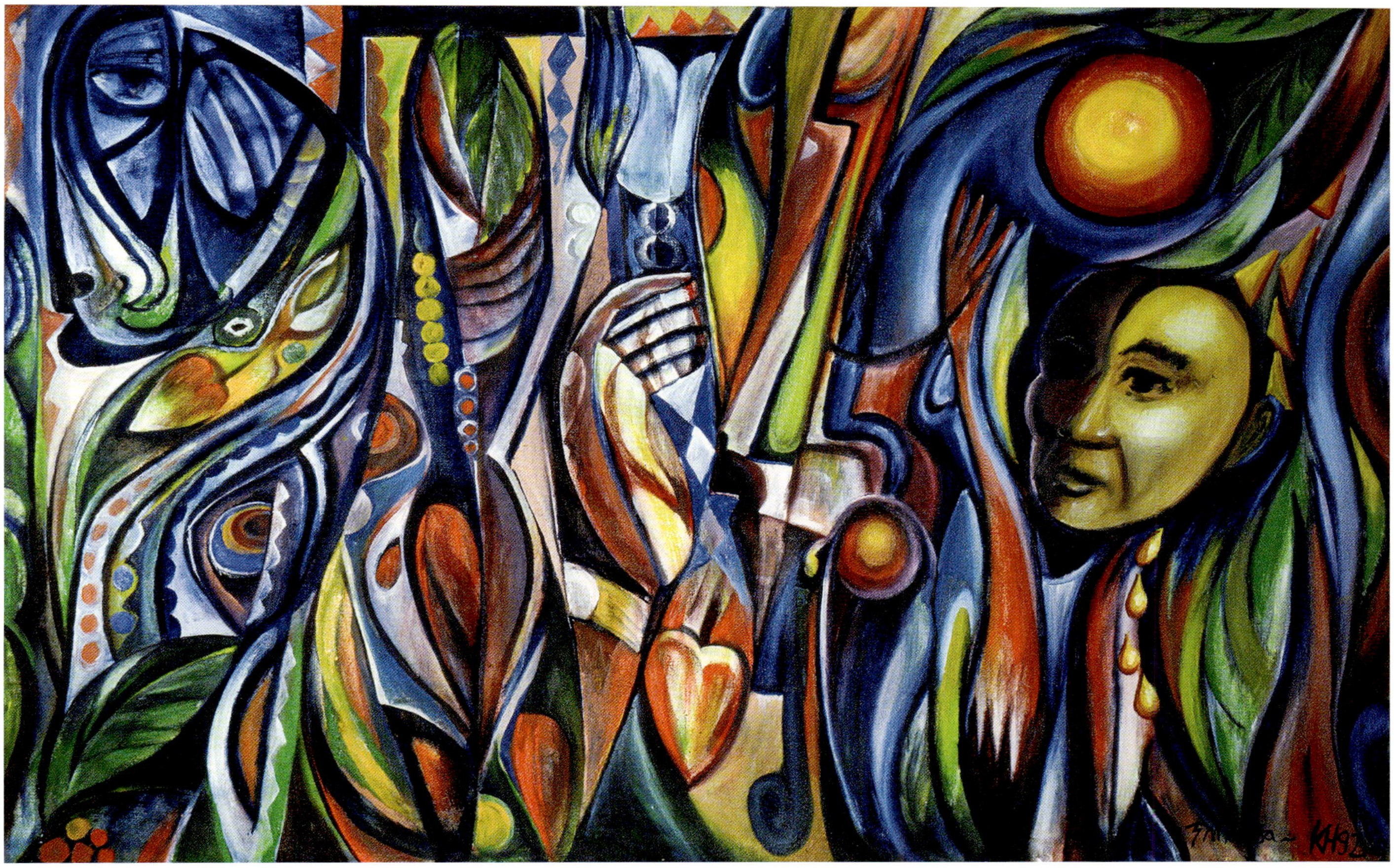

Ohne Titel (zusammen mit Karl Herweg)
Öl auf Leinwand, 1992, 78 x 120 cm

Untitled (together with Karl Herweg)
Oil on canvas, 1992, 78 x 120 cm

Dieses Bild zu betrachten, gebe ihm ein gutes Gefühl, erklärte Tibebe 2015: „Das harmonische Zusammenarbeiten mit gegenseitigem Respekt für die Arbeit des anderen, ohne das, was der andere gemalt hat, zu ändern, ist aufregend. Es ist eine Herausforderung und gleichzeitig ein Lernprozess, miteinander arbeiten zu können und eine Art von gegenseitigem Verstehen zu schaffen."[45]

Looking at this painting makes Tibebe feel good, as he explained in 2015: "Working together in harmony with respect for each other's work and without changing what the other fellow has done is exciting. It is very challenging and at the same time it is a process of learning to work together, to create a kind of mutual understanding."[45]

auftragen, etwas Ähnliches auf die Außentür ihrer Residenz an der Bole Straße zu malen, wo sie zusammen mit ihrem Mann Gerd Meuer lebte, einem bekannten Journalisten über afrikanische Angelegenheiten; das Thema war afrikanische Rituale.

Völlig unerwartet provozierte dieses Bild eine heftige Reaktion von Passanten. Sie beschuldigten die Meuers, Teufelsanbeter zu sein, und ein wütender Mob warf sogar Steine gegen ihr Haus. Die Meuers mussten mit Hilfe der deutschen Botschaft evakuiert werden, und sie verließen das Land kurz nach diesem

to create a similar painting on the front door of her residence at Bole Road where she lived with her husband Gerd Meuer, a well-known journalist on African issues. The theme was African rituals.

Completely unexpectedly, this provoked a furious reaction from some passers-by who saw the painting. They accused the Meuers of being devil-worshippers, and an angry mob even stoned their house. The Meuers had to be evacuated with the help of the German Embassy and left the country shortly after this incident. This illustrates how public

Vorfall. Dies illustriert, wie öffentliche Kunst aufreizend wirken kann, wenn die Botschaft oder die Ästhetik eines Werks für Empörung sorgen.[46] Für Tibebe war die Reaktion der Bevölkerung ein Beweis für die Macht der Kunst. Seiner Meinung nach verwandelt nur die Interpretation des Betrachters ein bedeutungsloses Objekt in ein lebendiges Kunstwerk.[47]

1995 organisierte Tibebe eine weitere Form experimenteller Kunst, ein Happening[48], *Wirshato* genannt, vor dem Goethe-Institut. ‚Wirshato' ist ein Ritual, bei dem Kürbisflaschen zerbrochen werden. Es wird in Harar immer vom 1. bis zum 10. Januar begangen, während des islamischen Monats Muharram, dem ersten Monat des arabischen Kalenders.[49]

Nach Tibebes Information gehen dann junge Männer von Haus zu Haus und sammeln Kürbisse ein, die sie zerschlagen. Der Lärm vertreibt die bösen Geister, und die Samen werden gesammelt, um für das nächste Jahr neue Kürbisse zu ziehen.[50]

In seinem *Wirshato*-Happening stellte Tibebe ungefähr 100 schwarze Kaffeekrüge aus Ton bereit und färbte die Innenwände mit verschiedenen flüssigen Farben. Dann stellte er die Krüge in Reihen auf, begann diese zu zerschlagen und lud das Publikum dazu ein, es ihm gleichzutun. Jede Scherbe der zerbrochenen Krüge war unterschiedlich geformt und gefärbt. Die Idee, die dahinterstand, war, das farbige Innere der Krüge zu enthüllen, da der Krug ein Symbol unseres Körpers sei. „Manchmal müssen wir zerbrechen, um uns in einer anderen Form wieder neu zu bilden", erklärte Tibebe.[51]

Gemäß dem Künstler wurde das Happening von der Presse nicht gut aufgenommen. Einige Journalis-

art can be provocative, as an artwork's message or aesthetics can cause indignation.[46] For Tibebe, the people's reaction was proof of the power of art. In his opinion, it is only a viewer's interpretation that changes a meaningless object into a living work of art.[47]

In 1995, Tibebe organised another form of experimental art, a happening[48] called *Wirshato* in front of the Goethe-Institut. 'Wirshato' is a gourd-breaking ritual, which is carried out in Harar from 1 to 10 January every year, during the Islamic month of Muharram, the first month of the Arabic calendar.[49]

According to Tibebe, youngsters walk from house to house to collect gourds, which they then break. The noise chases away evil spirits and the gourds' seeds are collected and planted in order to grow new gourds for the next year.[50]

In his *Wirshato* happening, Tibebe arranged about 100 black coffee pots made of clay and coloured the insides with different liquid colours. Then he put the pots in rows, started smashing them and invited the public to join in. Each piece of broken pot had a different shape and colour. The idea was to reveal the colourful insides of the pots. The pot is a symbol of our body. "Sometimes we need to break in order to refashion again into another form", Tibebe explained.[51]

According to the artist, the happening was not well received by the press. Some journalists called it rubbish and said that it was not art. But Tibebe did not care about those reactions. He continued developing as a strong and innovative artist.

In May 1996, Tibebe initiated an experimental project around the theme of *Art and Environment* in

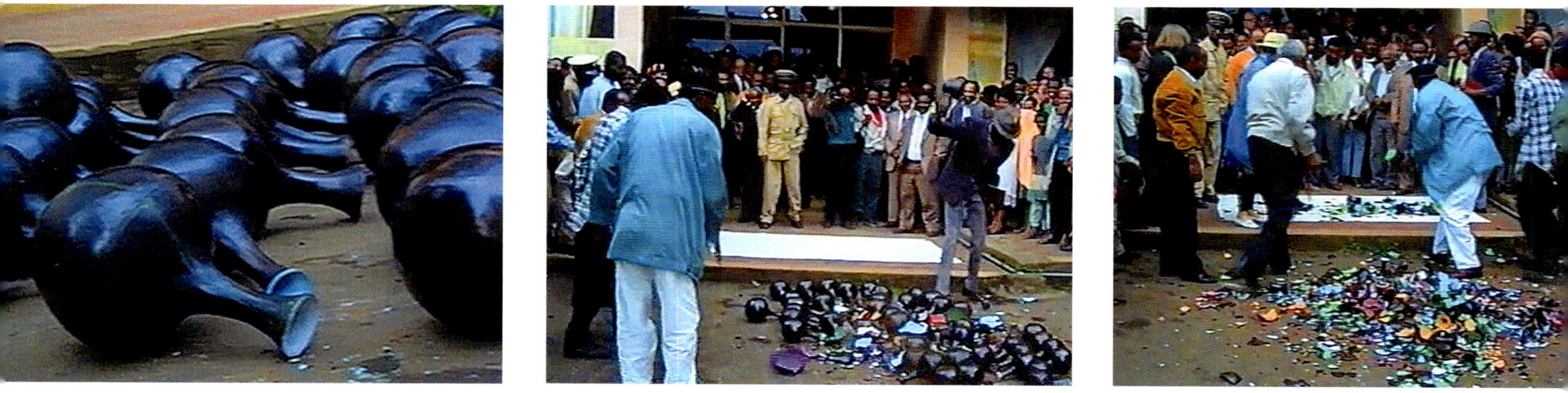

Drei Standfotos aus dem Dokumentarvideo über das *Wirshato*-Happening 1995; Videofilmer: unbekannt[52]

Three stills from the documentary video of the *Wirshato* happening in 1995; Video film-maker: unknown[52]

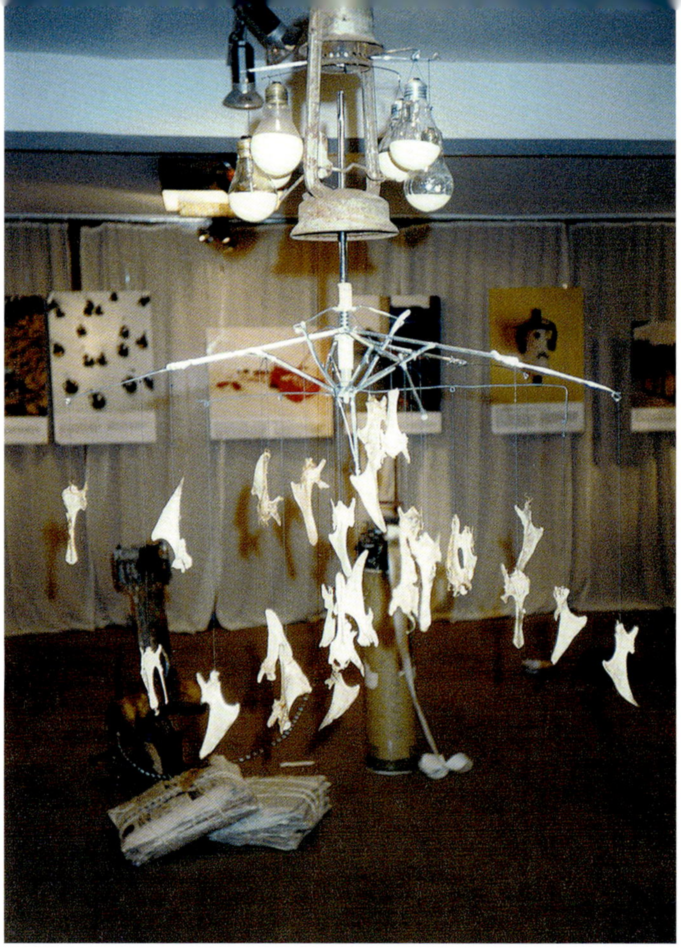

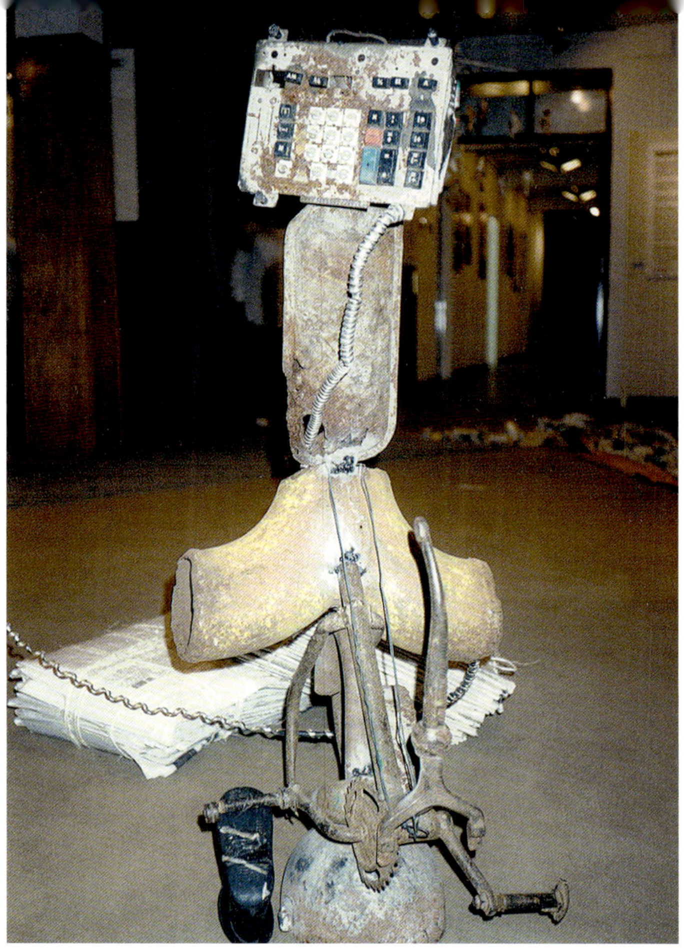

Installationen aus Müll von der Koshe Tera-Abfallhalde für die Ausstellung *Kunst und Umwelt* im Goethe-Institut im Mai 1996; Fotos: Tibebe Terffa

Installations made out of rubbish from the Koshe Tera dump for the *Art and Environment* exhibition at the Goethe-Institut in May 1996; Photos: Tibebe Terffa

ten nannten es sogar Abfall und betrachteten es nicht als Kunst. Tibebe jedoch kümmerte sich nicht um diese Reaktionen. Er fuhr fort, sich zu einem stark innovativen Künstler zu entwickeln.

Im Mai 1996 initiierte er zusammen mit der Kunstschule ein experimentelles Projekt über das Thema *Kunst und Umwelt*, das im Goethe-Institut ausgestellt werden sollte. Er plante, zusammen mit neun weiteren Künstlern, Gegenstände von der Hauptabfallhalde der Stadt, der Koshe Tera, zu sammeln. Dieser Ort wurde jedoch von Banden kontrolliert, vor allem wegen des Werts der Gegenstände, die von großen Hotels und reichen Haushalten weggeworfen wurden. Eine ganze Gemeinschaft hatte sich dort gebildet, die vom Verkauf des Mülls lebte.[53] Tibebe und seine Mitarbeiter hatten zuerst diese Leute zu kontaktieren und mussten feststellen, dass diese ihr Vorhaben nicht verstanden, Kunst aus den weggeworfenen Dingen zu schaffen. Schließlich wurde es den Künstlern erlaubt, einigen Abfall mitzunehmen, aus dem sie ihre Installationen bilden konnten.

co-operation with the Fine Arts School, which he exhibited at the Goethe-Institut. Together with nine other artists, he planned to collect material from the city's main rubbish dump, called Koshe Tera. However, this place was controlled by gangs because of the value of trash cast aside by big hotels and well-to-do households. A whole community had become established there, depending on what they could salvage from the dump to sell.[53] Tibebe and his co-workers had to consult these people first and found that they did not understand the plan to create art out of thrown-away things. But finally the artists were allowed to collect some stuff from which they created their installations.

Tibebe's aim was to give value and life to the forgotten, discarded objects. However, the public and journalists did not appreciate these installations and did not understand the idea behind them. As Asfaw Damte wrote in the *Ethiopian Herald* on 26 May 1996, under the heading 'Environmental Art?':

Tibebes Absicht war, den vergessenen und außer Gebrauch gekommenen Objekten wieder Leben und Wert einzuflößen. Das Publikum und die Journalisten jedoch schätzten diese Installationen nicht und verstanden die Idee dahinter ebenso wenig. So schrieb Asfaw Damte im *Ethiopian Harald* am 26. Mai 1996 unter dem Titel ‚Environmental Art?':

„Es ist schwierig, in dieser Ausstellung von ‚Müll aus dem Müll' zu sehen, was sie mit dem ‚Schutz der Umwelt in Äthiopien' zu tun hat. Man kann auch keine kreative ‚Kunst' in dieser klug entworfenen Zusammenstellung von Abfall erkennen, außer man entscheidet, die Bedeutung des Begriffs ‚Kunst' zur Bedeutungslosigkeit auszudehnen, in dem jede menschliche Erfindung miteinbezogen wird [...]. Und letztendlich: Ist diese Ausstellung von ‚Umwelt- und Ressourcen-Kunst' das Beste, was das Land von Johann Wolfgang von Goethe zu bieten hat?"[54]

Am 10. Oktober 1999 organisierte Tibebe ein Action Painting an der Sandford English Community School in Addis Ababa zur offiziellen Eröffnung des Regionalbüros Horn von Afrika der Heinrich Böll Stiftung[55]. Die Gruppe umfasste 15 Studenten, die mit Künstlern wie Yohannes Gedamu und Tibebe Terffa zusammenarbeiteten. Auch die beiden Töchter Tibebes, Meron und Martha, waren unter den Teilnehmenden. In der Broschüre *Bridges* beschreibt Tibebe das Konzept der Ausstellung wie folgt:

„Die wahre Brücke liegt in der Aktion, dem Klatschen [der Farbe auf die Leinwand]. Jedermann hat seine eigene Technik, seinen eigenen Stil. Da ist die Bewegung des Körpers – und die Bewegung drückt etwas aus, sie drückt Teilnahme aus. Wir schneiden [dann] die Leinwand [in verschiedene Stücke] und dann erscheint der individuelle Ausdruck von Visionen, Träumen und Nostalgie. Das Individuum wird reflektieren und denken [und ausführen]. Und dann werden wir das Bild wieder zusammennähen – es in ein Ganzes zurückführen."[56]

Der Autor von *Bridges*, Indrias Getachew, zitiert Blen Mandefro, ein höheres Mitglied der Sandford English Community School, der erklärte: „Der härteste Teil bestand darin, es [die Bildteile] wieder zusammenzunähen". Er fügte an: „Die ganze Erfahrung zeigte, wie leicht ein vollkommenes Objekt zerschnitten und auseinandergerissen werden kann und wie schwierig es ist, es wieder zur Ganzheit zurückzuführen. Dasselbe gilt für menschliche und gesellschaftliche Beziehungen."[57]

"One finds it difficult to see what this exhibition of 'garbage of garbage' has got to do with 'environmental protection in Ethiopia'. Nor can one see any creative 'art' in this cleverly contrived assemblage of rubbish, unless one decides to extend the meaning of the term 'art' to the point of meaninglessness by including in it any human contrivance [...] Lastly, is this exhibition of 'environmental' and 'resource art' the best that the land of Johann Wolfgang von Goethe has to offer?"[54]

On 10 October 1999 Tibebe organised an action painting for an exhibition held on the occasion of the official launch of The Heinrich Böll Foundation[55] Regional Office Horn of Africa, at the Sandford English Community School in Addis Ababa. The group comprised 15 students who worked alongside artists like Yohannes Gedamu and Tibebe Terffa, along with Tibebe's daughters Meron and Martha. In a brochure entitled *Bridges*, Tibebe describes the exhibition's concept as follows:

"The real bridge is in the action, the splashing [of the colours on the canvas]. Everyone has their own technique, their own style. There is the body movement – and the movement expresses something, it expresses participation. We [then] cut the canvas and then the individual [expressions] of visions, dreams, and nostalgia come out. The individual will reflect and think [and execute]. And then we will mend it – return it to the whole."[56]

The author of *Bridges*, Indrias Getachew, quotes Blen Mandefro, a senior member of the Sandford English Community School, who said, "the hardest part was sewing it [the pieces of the canvas] back together". He continued: "The whole experience demonstrated how easily a complete object can be cut and ripped apart, and how difficult it is to put it back together again. It is the same with human and societal relations."[57]

REISEN UND ‚ARTIST IN RESIDENCE'

Deutschland und Schweiz

Der Sturz des Derg-Regimes im Frühjahr 1991 brachte nicht nur eine gewisse Freiheit für den künstlerischen Ausdruck, sondern auch die Möglichkeit zum Reisen, zum Beispiel nach Europa oder in die USA, sofern man es sich leisten konnte. Für Tibebe Terffa war es ein Glücksfall, dass das Goethe-Institut in Addis Abeba ihm ein Stipendium gewährte, um einen Deutschsprachkurs in Berlin zu besuchen, und zwar im Januar und Februar 1993. Während seines Aufenthaltes ergriff Tibebe die Gelegenheit, Berlins kulturellen Reichtum an Museen, Ausstellungen, Ballett- und Theater-Aufführungen zu erkunden. Besonders beeindruckten ihn die Berliner Philharmoniker, die Johannes Brahms spielten, und ebenso war er fasziniert, als er die Komische Oper besuchte, wo Giacomo Puccinis ‚La Bohème' aufgeführt wurde.

Er war überwältigt von Inspirationen, die ihn erfüllten, wenn er so durch die Stadt wanderte, natürlich immer mit seinem Skizzenheft, und dies spiegelt sich in seinen damaligen Bildern. Als Sujets dienten eine rothaarige Frau in einem Restaurant, ein Rasta-Mann mit seinem Kind, der Blick von seinem Wohnungsfenster hinüber auf die andere Straßenseite, die U-Bahn – um nur wenige zu erwähnen. Er konnte einige seiner Bilder in einem kleinen Ausstellungsraum des Cafés Babanussa zeigen, wo viele kulturelle Anlässe wie Ausstellungen oder Lesungen stattfanden.

Nach Berlin reiste Tibebe nach Bayreuth, wo er bei Ulli Beyer wohnen konnte. Dieser war der Gründer und erste Direktor des Iwalewahauses, eines Universitätsmuseums, das sich auf afrikanische Kunst spezialisiert hat. Gemäß Tibebe sprachen er und Ulli Beyer über ein Buchprojekt, das sich aber nie realisieren ließ.

Tibebes nächstes Reiseziel war das Museum für Völkerkunde in München. Der dortige Kurator für die Äthiopien-Sammlung, Girma Fisseha, zeigte ihm die Sammlung von Gebre Kristos Destas Bildern, welche zu dieser Zeit im Museum aufbewahrt waren,

TRAVELS AND 'ARTIST IN RESIDENCE'

Germany and Switzerland

The overthrow of the Derg regime in spring 1991 not only brought some freedom of cultural expression, but also the opportunity to travel abroad to places like Europe or North America, as long as one could afford the cost of travel. Luckily for Tibebe Terffa, the Goethe-Institut awarded him a grant to attend a German language course in Berlin in January and February 1993. During his stay in Berlin, Tibebe took the opportunity to explore its rich cultural wealth of museums, exhibitions, ballets and theatre performances. He was especially impressed when he listened to the Berliner Philharmoniker playing Johannes Brahms, and was also enthralled by a performance of Giacomo Puccini's 'La Bohème' at the Komische Oper.

He was overwhelmed by the inspiration he felt walking through the city – always with his sketchbook – and this is mirrored in his paintings from that period. A red-haired woman in a restaurant, a Rasta man with his child, the view out of his apartment window to the other side of the street, the U-Bahn – to mention only a few – were subjects from this time. He was invited to show some of his paintings in a small exhibition space in the Café Babanussa, a place which held many cultural events, such as exhibitions and public lectures.

After Berlin he travelled to Bayreuth where he stayed with Ulli Beier, the founder and first director of the Iwalewahaus, a university museum focusing on African art. According to Tibebe, he and Ulli Beier talked about a possible publication, but this project was never realised.

The next destination was the Ethnographic Museum in Munich, where Girma Fisseha, curator of the Ethiopian collection, showed him the private collection of Gebre Kristos Desta's paintings which was, at that time, in safekeeping at the museum, before it was transferred to Addis Ababa in accordance with Gebre Kristos' will.

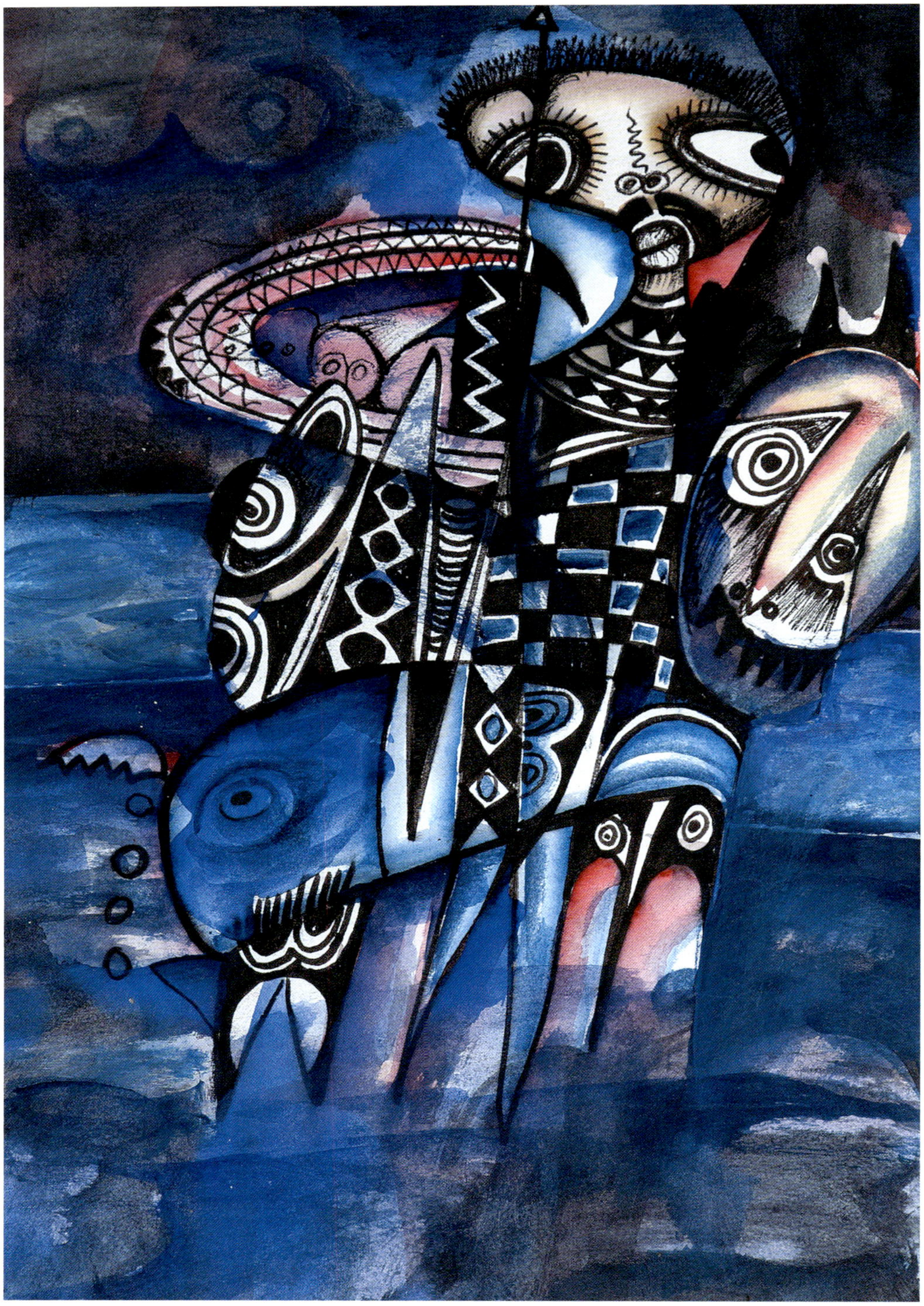

Ohne Titel
Wasserfarbe auf Papier, 1993, 27 x 18,5 cm

Während seines Aufenthaltes in Berlin befasste Tibebe sich intensiv mit dem spanischen Autor Miguel de Cervantes (1547–1616) und malte daraufhin seine eigene Version des Don Quijote und Sancho Panza.

Untitled
Watercolour on paper, 1993, 27 x 18.5 cm

Tibebe studied the Spanish writer Miguel de Cervantes (1547–1616) whilst staying in Berlin, and painted his own version of Don Quixote and Sancho Panza.

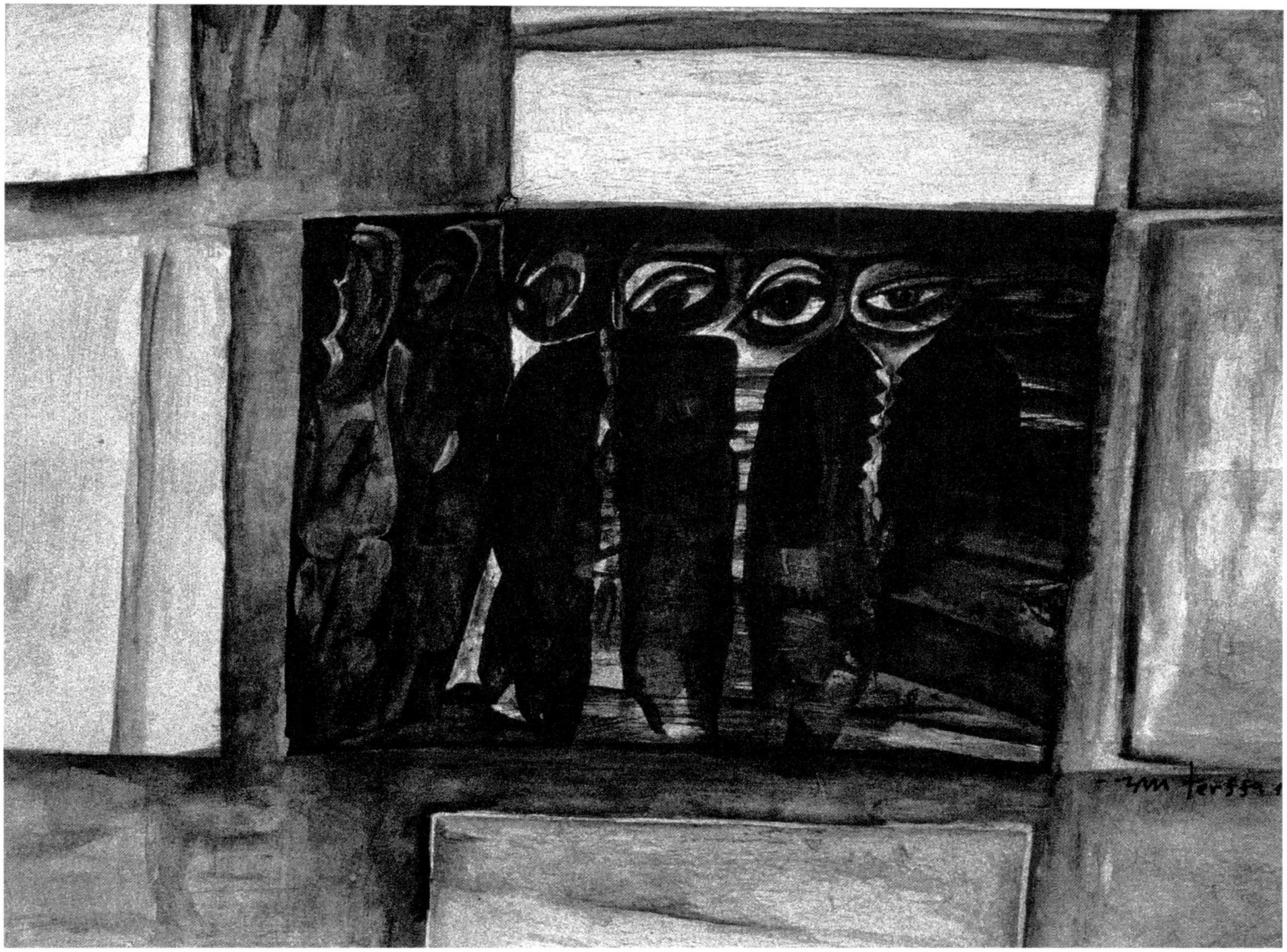

U-Bahn-Impression
Wasserfarbe auf Papier, 1993, 26 x 35 cm

U-Bahn Impression
Watercolour on paper, 1993, 26 x 35 cm

1993 sagte uns Tibebe, dass dieses düstere U-Bahn-Bild seine innere Reaktion und seine eigenen Erfahrungen mit der U-Bahn gewesen seien.[58] 2015 fügte er hinzu, er sei fasziniert gewesen von der Vorstellung, dass Menschen unter und über dem Boden leben.[59]

In 1993 Tibebe said that this sombre U-Bahn painting was his inner reaction to, and his own experience of, the U-Bahn.[58] In 2015 he added that he was excited by the idea of people living underground and above ground [59]

bevor sie nach Addis Ababa überführt wurden, wie es dem letzten Willen von Gebre Kristos entsprach.

Am Ende seiner ersten Reise nach Europa war Tibebe Gast beim erwähnten Schweizer Experten für afrikanische Kultur, Al Imfeld, der in Zürich lebte. Das war auch die Zeit, als Tibebe das Völkerkundemuseum der Universität Zürich besuchte, wo Elisabeth Biasio Kuratorin für die Äthiopien-Sammlung war.

At the end of his first visit to Europe he was the guest of the previously mentioned Swiss expert on African culture, Al Imfeld, who lived in Zurich. This was also the time when Tibebe Terffa came to the Ethnographic Museum of the University of Zurich, where Elisabeth Biasio was in charge of the Ethiopian collection. Thus we met Tibebe for the first time on 18 March 1993. He showed us some of his paintings

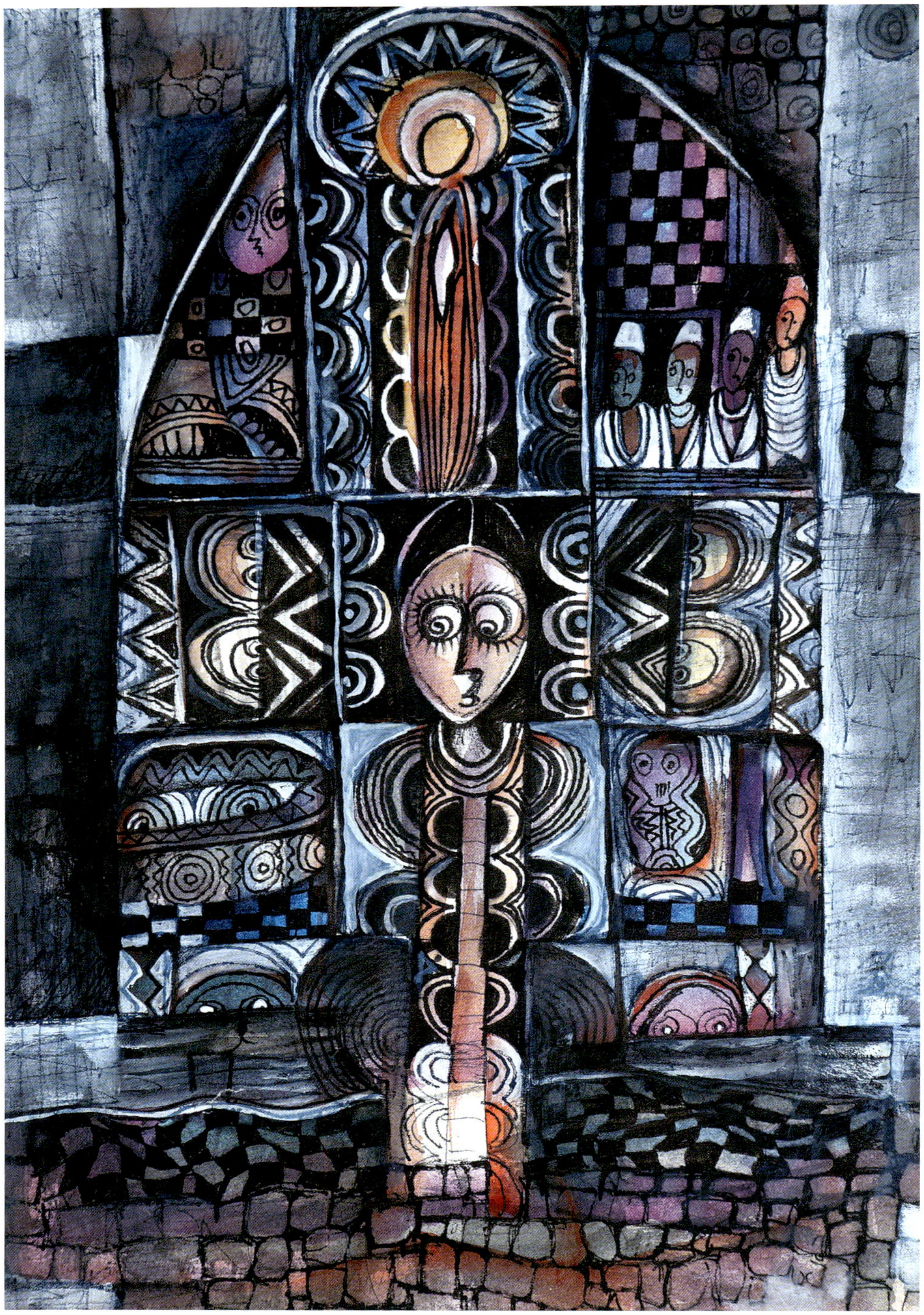

Ohne Titel
Wasserfarbe auf Papier, 1993, 27 x 18,5 cm
Privatsammlung

Untitled
Watercolour on paper, 1993, 27 x 18.5 cm
Private collection

Während seiner Reisen in Europa war Tibebe von den Portalen gotischer Kirchen fasziniert. In seiner Version eines Kirchenportals lassen sich äthiopische Motive entdecken, zum Beispiel von magischen Rollen.[60]

Whilst travelling in Europe, Tibebe was fascinated by church doors in the Gothic style. In his version of a church door you can discern different Ethiopian motives, e.g. from magic scrolls.[60]

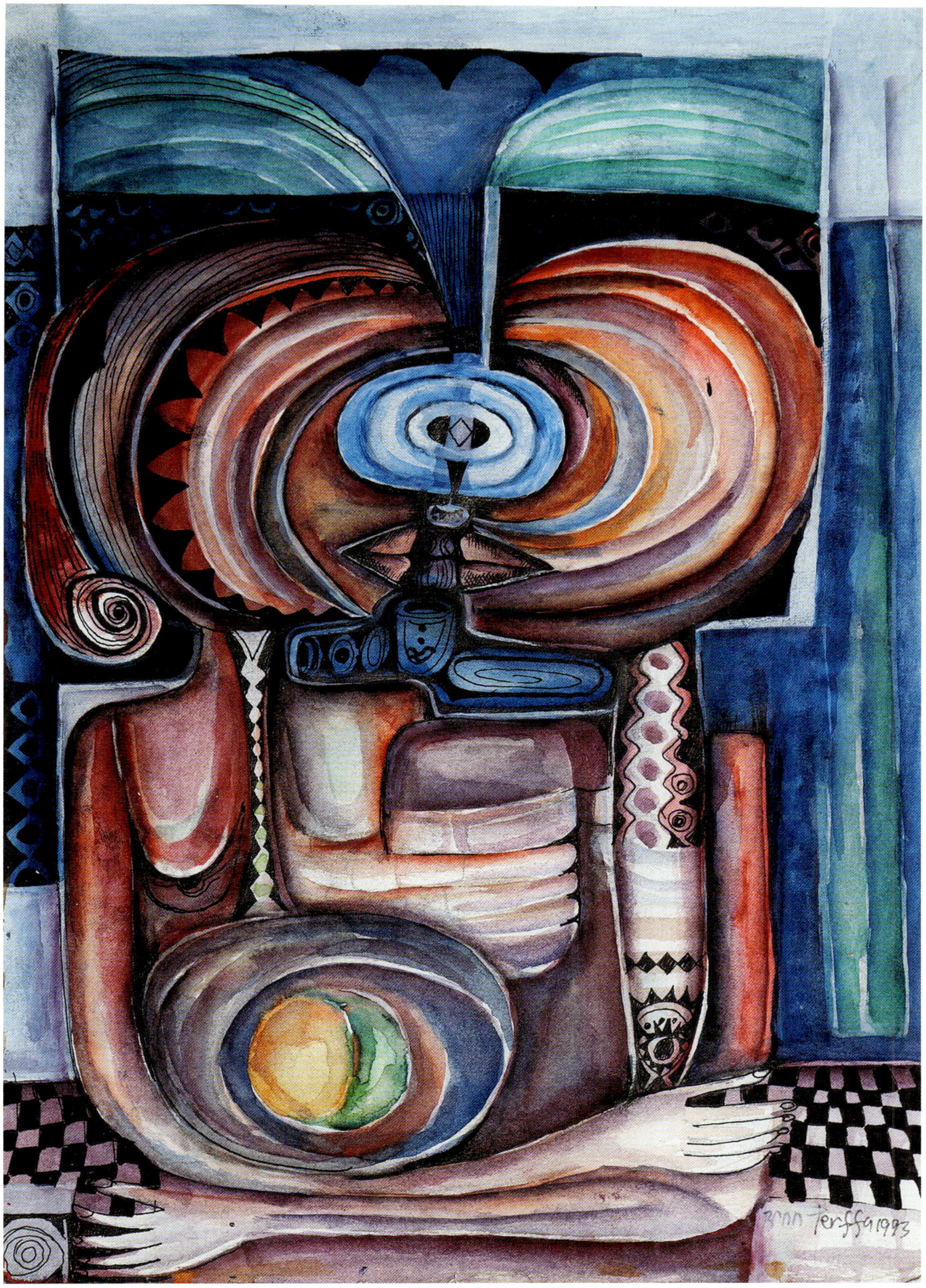

Ohne Titel
Wasserfarbe auf Papier, 1993, 29,5 x 21 cm

In Berlin lebte Tibebe im fünften Stock eines Wohnblocks. Aus seinem Fenster erblickte er auf der andern Straßenseite eine Wohnung im fünften Stock, wo ein Fenster immer offenstand, und dort bemerkte er oftmals ein Paar, das sich küsste, was ihn zu diesem Bild inspirierte.

Untitled
Watercolour on paper, 1993, 29.5 x 21 cm

In Berlin Tibebe lived on the fifth floor of a block of flats and, out of his window, he could see an apartment on the fifth floor across the street, where the window was always open. He often noticed a couple kissing there, and he painted them.

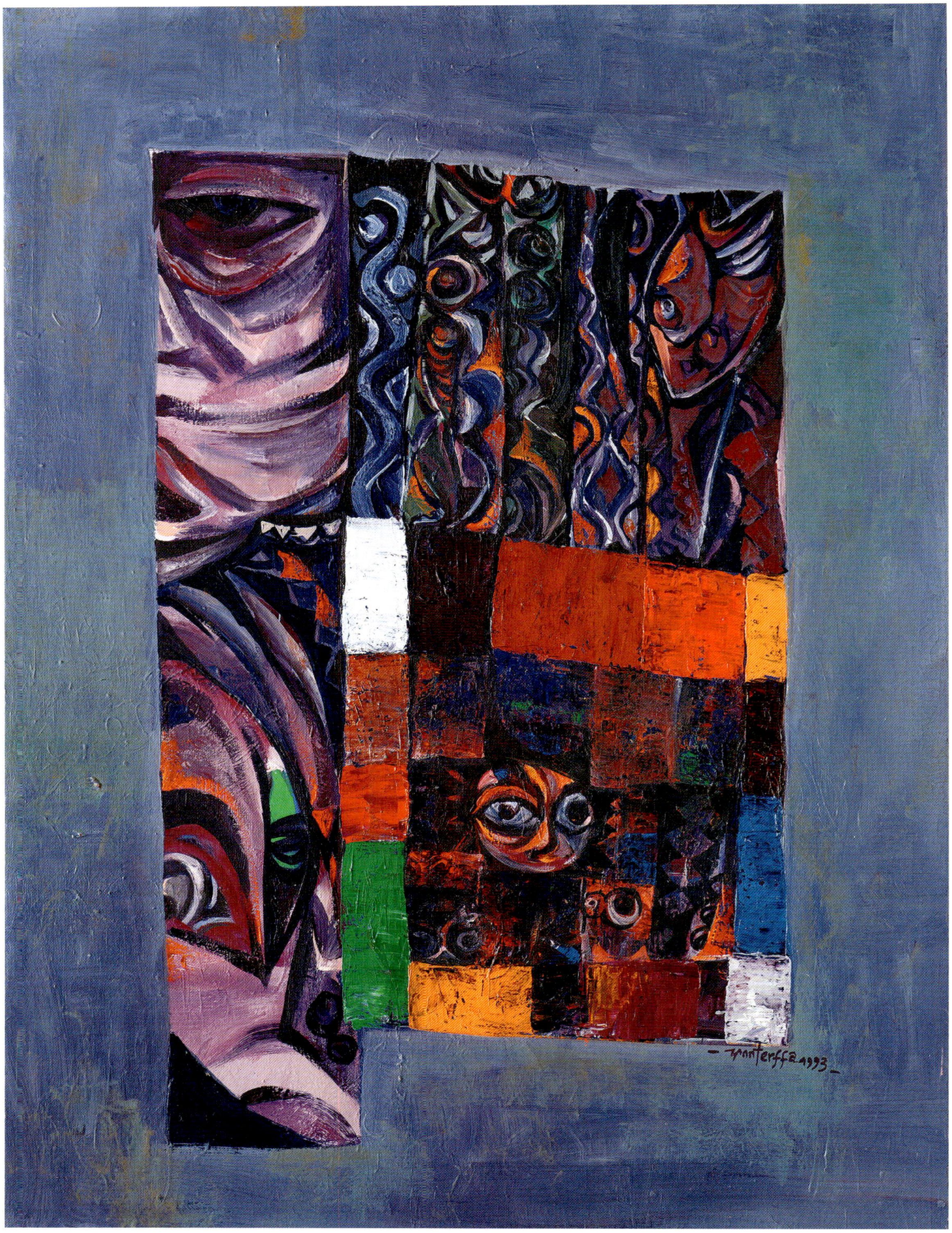

Ohne Titel
Öl auf Leinwand, 1993, 80 x 60 cm
Völkerkundemuseum der Universität Zürich, Inv. Nr. 21387
Foto: Kathrin Leuenberger

Untitled
Oil on canvas, 1993, 80 x 60 cm
Ethnographic Museum of the University of Zurich, Inv. no. 21387
Photo: Kathrin Leuenberger

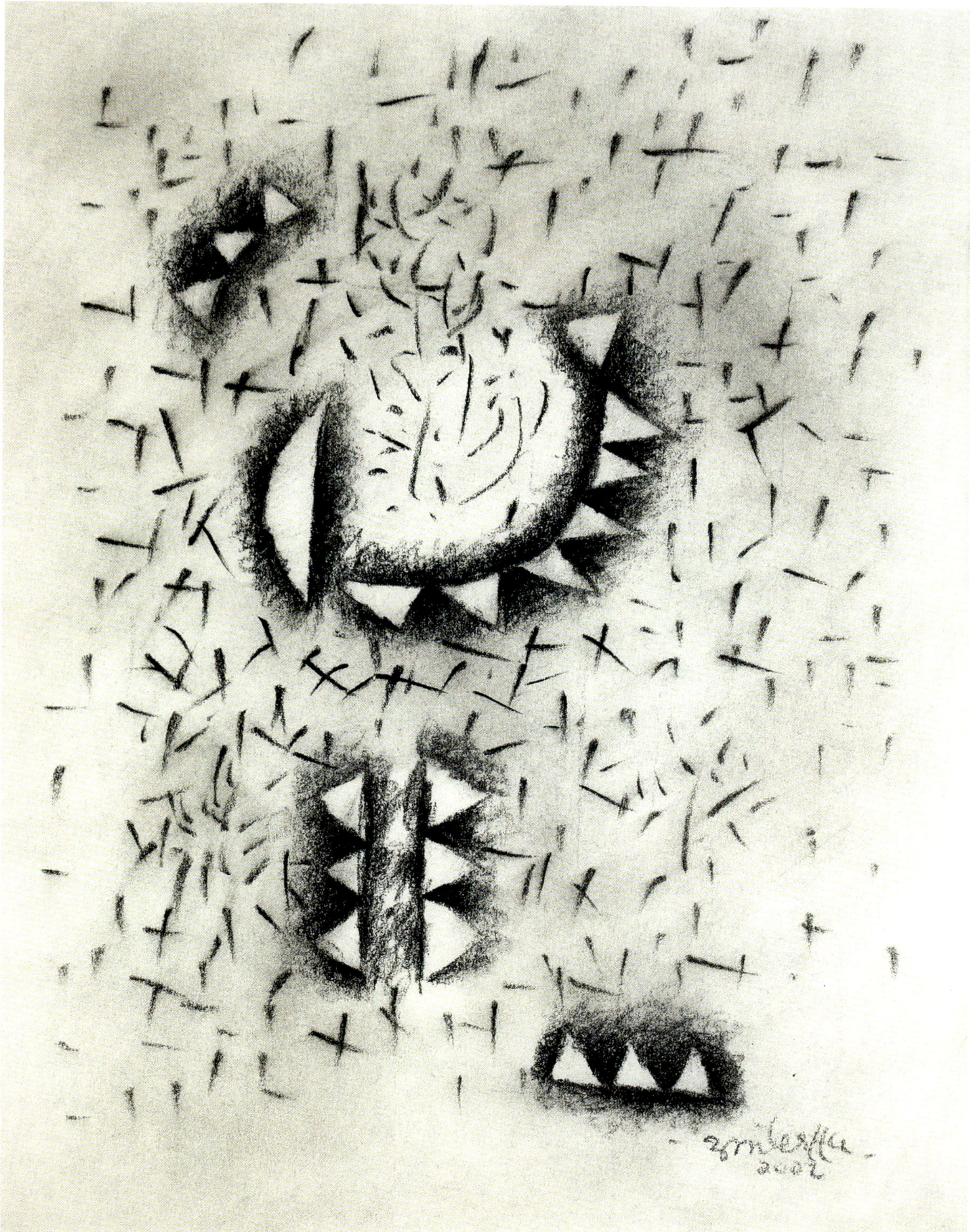

Ohne Titel
Kohle auf Japan-Papier, 2002, 36 x 27 cm

In diesem Bild spielt Tibebe mit kleinen Figuren in einer ähnlichen Art, wie Paul Klee es in einigen seiner Werke tat.

Untitled
Charcoal on Japanese paper, 2002, 36 x 27 cm

In this painting Tibebe played with small shapes in a way similar to that of Paul Klee in some of his works.

So trafen wir Tibebe zum ersten Mal am 18. März 1993. Er zeigte uns einige seiner Bilder, die uns so faszinierten, dass wir zwei *Harari Impressionen* für das Völkerkundemuseum erwarben (das eine siehe S. 47). Einen Monat später, am 17. April, führten wir unser erstes langes Interview mit Tibebe in seinem Haus in Addis Ababa, und wir kauften fürs Völkerkundemuseum ein drittes, mehr abstraktes Bild (siehe S. 66).

Die Europa-Reise war für Tibebe eine sehr inspirierende Erfahrung. Zum ersten Mal hatte er die Möglichkeit, verschiedene Museen zu besuchen und die Originalbilder zu bewundern, die er früher nur in Büchern betrachten konnte. Als wir ihn 1993 fragten, welche Künstler er am liebsten habe, erwähnte er Paul Klee, Wassily Kandinsky, Marc Chagall und Max Beckmann. Im April 2015 strich er besonders Klee und Kandinsky heraus, aber er nannte auch noch den belgischen Surrealisten René Magritte. Wann immer wir über Tibebes Bilder diskutierten, kamen wir oftmals wieder auf diese drei Künstler zu sprechen.

Kanada

Mitte der 1990er Jahre bekam Tibebe Terffa erstmals Gelegenheit, Nordamerika zu besuchen, als das Black Cultural Centre for Nova Scotia in der Nähe von Dartmouth eine großangelegte Wanderausstellung organisierte. Der Chefkurator des Zentrums und zugleich Künstler Henry Bishop und sein Gastkurator Ray Dirks aus Winnipeg – ebenfalls ein Künstler – trugen 77 Kunstwerke von 30 Künstlern und Künstlerinnen aus 14 afrikanischen Ländern zusammen und präsentierten sie in der Ausstellung *Rise with the Sun: Women and Africa*. Zu diesem Zweck nahm Ray Dirks Kontakt auf mit verschiedenen in Afrika tätigen kulturellen Institutionen, wie das Goethe-Institut in Addis Ababa, welches ihn auf Tibebe aufmerksam machte. Er traf den Künstler im April 1991 kurz vor dem Sturz des Derg-Regimes.

Für seinen Teil in der kommenden Ausstellung wurde Tibebe 1995 nach Kanada eingeladen, um „kanadische Frauen, die selber aktive Farmerinnen sind, zu beobachten und ihnen zuzuhören, was sie über ihre Arbeit und ihr Leben erzählten. Er sollte dann nach Äthiopien zurückkehren und sechs Bilder über seine Eindrücke malen"[61]. Nach mehr als fünf Jahren Vorbereitung konnte die Ausstellung im No-

and, because we were enthusiastic about his work, we bought two *Harari Impressions* for the Ethnographic Museum (one of them see p. 47). A month later, on 17 April, we conducted our first long interview with him in his house in Addis Ababa, and we bought a third more abstract painting for the Ethnographic Museum (see p. 66).

This trip to Europe was very inspiring for Tibebe. It was his first opportunity to visit so many different museums and to view the original paintings which he had only ever seen before in books. Asked in 1993 which European artists he liked, Tibebe mentioned Paul Klee, Wassily Kandinsky, Marc Chagall and Max Beckmann. In April 2015 he particularly stressed Klee and Kandinsky, but also the Belgian surrealist René Magritte and, while discussing his paintings, we came across these three artists several times.

Canada

In the mid-1990s Tibebe Terffa had the opportunity to visit North America for the first time, when the Black Cultural Centre for Nova Scotia near Dartmouth produced a big touring exhibition. The chief curator and artist Henry Bishop and his guest curator Ray Dirks of Winnipeg – also an artist – collected 77 artworks by 30 African artists from 14 African countries and presented them in the show called *Rise with the Sun: Women and Africa*. Ray Dirks contacted different cultural institutions acting in Africa, like the Goethe-Institut in Addis Ababa, which drew his attention to Tibebe. He met the artist in April 1991, just before the Derg regime was overthrown.

For his part of the exhibition Tibebe was invited to Canada in 1995 to "watch and listen to Canadian women who actively farm and, then, to return to Ethiopia and create a series of six paintings as a result of his impressions"[61]. After more than five years of preparation the exhibition opened in Dartmouth, Nova Scotia, in November 1995, and then toured to a dozen Canadian cities until 1998.

The exhibition was well received everywhere. When it was shown in Calgary's Devonian Gardens[62] in September 1996, school classes visited it, too. One teacher, Mariam Macfarlane, encouraged the pupils, aged ten and eleven, to write letters to their favourite artist. Thus, Tibebe Terffa received several

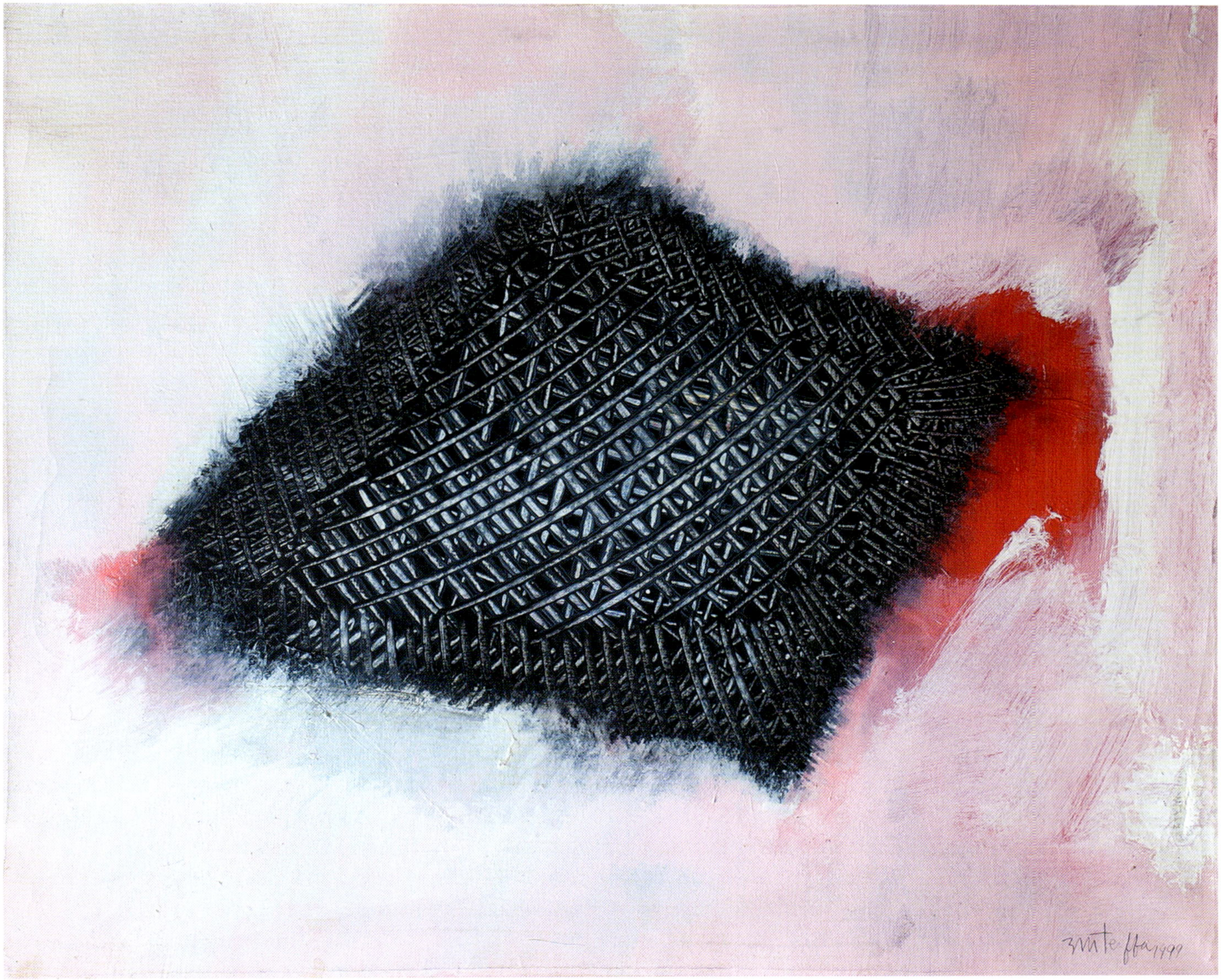

Ohne Titel
Acryl auf Leinwand, 1999, 50 x 60 cm
Sammlung Sarah J. Hayward, Addis Ababa

Untitled
Acrylic on canvas, 1999, 50 x 60 cm
Collection of Sarah J. Hayward, Addis Ababa

vember 1995 in Dartmouth, Nova Scotia, eröffnet werden; sie wurde bis 1998 in einem Dutzend kanadischer Städte gezeigt.

Die Ausstellung stieß überall auf ein positives Echo. Als sie im September 1996 im Devonian Gardens[62] in Calgary gezeigt wurde, besuchten sie auch Schulklassen. Eine Lehrerin, Mariam MacFarlane, animierte die Schülerinnen und Schüler im Alter von zehn und elf Jahren, sich mit einem Brief an ihren Lieblingskünstler zu wenden. So bekam Tibebe Terffa mehrere Briefe, in denen sich Kinder, die seine Bilder bewunderten, in zum Teil begeisterten Worten äußerten. So schrieb zum Beispiel Maria Walker am 27. September 1996 über das Bild *Canadian Impression 3*: „Das Bild hat wunderbar kontrastierende Farben. Ich dachte, Sie trugen die Farben sehr schön auf, um einen großartigen 3-D-Effekt zu schaffen. Die unebene und flache Textur lässt das Bild so aussehen, als ob es aus der Leinwand heraustreten würde." Und Gavin Steedman schrieb am 6. Oktober 1996: „Ihre Kunst ist auf eine Weise einzigartig, wie es keine andere Kunst ist, weil es einfacher ist, die Gefühle zu verstehen, die im Bild enthalten sind. Das Bild, das mir am besten gefiel, war *Canadian Impression*, weil ich selber Kanadier bin."[63]

Teil dieser Wanderausstellung zu sein, war für Tibebe entscheidend: Es öffneten sich für ihn Türen in Kanada und später auch in den USA. Im Juni/August 1996 war die Wanderausstellung im Harbour Front Centre in Toronto, Ontario, stationiert, und in der gleichen Zeit konnte Tibebe in der Kukulu Gallery – Art and Design Place weitere Werke ausstellen.

Als er in Toronto weilte, erreichte ihn die schreckliche Nachricht, dass seine Frau Amsaleh überraschend gestorben war. Unverzüglich reiste er zurück nach Addis Ababa, in freundschaftlicher Begleitung von Ray Dirks, der ihm durch die erste Zeit der Trauer half. Für die nächsten vier Jahre war Tibebe mit der schwierigen Situation konfrontiert, als Witwer für seine beiden minderjährigen Töchter Meron und Martha zu sorgen.

Tibebe fuhr in seiner künstlerischen Tätigkeit fort, konnte jedoch für mehrere Jahre keine Ausstellung im Ausland realisieren. Erst im Jahr 2000 hatte er eine Ausstellung im The Art Forum in Scarborough, Ontario und eine weitere in der Mennonite Heritage Centre Art Gallery (MHCAG) in Winnipeg, Manitoba. Letztere wurde von seinem Freund Ray Dirks, Kurator der Galerie,

letters in which the children, admiring his art, wrote in sometimes quite exited words. For instance, Maria Walker wrote on 27 September 1996 about the painting *Canadian Impression 3*: "The painting had wonderful contrasting colors. I thought you brought out the colors very nicely to create a great 3-D look. The bumpy and flat texture made the picture look like it was coming out of the canvas." And Gavin Steedman stated on 6 October 1996: "Your art is unique in a way that no art is, because it's easier to understand the feelings that are going on in the picture. The portrait that I liked was the *Canadian Impression*, because I am a Canadian."[63]

Being part of this exhibition was pivotal for Tibebe, since it opened doors for him in Canada and, later on, the USA. In June-August 1996 this travelling exhibition was shown at the Harbour Front Centre in Toronto, Ontario, and, during the same period, Tibebe stayed in Toronto, where his art was shown in the Kukulu Gallery – The Art and Design Place.

While in Toronto he received the terrible news that his wife Amsaleh had died unexpectedly, so he immediately returned to Addis Ababa with the friendly company of Ray Dirks, who helped him through his first days of mourning. Over the next four years he was confronted by the difficult situation of being a widower taking care of his two young daughters Meron and Martha.

He continued working as an artist, but could not have any further solo exhibitions abroad for several years. In 2000 he held one exhibition at The Art Forum in Scarborough, Ontario and another at the Mennonite Heritage Centre Art Gallery (MHCAG) in Winnipeg, organised by his friend Ray Dirks, who was the art gallery's curator. But it was not for another two years – when Meron was 21 years old and able to take care of her 14-year old sister Martha – that Tibebe could accept a longer stay in Canada. Thus, Ray Dirks invited him to become the Artist in Residence at the Saint Norbert Arts Centre (SNAC) in Winnipeg, Manitoba, in 2002.[64]

Tibebe told us that he always feels very happy in the Centre's natural surroundings, and he is inspired by the mosaic of all the different cultural backgrounds of the Canadian people who live together in Winnipeg: French-Canadians, Anglo-Canadians, native 'First Nations', religious minorities like the Mennonites, and those who emigrated to Canada

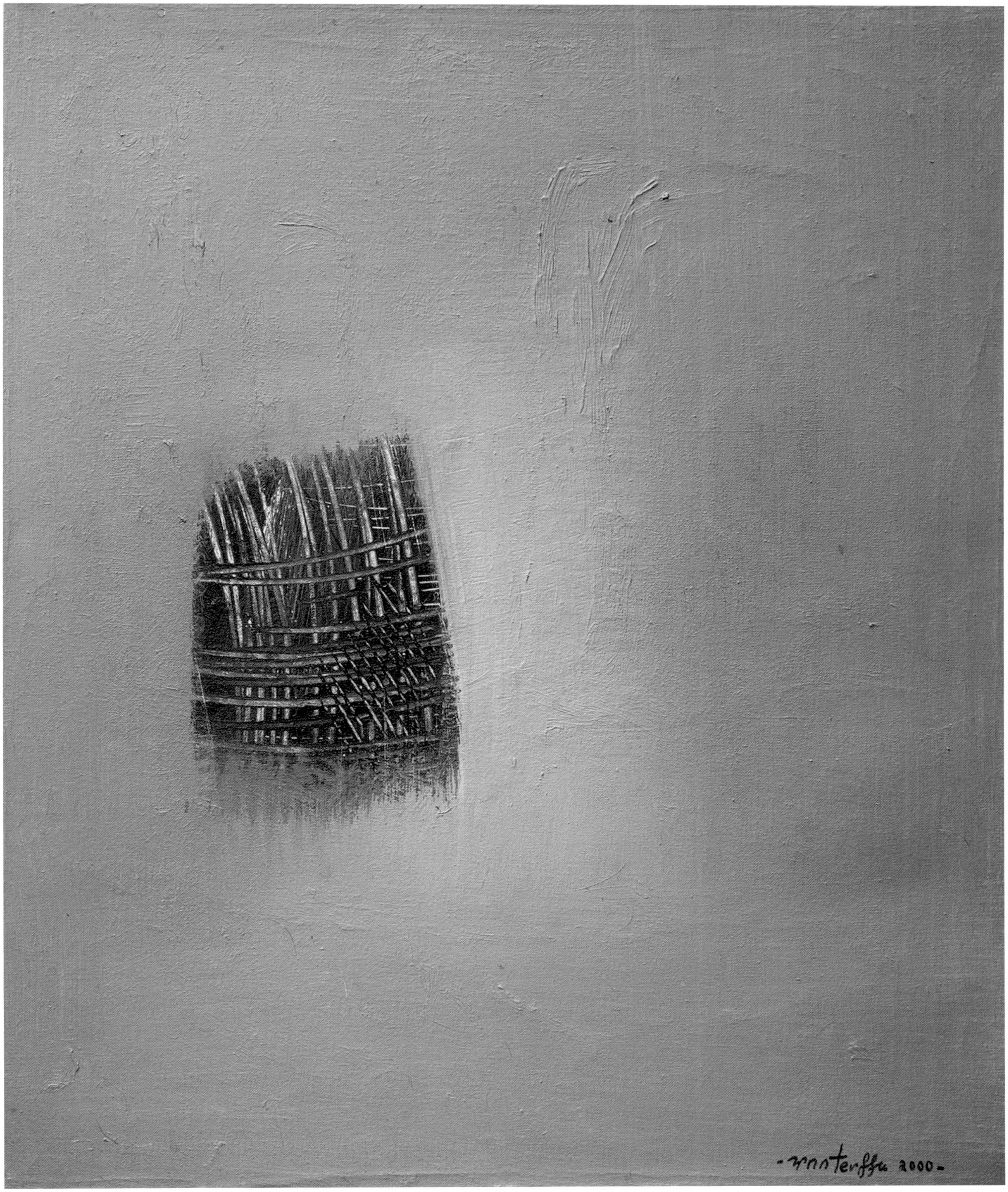

Ohne Titel
Acryl auf Leinwand, 2000, 60 x 50 cm
Sammlung Sarah J. Hayward, Addis Ababa

Untitled
Acrylic on canvas, 2000, 60 x 50 cm
Collection of Sarah J. Hayward, Addis Ababa

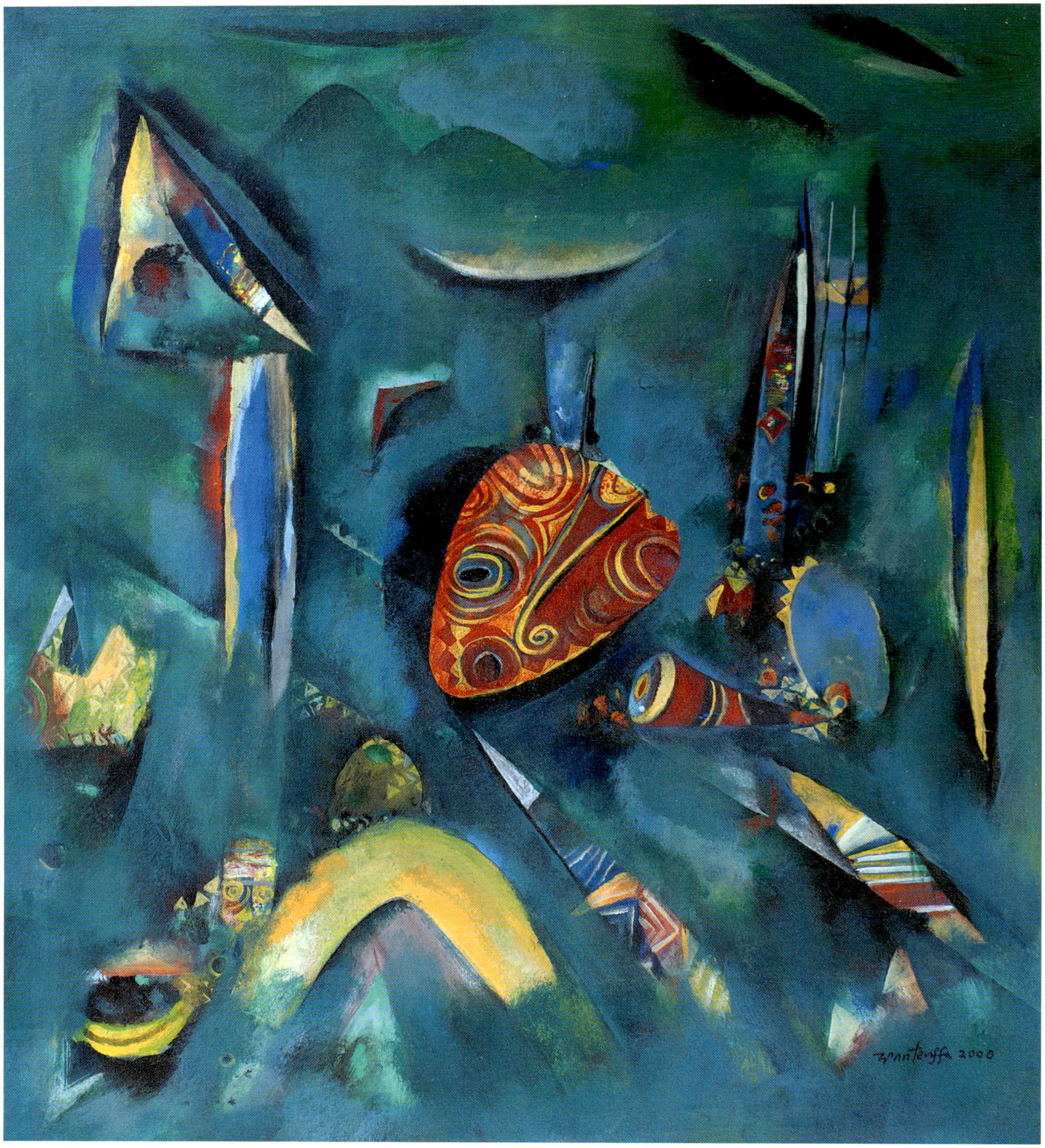

Ohne Titel
Acryl auf Leinwand, 2000, 80 x 70 cm

Untitled
Acrylic on canvas, 2000, 80 x 70 cm

Tibebe, das Bild betrachtend, sagte: „Ich fühle, dass es wie ein Ozean ist, wie wenn ich tief in ihm wäre. Natürlich gibt es ein solches Gefühl wegen der blauen Farbe, den Blasen, den fischähnlichen und andern Formen. Es ist ein Universum, rastlos, alles fließt unabhängig voneinander und schafft eine Art Harmonie."[64]

Tibebe, looking at this painting, said: "I feel it's like an ocean, being inside the deep ocean. Of course it gives such a feeling because of the colour, the bubbles and something like the fishes and other forms. It is just an universe, restless, all floating independently and creating a certain kind of harmony."[65]

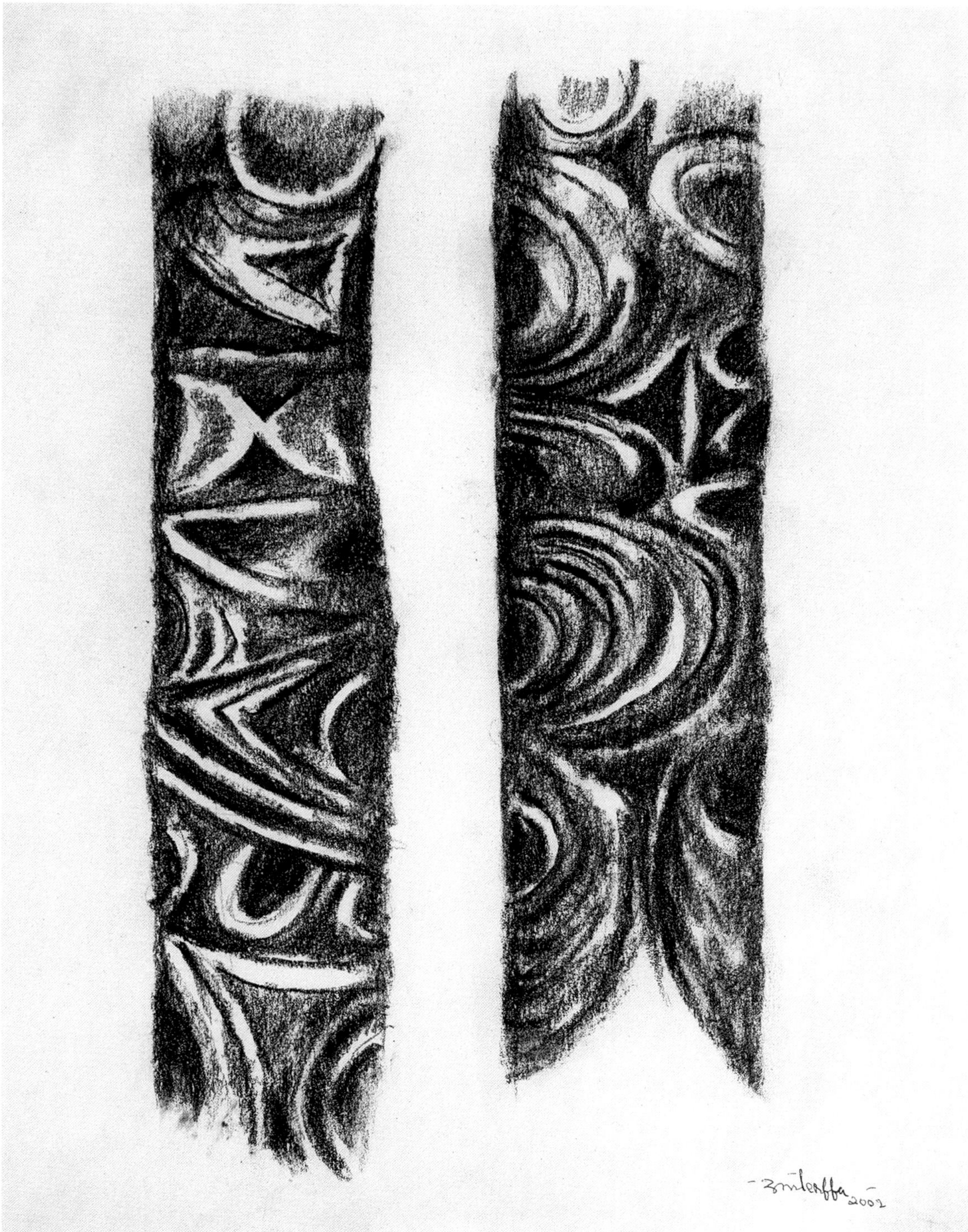

Ohne Titel
Kohle auf Papier, 2002, 34 x 28,5 cm

Dieses Werk erinnerte P. G. an die Totempfähle der Nordwestküsten-Indianer. Tibebe stimmte ihm zu, meinte jedoch, dass Linien und Augen manchmal auch in der Rinde eines Baumes gesehen werden können.

Untitled
Charcoal on paper, 2002, 34 x 28.5 cm

This work reminded P. G. of the Northwest Coast Indians' totem poles. Tibebe agreed, adding that lines and eyes can also sometimes be seen in tree bark.

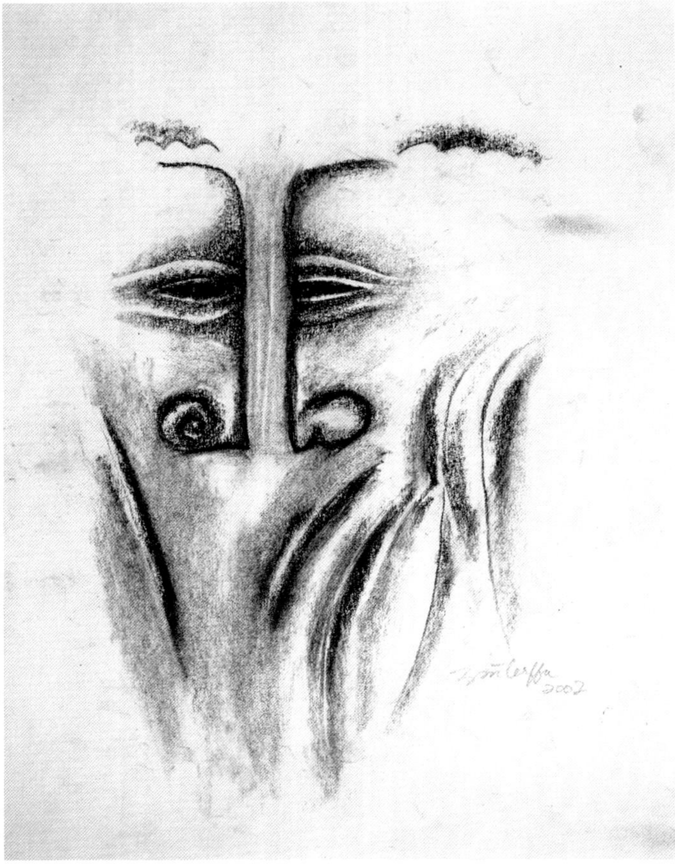

Ohne Titel
Kohle auf Japanpapier, 2002, 36 x 27 cm

Tibebe erklärte: „Du siehst zwei Gesichter in einem Gesicht, du kannst wechseln von einer Wahrnehmung – ein Gesicht – zur andern – zwei Gesichter; es ist wie eine Art Vexierbild."[65]

Untitled
Charcoal on Japanese paper, 2002, 36 x 27 cm

Tibebe explained: "You see two faces in one face, you may switch from one perception – one face – to the other – two faces; it's a kind of picture puzzle."[66]

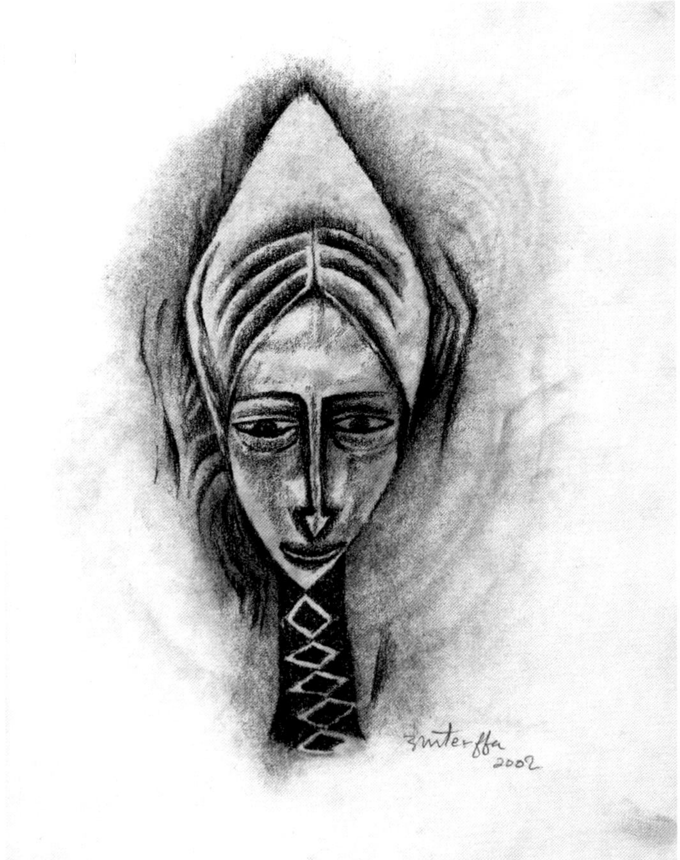

Ohne Titel
Kohle auf Papier, 2002, 36 x 28 cm

Tibebe philosophierte über sein Bild: „Es ist einfach ein Gesicht auf Papier, aber auf unserem Gesicht kannst du viel erkennen [...], viele unserer Gesichtsausdrücke, und Erfahrung herauslesen; du kannst eine Person verstehen, wenn du sie ansiehst. Die eine Person lächelt, die andere ist traurig, und diese ist wütend, und diese weint. Ja, unser Gesicht ist ein Buch, das uns offenbart, was in unseren Herzen, in unseren Gedanken ist."[66]

Untitled
Charcoal on paper, 2002, 36 x 28 cm

Tibebe philosophised about this painting: "It is just a face on paper, but you can read so many things on a face [...] a lot of our expressions, you can read experience, you can understand a person you are staring at. This person could smile and that person can be sad, and that person can be angry or can be crying. Yes, our face is a book, which reveals what's inside our heart or inside our mind."[67]

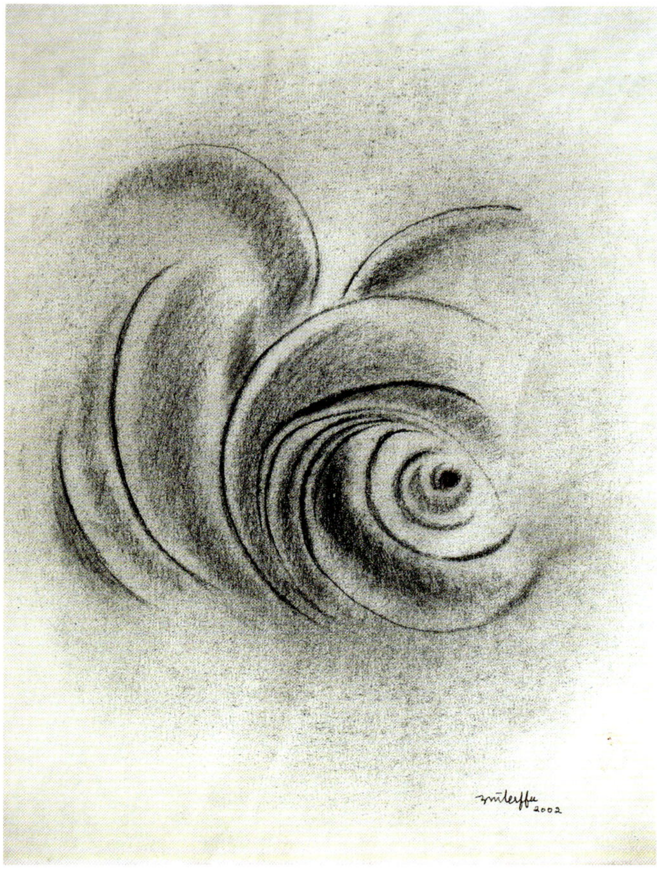

Ohne Titel
Kohle auf Japanpapier, 2002, 36 x 27 cm

P. G. im Dialog mit Tibebe: „Ich sehe ein Auge …" Tibebe: „… ein Zentrum …" P. G.: „… sogar ein Auge in einem Zyklon, aber es ist elegant …" Tibebe: "… es bewegt sich. Elegant ist ein treffendes Wort …"[67]

Untitled
Charcoal on Japanese paper, 2002, 36 x 27 cm

P. G. in dialogue with Tibebe: "I see an eye …" Tibebe: "… a centre …" P. G.: "… even an eye of a cyclone, but it is elegant …" Tibebe: "… moving. Elegant is a good word …"[68]

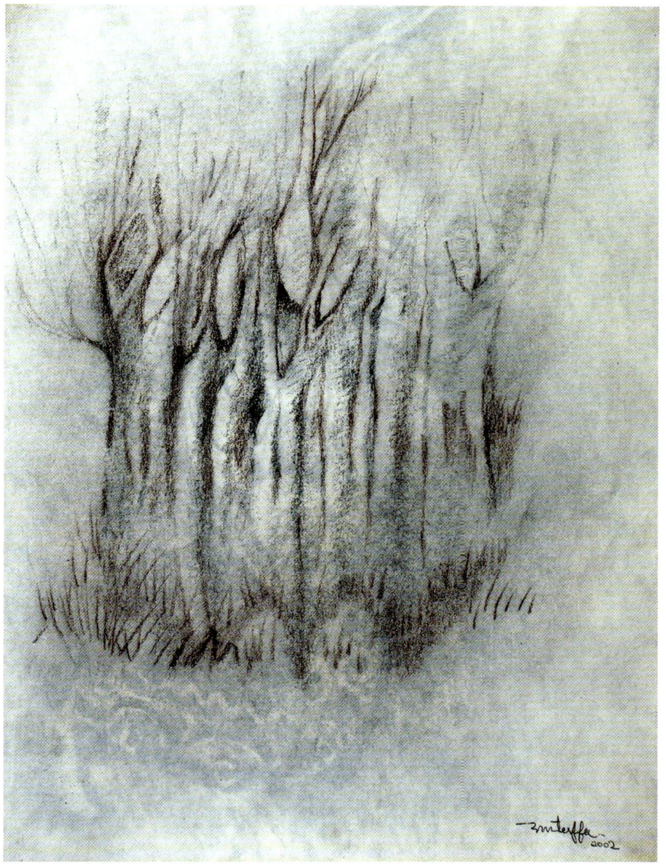

Ohne Titel
Kohle auf Papier, 2002, 36 x 28 cm

Ein Wald ohne Blätter in der Winterzeit.

Untitled
Charcoal on paper, 2002, 36 x 28 cm

A forest without any leaves in wintertime.

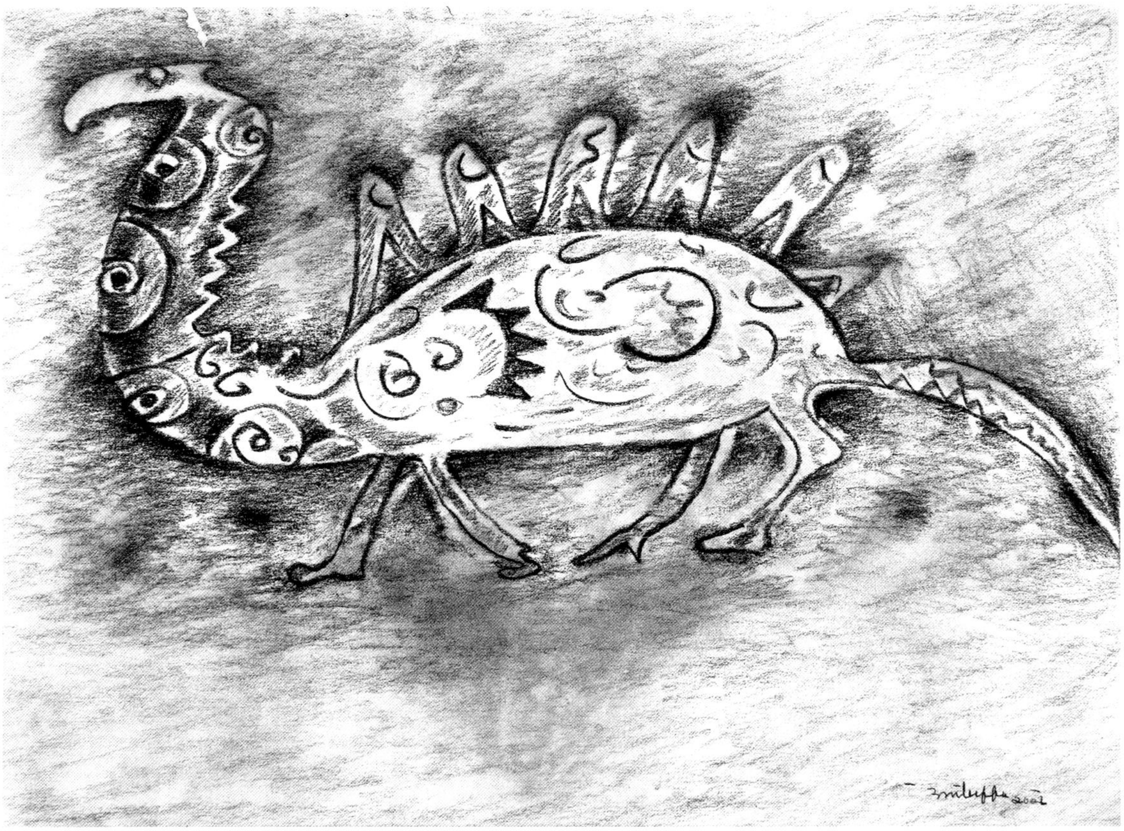

Ohne Titel
Kohle auf Papier, 2002, 28 x 36 cm

Untitled
Charcoal on paper, 2002, 28 x 36 cm

organisiert. Allerdings dauerte es nochmals zwei Jahre, bis Tibebe einen längeren Aufenthalt in Kanada antreten konnte, und zwar erst, als seine Tochter Meron 21 Jahre alt wurde und sich um ihre jüngere, 14-jährige Schwester Martha kümmern konnte. So lud ihn Ray Dirks 2002 als ‚Artist in Residence' ins Saint Norbert Arts Centre (SNAC) in Winnipeg ein.[68]

Tibebe erzählte uns, dass er sich immer sehr glücklich fühlte im natürlichen Umfeld des Zentrums, und er sei inspiriert vom Mosaik des kulturellen Hintergrunds des kanadischen Volkes, das in Winnipeg zusammenlebt: frankophone und angelsächsische Kanadier, indigene ‚Erste Nationen', religiöse Minderheiten wie die Mennoniten und die nach den beiden Weltkriegen eingewanderten Griechen, Ukrainer, Polen und andere Europäer. So hielt sich Tibebe zwischen 1995 und 2016 insgesamt zwölf Mal in Kanada auf, vorzugsweise in Winnipeg.

2010 wurde Tibebe eingeladen, an der Ausstellung *Just Food: Right to Food from a Faith Perspective*

after the two world wars, such as Greeks, Ukrainians, Poles and other Europeans. Thus, between 1995 and 2016, he has travelled to Canada twelve times, preferring to stay in Winnipeg.

In 2010, Tibebe was invited to participate in the exhibition *Just Food: Right to Food from a Faith Perspective,* which was produced by the Mennonite Committee on Human Rights, curated by Ray Dirks, and which opened at the Mennonite Heritage Art Centre Gallery in Winnipeg. Afterwards, the exhibition toured across Canada for two years. Ray Dirks sent us the photographs of Tibebe's two paintings.

In 2013 Tibebe also gave a one-day presentation at the 1894 Art Centre in Boissevain, Manitoba, a little town southwest of Winnipeg. Sometimes he combined his stay with a short visit to the USA.

It was very important for him to explain that he never "intended to paint such cultural things as Ethiopian culture". In our interview on 24 April 2015 he said:

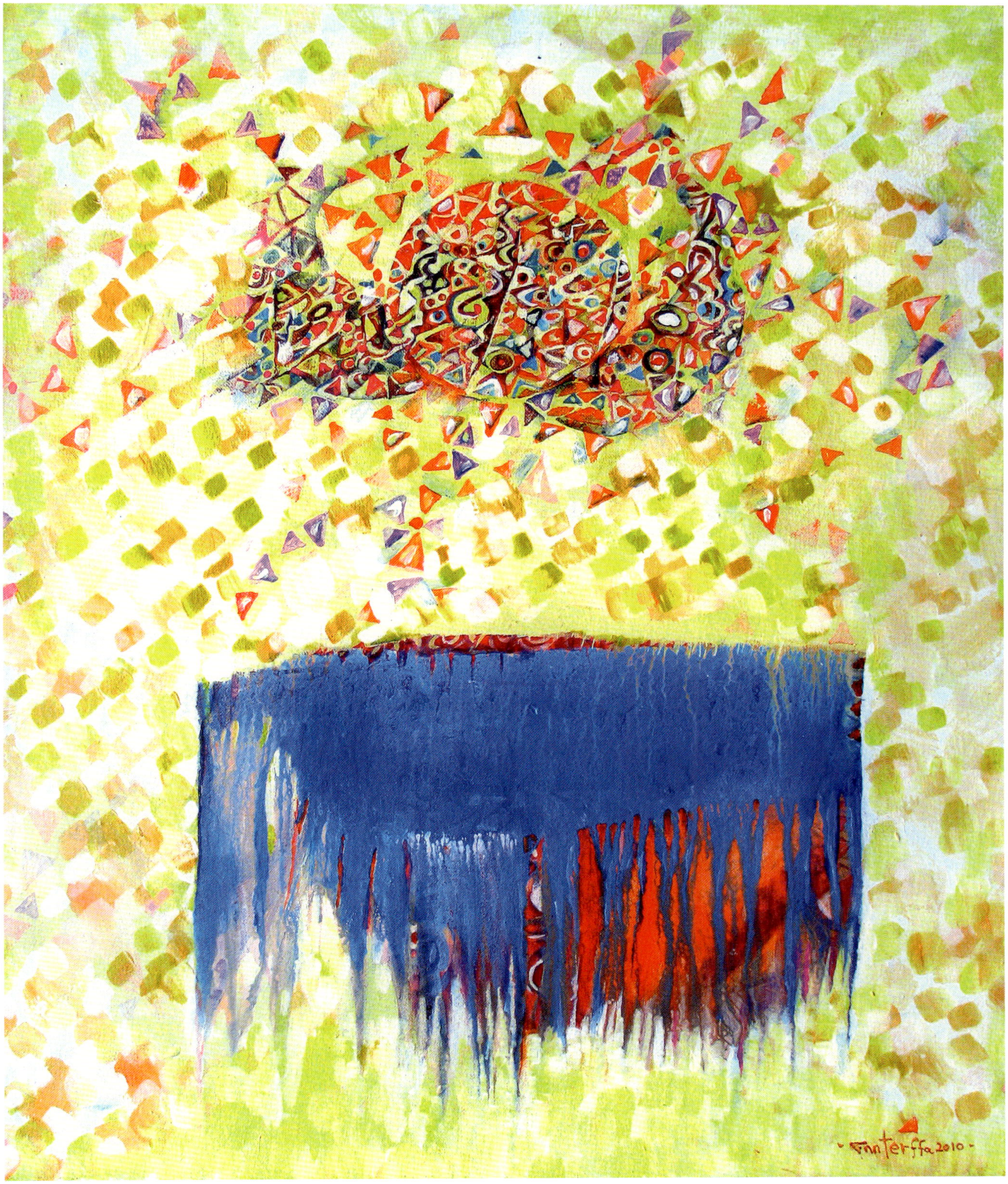

Farbe der Feier
Acryl auf Leinwand, 2010, 60 x 51 cm
Foto: Ray Dirks

Colour of Celebration
Acrylic on canvas, 2010, 60 x 51 cm
Photo: Ray Dirks

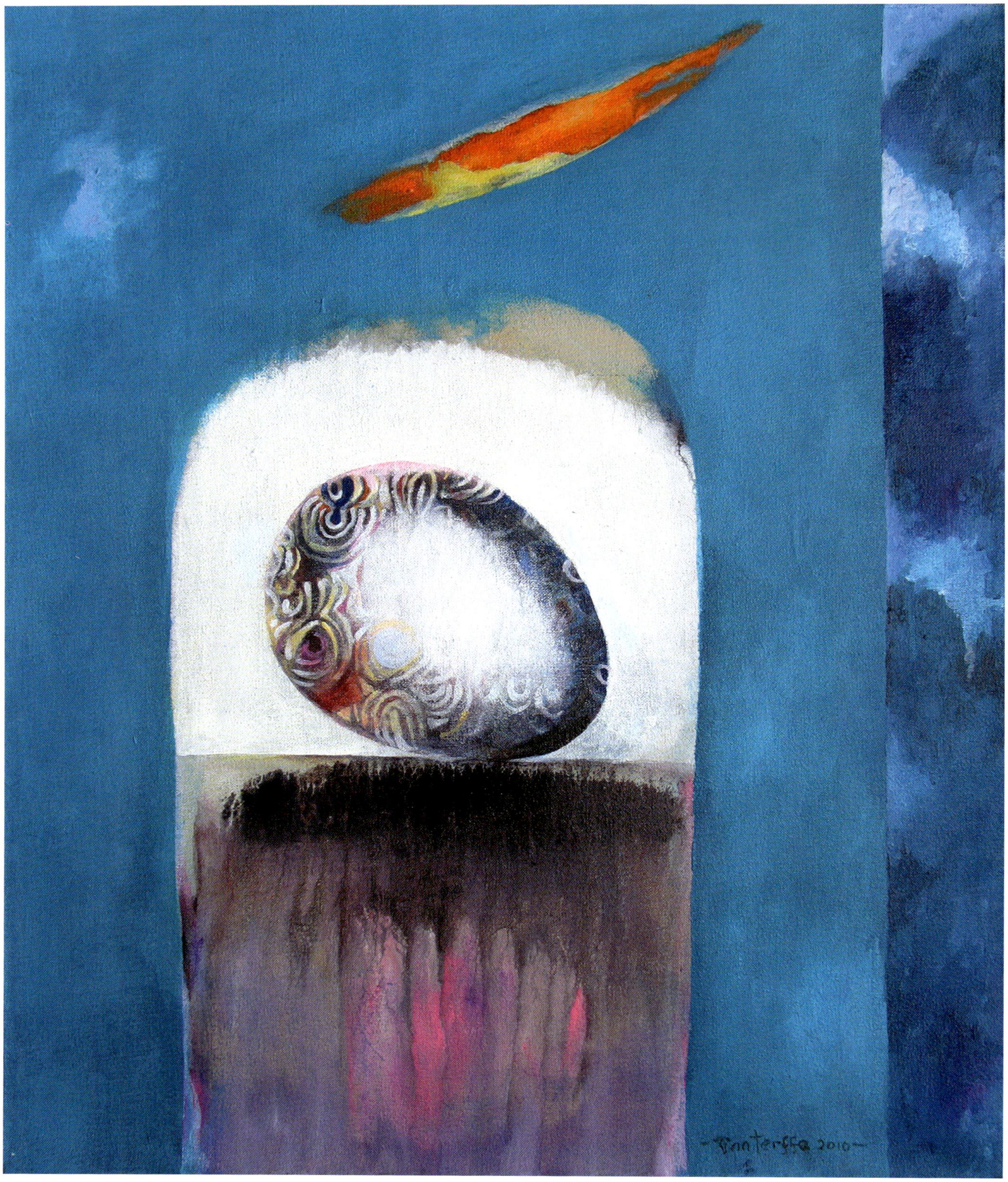

Farbe des Betens
Acryl auf Leinwand, 2010, 60 x 51 cm
Foto: Ray Dirks

Colour of Praying
Acrylic on canvas, 2010, 60 x 51 cm
Photo: Ray Dirks

(Gerechte Nahrung: Das Recht auf Nahrung aus einer Glaubensperspektive) teilzunehmen. Die Ausstellung wurde vom Mennonite Committee on Human Rights (Mennonitisches Menschenrechtskomitee) organisiert, von Ray Dirks kuratiert und in der Mennonite Heritage Centre Art Gallery in Winnipeg eröffnet. Zwei Jahre lang tourte die Ausstellung durch Kanada. Ray Dirks sandte uns im Sommer 2015 die Fotos der beiden Bilder, die Tibebe beisteuerte.

2013 konnte Tibebe einen Tag lang Bilder im 1894 Art Centre in Boissevain, Manitoba, zeigen, einer kleinen Stadt südwestlich von Winnipeg. Manchmal nutzt er diese Aufenthalte in Kanada zu einem kurzen Besuch in den USA.

Tibebe betonte mit aller Deutlichkeit, dass er nie „beabsichtigt habe, so etwas wie äthiopische Kultur zu malen". Im Interview vom 24. April 2015 sagte er:

„Ich kann euch klar sagen, es gibt viele Künstler, die von gewissen Landschaften oder Kulturen beeinflusst sind; ich bin kein solcher Künstler. Ich habe viele Bilder in Kanada gemalt, und was ich malte, war, was ich fühlte. [...] Ich kann meine inneren Gefühle ausdrücken, was immer ich in Kanada gefühlt habe. Zum Beispiel hier in Addis Ababa male ich *Harari Impressionen*, [...] das ist der Ort wo ich aufwuchs, das gehört zu meiner Identität. Die Totempfähle im Nordwesten von Kanada ließen mich neue Identitäten entdecken. Ich kann sie respektieren und die Kunst der Holzschnitzer bewundern. Die Bilder, die ich in Kanada gemalt habe, sind mehr eine Äußerung aus meinem Innern. [...] Kanadas natürliche Umwelt beispielsweise gab mir als äthiopischer Künstler ein gutes Gefühl."[69]

Als wir unser Interview vom April 1993 nachprüften, zeigte es sich, wie konsistent Tibebe sich als Künstler beschreibt:

„Ich interpretiere mich selbst im Malen. Ich interpretiere mich selbst in Bildern aus dem Südostteil des Landes, von Harar. Ich bin auf vielfältige Weise fasziniert vom Leben in Harar. [...] Ich male meine Bilder immer aus meinen Gefühlen heraus. [...] So verwende ich alle Arten von Motiven, es kann irgendetwas sein. Ich versuche nicht, ein spezielles Detail der Kultur zu malen. Ich liebe es wirklich, eine poetische Antwort auf mein Werk zu bekommen. Ich kann nicht einmal definieren, an welcher Art von Kunst ich gerade am Arbeiten bin. Es ist wirklich schwierig, ein Werk in Worte zu fassen, das aus deiner Seele, aus deiner Inspiration heraus entsteht."[70]

"I can tell you clearly, there are many artists who can be influenced by a certain area or culture; I'm not that kind of artist. I painted a lot of paintings in Canada, and what I painted was what I felt. [...] I can express my inner feelings, what I feel in Canada. And maybe here in Addis Ababa I paint *Harari Impressions*, [...] that is the place I grew up, that's my identity. The totem poles on the northwest coast of Canada let me discover new identities. I can have a respect for them and an admiration of the craftsmanship of the carving artists. Those paintings I did in Canada are more a bringing out of myself. [...] For instance, Canada's environment gives me a pleasant feeling, as an Ethiopian artist."[69]

Checking our interview in April 1993, we find proof that Tibebe is quite consistent in describing himself as an artist:

"I interpret myself in painting. I interpret myself by paintings from the southeast part of the country, from Harar. I am fascinated in different ways by life in Harar. [...] I always paint my paintings out of an inner feeling. [...] So I use any kind of motive, it can be anything. I am not trying directly to portray a certain part of culture. I really like to get a poetic response to my work. I cannot even define what kind of work I am working on. It is really difficult to verbalise the kind of work which comes out of your soul, comes out of your inspiration."[70]

USA

In 2004 Tibebe had his first solo exhibition in the USA, in the main building's lobby of WorldSpace,[71] a satellite radio network in Washington DC.

In 2010 he had his second solo exhibition in the USA. This time he was invited to become the Artist in Residence in Stanford, Kentucky, USA. It was a fortunate opportunity, because Tibebe was looking for a residency programme in the USA and applied for one offered by the Kentucky Museum of Arts and Crafts in Louisville, KY, but missed the deadline. As a coincidence, Jess and Angela Correll visited Ethiopia in February 2010 and went to Tibebe's house and studio. They were so enthusiastic about his artwork that they organised a stay in Stanford for him, sponsored by the First Southern National Bank, of which Jess Correll was the President.

USA

2004 hatte Tibebe seine erste Einzelausstellung in den USA, in der Lobby des Hauptgebäudes von WorldSpace[71], dem damaligen Satelliten-Radio-Netzwerk in Washington DC.

2010 folgte seine zweite Einzelausstellung in den USA. Dieses Mal war er als ‚Artist in Residence' in Stanford, Kentucky, eingeladen. Es war ein Glücksfall, denn Tibebe war gerade auf der Suche nach einer solchen Gelegenheit und hatte sich für ein Angebot des Kentucky Museum of Arts and Crafts in Louisville beworben, jedoch den Anmeldetermin verpasst. Zufälligerweise besuchten Jess und Angela Correll Äthiopien im Februar 2010 und kamen in Tibebes Haus und Atelier. Sie waren so begeistert von seinem Kunstschaffen, dass sie für ihn spontan einen Aufenthalt in Stanford organisierten, gesponsert von der First Southern National Bank, von der Jess Correll Präsident war.

Tibebe erzählte uns, wie ihn die dortige Landschaft faszinierte, vor allem auch die Pferde, die in weiträumigen Pferchen auf Farmen lebten. Zuerst jedoch malte er einige seiner berühmten *Harari Impressionen*: „Wie ein Baum habe ich Wurzeln, eine Kultur, ein Ort, wo ich aufwuchs", wurde er in den *Central Kentucky News* zitiert.[72] Am Schluss seines Aufenthalts als ‚Artist in Residence' konnte er eine Ausstellung mit dem Titel *Corralling Colors* durchführen. In der Lincoln County Public Library in Stanford zeigte er die 20 Bilder, die er während seines zehnwöchigen Aufenthaltes geschaffen hatte. In vielen kamen Pferde vor, Tiere, vor denen sich Tibebe immer noch etwas fürchtet und die er noch nie gemalt hatte.

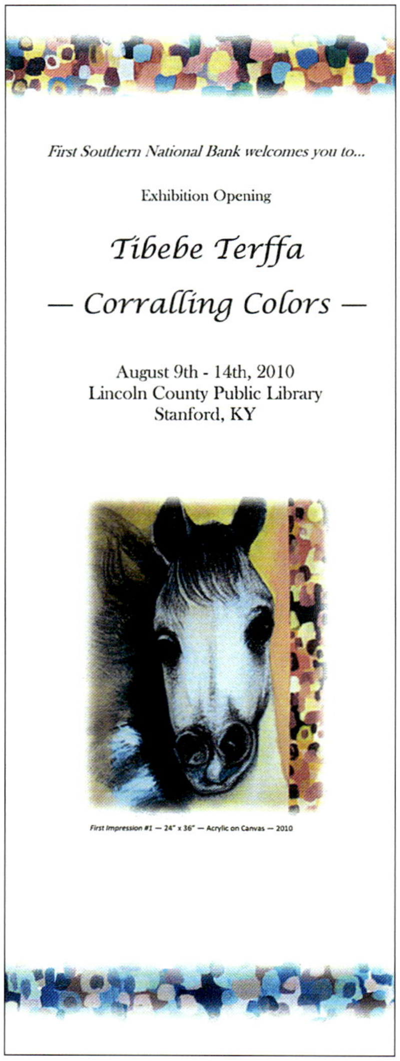

Einladungskarte für die Eröffnung der *Corralling Colors*-Ausstellung, August 2010

Invitation card for the opening of the *Corralling Colors* exhibition, August 2010

Tibebe told us how fascinated he was by the landscape there, especially by the horses living in spacious corrals on the farms. At first, he painted some of his famous *Harari Impressions* there: "Like a tree, I have a root, a culture, a place where I grew up", he was quoted as saying in the *Central Kentucky News*.[72] At the end of his residency programme, he held an exhibition called *Corralling Colors* at the Lincoln County Public Library in Stanford, where he showed the 20 paintings he had created during his ten-week stay, many of which depicted horses, an animal Tibebe is still a little bit afraid of and which he had never painted before.

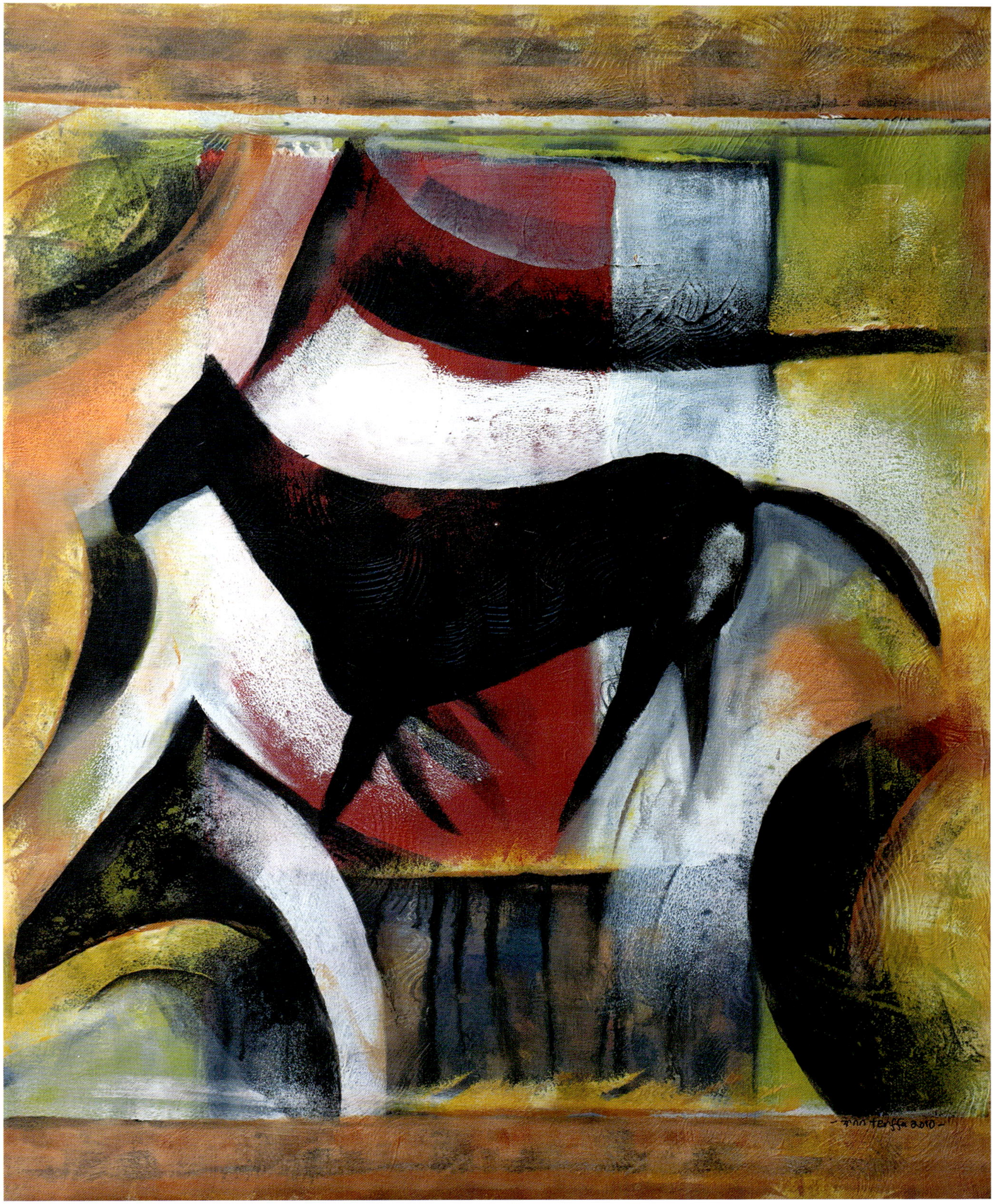

Ohne Titel
Acryl auf Leinwand, 2010, 75 x 60,5 cm

Untitled
Acrylic on canvas, 2010, 75 x 60.5 cm

KUNST ALS THERAPIE

ART AS THERAPY

In den letzten Monaten des Jahres 2002 litt Tibebe verstärkt an Herzproblemen, was für ihn eine erschreckende Erfahrung bedeutete. Mit Unterstützung von Freunden aus aller Welt konnte er nach Toronto fliegen, wo man erste medizinische Abklärungen durchführte. Schließlich wurde er 2003 im Detroit's Saint Joseph Mercy Oakland Hospital operiert. Eine zweite Operation fand im April 2005 im Netcare Sunninghill Hospital in Johannesburg, Südafrika statt.

Während seiner Spitalaufenthalte in Kanada und den USA schuf er oft kleine Zeichnungen mit Pastell- und Filzstiften in einem Skizzenbuch.

An appalling experience for Tibebe was suffering heart problems in the last months of 2002. With the support of several friends from all over the world, he was able to travel to Toronto for a medical check-up, and finally he was operated on in Detroit's Saint Joseph Mercy Oakland Hospital in January 2003. A second heart operation took place in April 2005 at the Netcare Sunninghill Hospital, Johannesburg, South Africa.

During his stays in hospitals in Canada and USA, he often created small drawings in pastel and felt pens in a sketchbook.

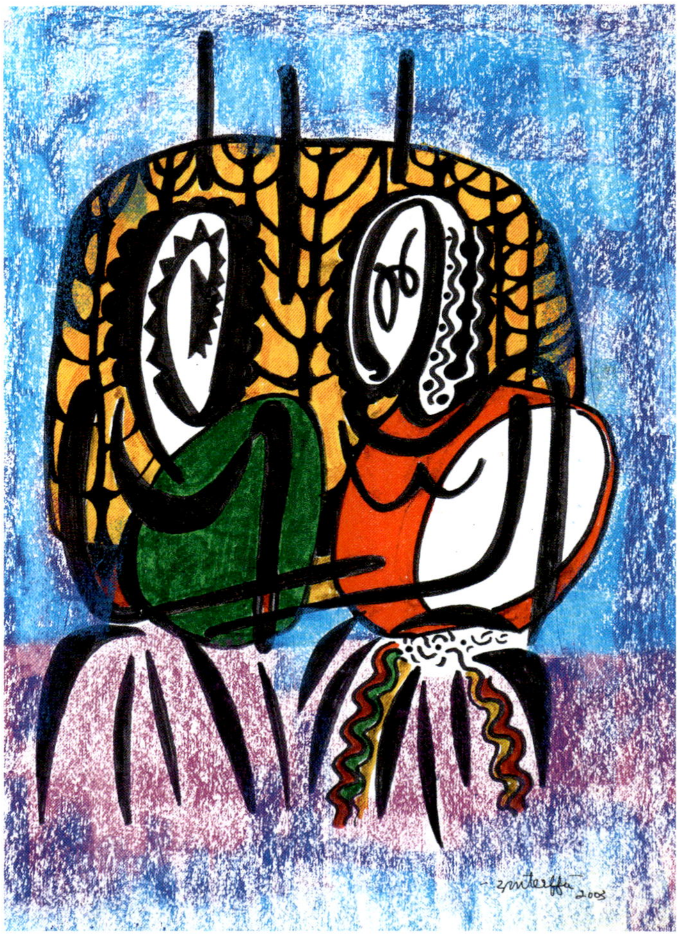

Ohne Titel
Sharpie Marker auf Papier, 2003, 30,4 x 22,7 cm

Tibebe: „Ich hatte kein Sujet, auf das ich mich beim Zeichnen hätte absichtlich fokussieren wollen. Es war einfach nur ein Kritzeln, bis ich etwas im Kontrast zu etwas Anderem fand. Es war einfach nur die Chance, kontinuierlich zu arbeiten, bis ich damit zufrieden war. Es war eine Art therapeutischer Arbeit, die so oder so Kraft hat. Vielleicht fokussierte ich mich auf Pflanzen oder Früchte oder Ähnliches. Ich aß damals viele Früchte. Pirko Saari, eine Freundin in Toronto, brachte mir immer japanische Birnen und andere, immer sehr interessante Früchte ins Spital."[73]

Untitled
Sharpie marker on paper, 2003, 30.4 x 22.7 cm

Tibebe: "I didn't have any subject that I was intending to focus on to draw. But I was simply scribbling until I found something which contrasted with something else. It was just simply the need to continuously work until I satisfied myself. It is a kind of therapeutic work that has power anyway. So I was focusing maybe on plants or fruits and things like that. I was eating a lot of fruit. Pirko Saari, a friend in Toronto, was always bringing me Japanese pears and that sort of thing, always very interesting fruits."[73]

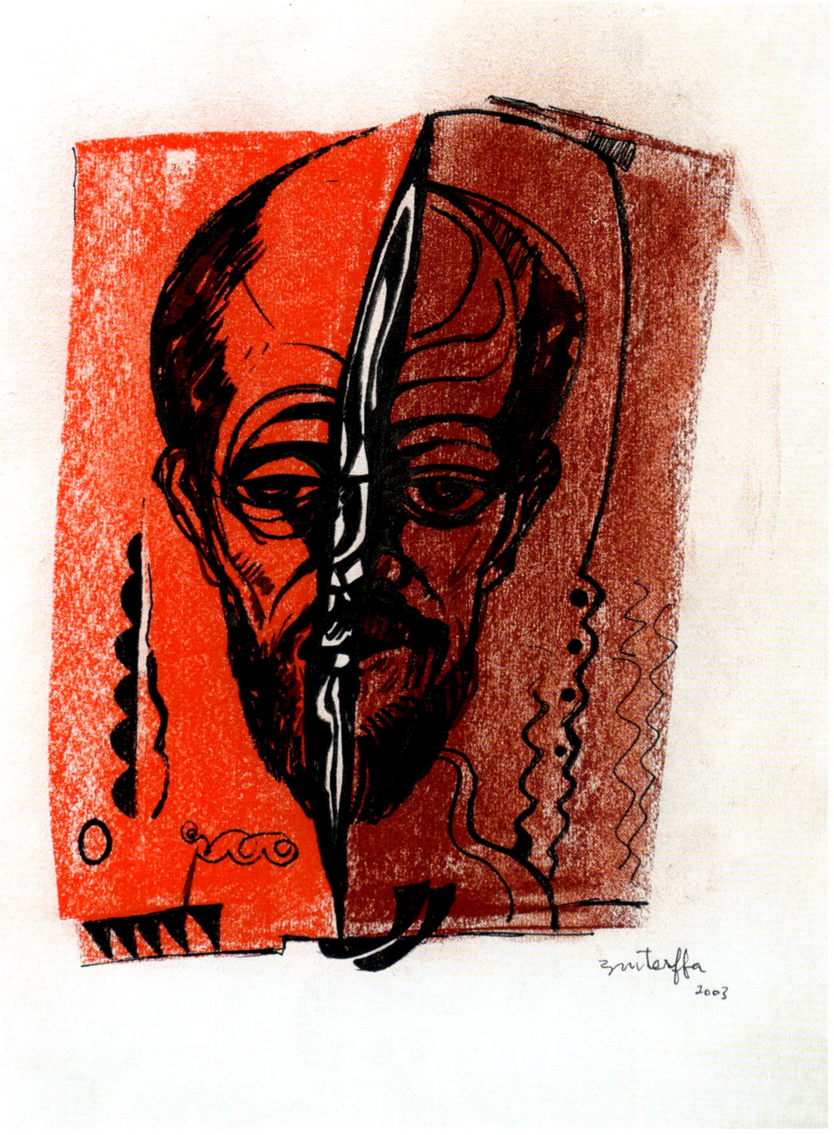

Ohne Titel
Sharpie Marker auf Papier, 2003, 30,4 x 22,7 cm

Wie er das Bild betrachtete, erinnerte sich Tibebe: „Auf die Operation zu warten, war ein kritischer Moment, und was immer du denkst, was immer du entscheidest, es wird nicht geschehen. Ich erhielt Unterstützung von all den Leuten, die mich umgaben; ich war wirklich umsorgt und fand mich in einer angenehmen Lage. Und dies hat zur Hoffnung beigetragen, die ich mir wünschte. Und, o Glück, fanden sich gute Ärzte, ein guter Chirurg. Und unmittelbar hörst du sie über Kunst reden. Nein, sie sprechen nicht über ein krankes Herz oder was Ähnliches; nein, sie sprechen über die Art Kunst, die ich mache. Und du kriegst eine Chance, mein Gott, ich wurde von meinem Chirurgen erkannt."[74]

Untitled
Sharpie marker on paper, 2003, 30.4 x 22.7 cm

Looking at this painting, Tibebe remembered: "Waiting for surgery was a very critical moment, and then whatever you think and whatever you decide is not what will happen. I got support from all these people who were around me; I was really protected and you can find yourself in a pleasant situation. And that will add to the hope you really want to look for. And by chance you find good doctors, a good surgeon. You immediately find them talking about art. It is not about rotten hearts or anything like that. They talk about art, and they talk about what kind of art you are doing. And you got a chance, oh God, my surgeon recognised me."[74]

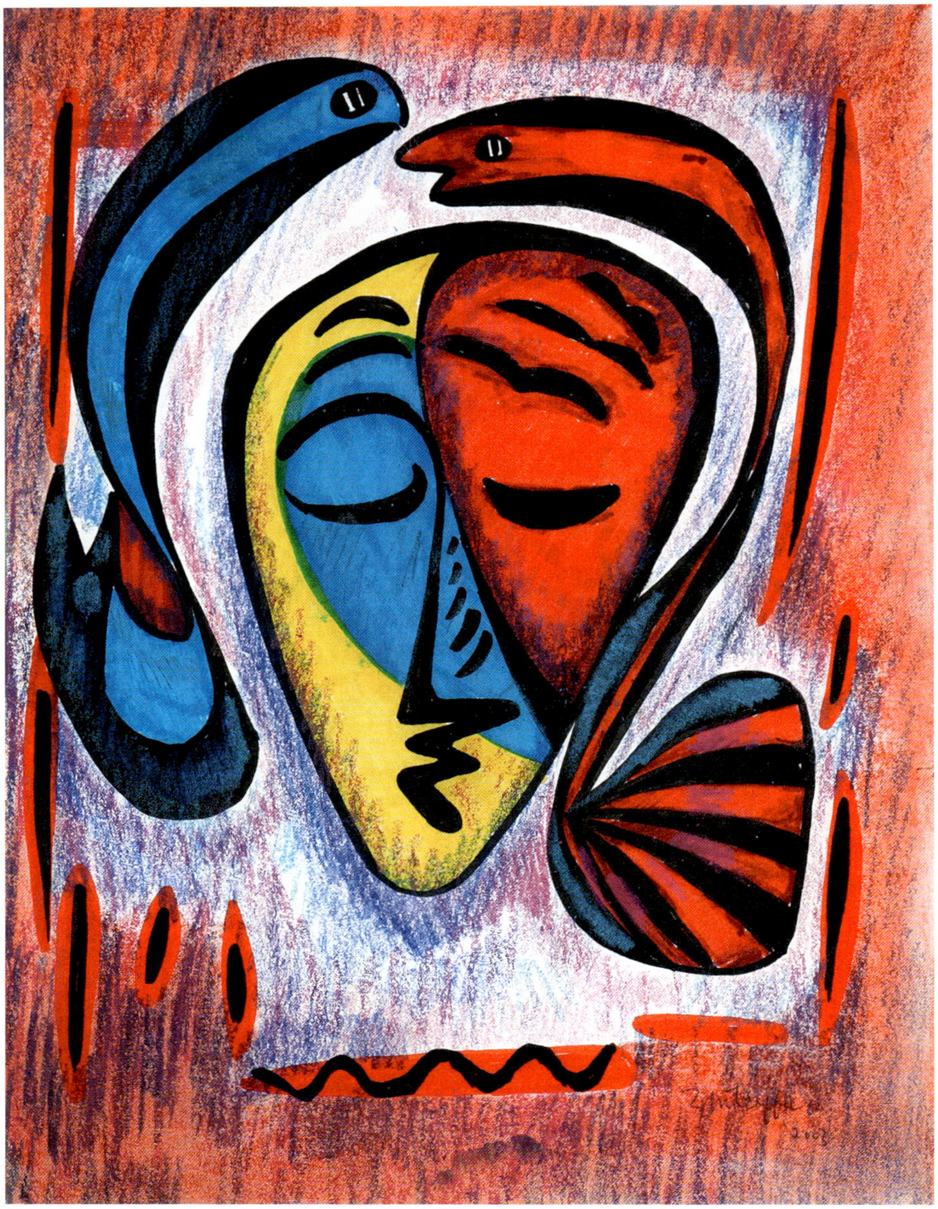

Ohne Titel
Pastell- und Filzstifte auf Papier, 2003, 30,5 x 23 cm

Untitled
Pastel and felt pen on paper, 2003, 30.5 x 23 cm

P. G. im Dialog mit Tibebe: „Ich denke, das bist du, schlafend im Bett." Tibebe: „Schlafend, krank." P. G.: „Die beiden Schlangen sind wohl Symbole, eine gute und eine böse Schlange, im Kampf miteinander." Tibebe: „Wenn wir an etwas Schlechtes denken, ist das Gute ebenfalls in unseren Köpfen, gleich daneben – und umgekehrt. Und das Gute und das Schlechte kämpfen in jedem von uns. Das zeigte sich, solange ich krank im Bett lag. Doch es war wie eine Kunsttherapie, so könnte man es nennen. Zeichnen war Arbeit für den Heilungsprozess, und es hat mir gut getan."[75]

P. G. in dialogue with Tibebe: "I think it is you, sleeping in bed." Tibebe: "Sleeping, ill." P. G.: "The two snakes maybe are symbols, a good snake and a bad snake, and they fight." Tibebe: "When we are thinking about the bad thing, the good thing is also in our mind, next to it – and vice versa. And the good and the bad, they fight in each of us. This shows that because as long as I was stuck in bed, it was like art therapy, we can call it. Work for the healing process, and I benefited from it."[75]

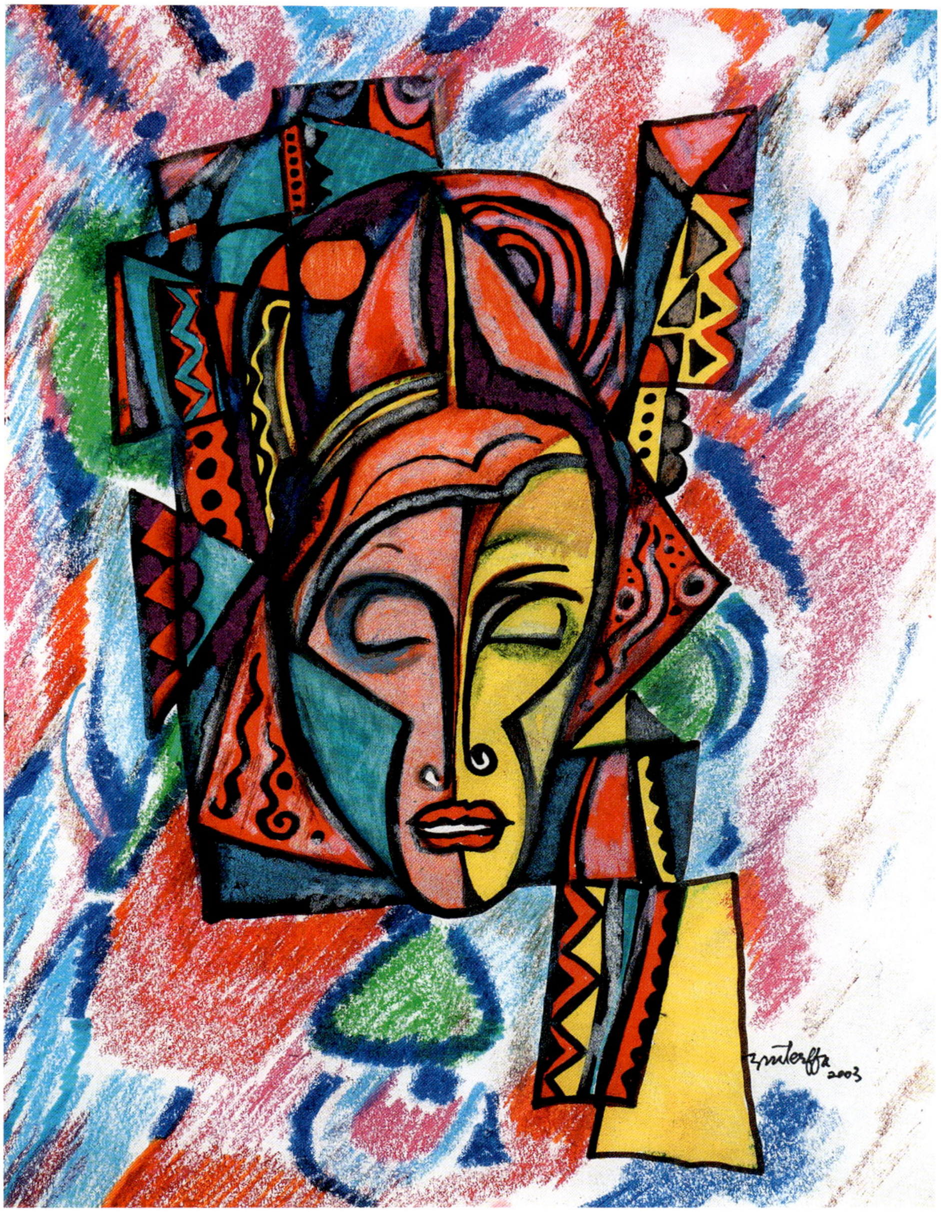

Ohne Titel
Pastell- und Filzstifte auf Papier, 2003, 30,5 x 23 cm

Untitled
Pastel and felt pen on paper, 2003, 30.5 x 23 cm

Tibebe war, und ist es immer noch, völlig überzeugt, dass das Zeichnen und Malen ihm durch die schmerzvolle Zeit des Wartens auf die Herzoperation geholfen hätten und er sich nachher leichter erholt habe:

„Ja, ich hatte etwas Zeit, ein Skizzenbuch und Malstifte; und wenn ich einfach so zu skizzieren anfing, begann auch ein Heilungsprozess; dies gibt dir eine Chance zur Erholung, und du kannst alles etwas

Tibebe was, and still is, profoundly convinced that sketching and painting helped him through the painful time waiting for heart surgery, and then recovering more easily afterwards:

"Yes, I had a little time, so I had a sketchbook and marker pen, and I started scribbling, at the same time it was a healing process, so it gives you a chance to recover and to take it easy, yes it helps so much, so

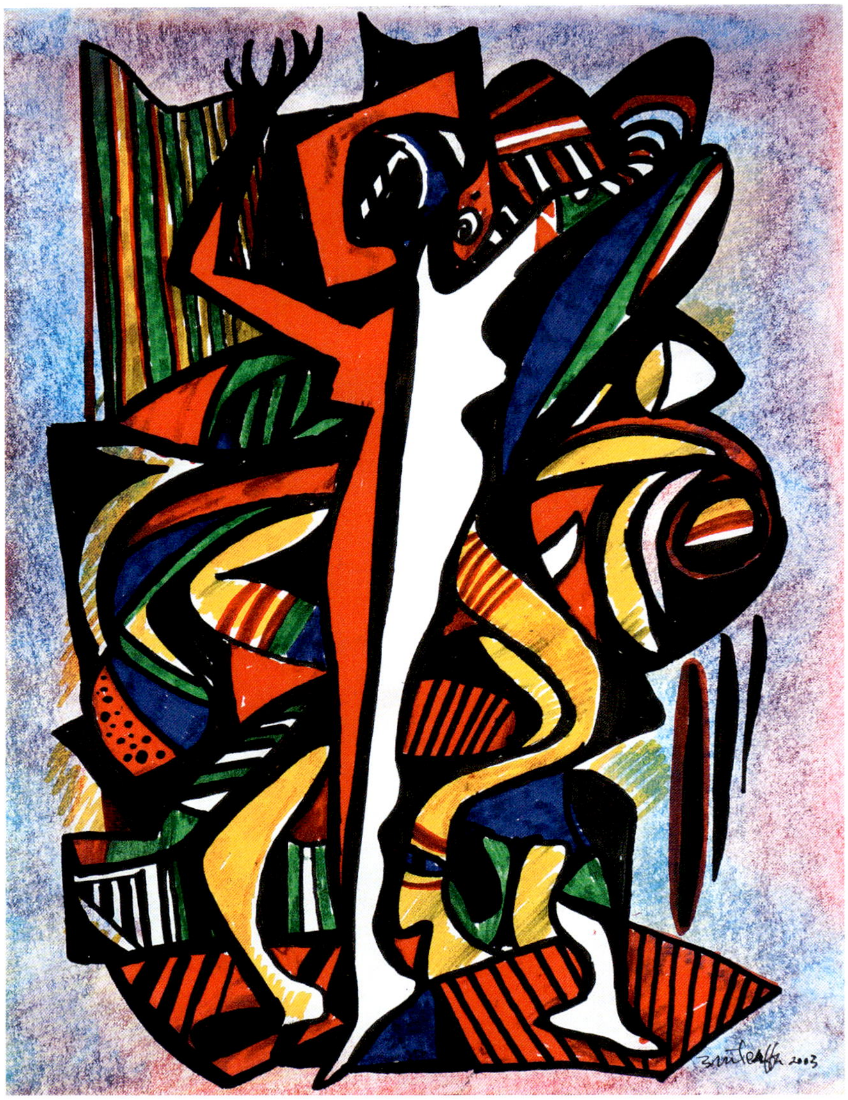

Ohne Titel
Pastell- und Filzstifte auf Papier, 2003, 30,5 x 23 cm

Im Zentrum dieser Zeichnung tanzt eine Frau in Rot und Weiß, umgeben von andern dynamischen Formen. Es scheint, als ob sich Tibebe daran erfreute, einen Kontrast zu seiner Bewegungslosigkeit zu malen, als er im Bett lag.

Untitled
Pastel and felt pen on paper, 2003, 30.5 x 23 cm

The centre of this drawing shows a woman dressed in red and white dancing, surrounded by other dynamic forms. It seems as if Tibebe enjoyed expressing a contrast to his own immobility, whilst lying in bed.

leichter nehmen. Ja, es hilft dir so sehr, dass du die Schmerzen besser erträgst, und du kannst ein Gefühl der Ausgeglichenheit bekommen, sodass es zu einer raschen Erholung führt."[76]

Schon 2004 und dann nochmals 2015 dachte Tibebe über Kunsttherapie nach, dabei weit über seine eigene Erfahrung hinausgehend:

you can handle the pain, you can have the feeling to balance yourself, so it's gonna be a quick recovery."[76]

Therefore, he reflected in 2004 and again in 2015 about art therapy, going far beyond his own experience:

"I believe that all kind of psychological therapies, including art therapy, could help people who are al-

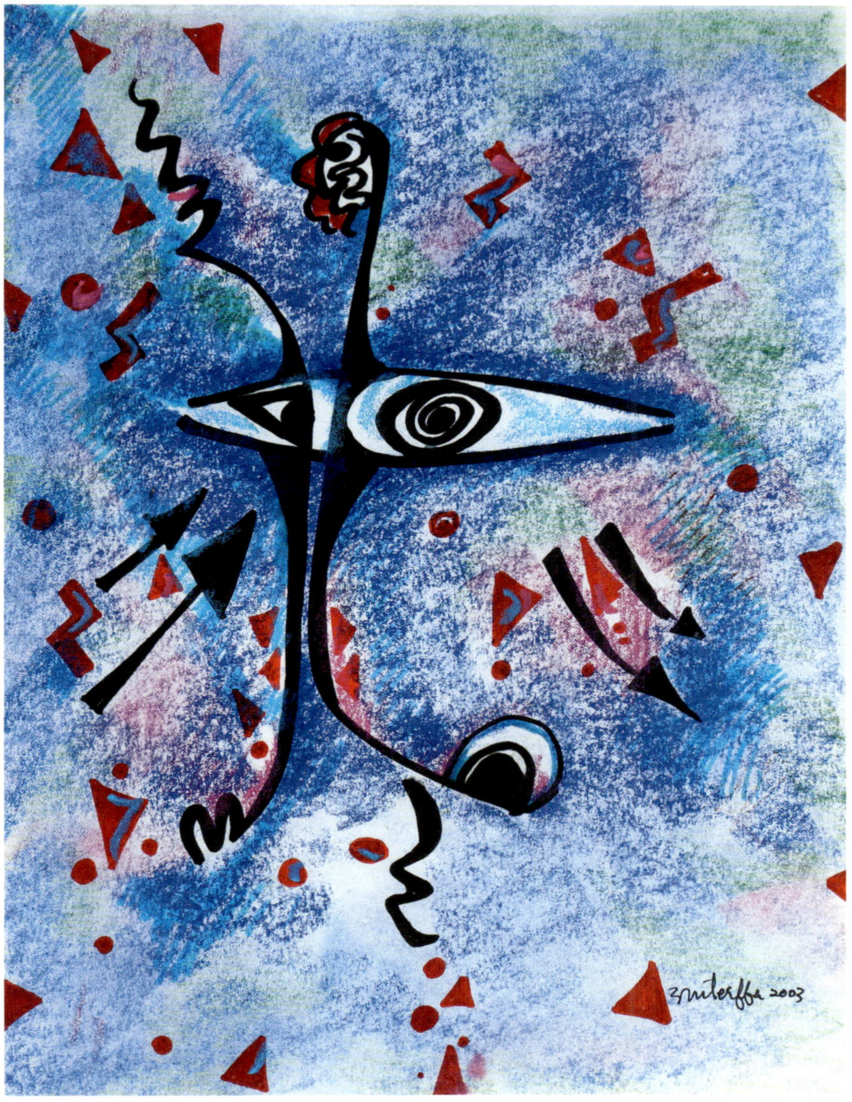

Ohne Titel
Pastell- und Filzstifte auf Papier, 2003, 30,5 x 23 cm
Privatsammlung

Untitled
Pastel and felt pen on paper, 2003, 30.5 x 23 cm
Private collection

Tibebes Spiel mit Linien, Formen und Farben drückt Bewegung aus. Die Figuren scheinen im Raum hin- und herzufließen. Könnte es sein, dass sich Tibebe nach der Operation wieder in guter Stimmung befand?

Tibebe's playing with lines, forms and colours expresses movement. The figures seem to be floating in space. Could it be that Tibebe was in a positive mood after his surgery?

„Ich glaube, dass alle Arten von psychologischen Therapien, inklusive Kunsttherapie, Menschen helfen können, die sich in einer depressiven oder traumatischen Situation befinden. In Äthiopien zum Beispiel gab es in der Vergangenheit so viele schlimme Zeiten; es gab die Hungersnot, von der viele Leute betroffen

ready in a depressive situation, or traumatised situation. In Ethiopia, for example, there were so many bad times in the past, there was drought, and people were affected, and at the same time there was a civil war, and people felt victimised, thus, the Ethiopian people were not well looked after, for years. Many

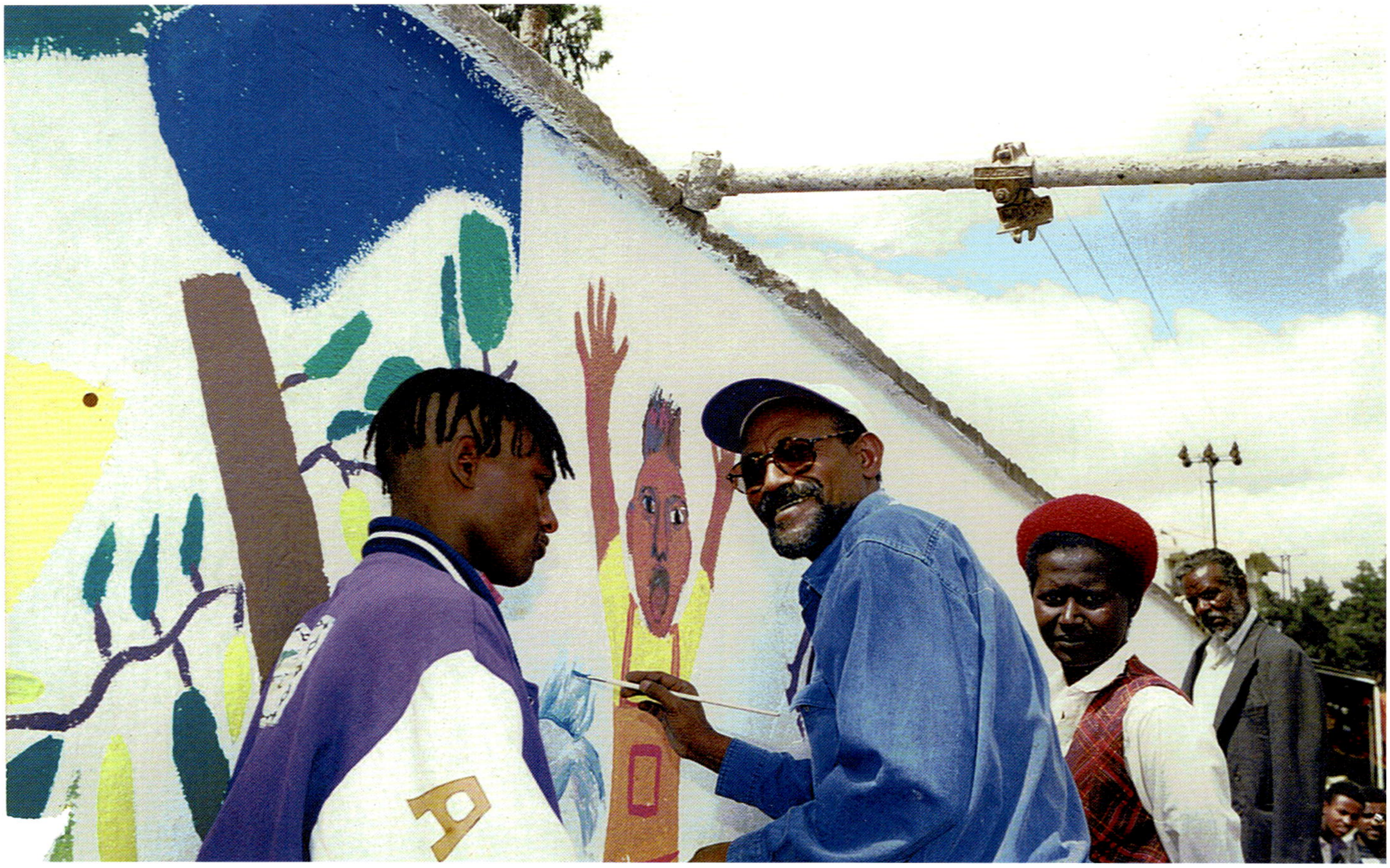

Tibebe Terffa und Worku Mammo mit Straßenkindern; 1999
Fotograf: Indrias Getachew

Tibebe Terffa and Worku Mammo with street kids; 1999
Photographer: Indrias Getachew

waren, und zur selben Zeit gab es den Bürgerkrieg, dem viele Leute zum Opfer fielen; so wurde das äthiopische Volk über Jahre hinweg schlecht behandelt. Viele Leute brauchen Erholung, brauchen Befreiung von den Belastungen, sodass sie wieder eine annehmbare Einstellung und ein zufriedenes Gemüt bekommen. Kunsttherapie ist so wichtig, und ich habe es selber gesehen, als ich mit Straßenkindern arbeitete. Das Leben der Straßenkinder besteht aus Leben in Obdachlosigkeit, ausgesetzt jedem Wetter, allen großen Problemen – nun, wie kann man ihnen wieder zu einem normalen Leben verhelfen?"[77]

So war Tibebe von 1998 bis 1999 in ein Projekt mit Straßenkindern und Waisen involviert, das von der UNESCO gesponsert wurde. Verschiedene NGOs wie die Ethio-Italian Development Corporation[78] spendeten Geld, und der Gemini Trust[79] organisierte einen Ort, wo sich die Kinder aufhalten konnten. Die 22 Teilnehmer lernten und arbeiteten zusammen im

people need to recover, need to get rid of it, so you can have people with a decent attitude and a decent mind. Art therapy is so important, and I have seen it myself once working with street kids, because the street kids' life is just living outside, exposed to any kind of weather, any kind of big, big problems, so how to get them to have a normal life?"[77]

From 1998 to 1999, Tibebe was involved in a project with street kids and orphans, which was sponsored by UNESCO. Various NGOs like the Ethio-Italian Development Corporation[78] provided supplies and money, and the Gemini Trust[79] provided a place for the children to stay. The 22 participants learned and worked together in the orphanage compound near Saint George Church. Tibebe and the artists Worku Mammo (b. 1935) and Behailu Bezabih (b. 1960) trained the street children during the day and the orphans after school. At the end, they produced two murals on plastered walls as pub-

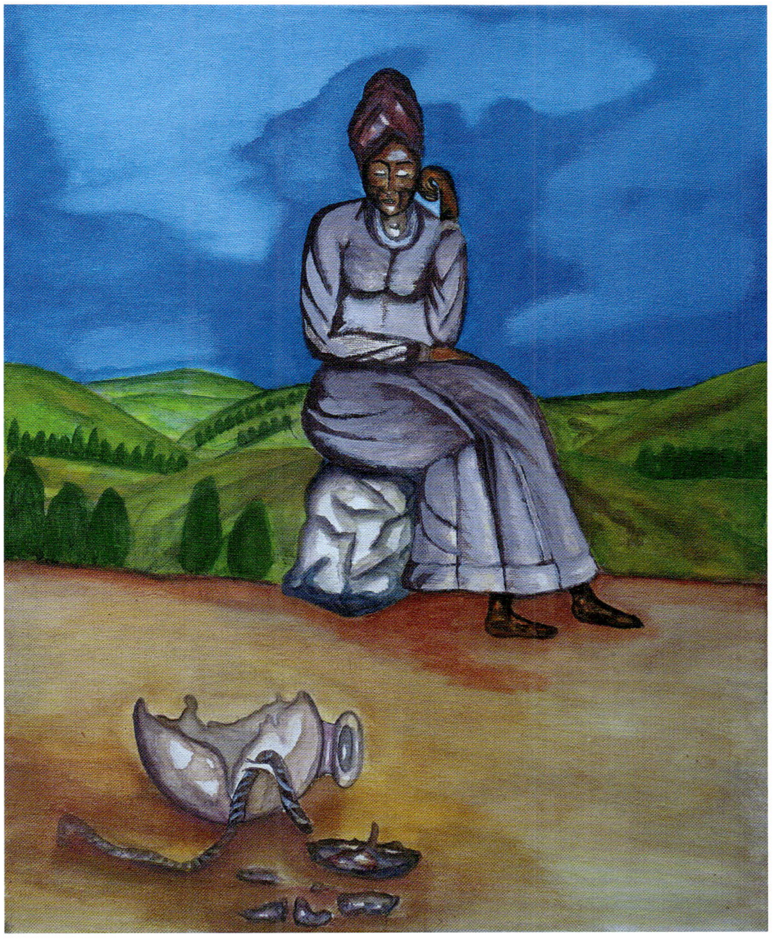

Ohne Titel
Acryl auf Leinwand, 2013, 50 x 40 cm
Dieses Bild wurde von Amanual Fantahun gemalt, der zu dieser Zeit sechzehn Jahre alt war.

Untitled
Acrylic on canvas, 2013, 50 x 40 cm
This painting was created by Amanual Fantahun who was sixteen years old at the time.

Hof eines Waisenhauses in der Nähe der St. Georg-Kirche. Tibebe und die Künstler Worku Mammo (geb. 1935) und Behailu Bezabih (geb. 1960) unterrichteten die Straßenkinder tagsüber und die Waisen nach der Schule. Zum Abschluss schufen sie zwei Wandbilder auf zementverputzten Mauern als öffentliche Kunstwerke – eines an der Bole Straße, und das andere an der Churchill Straße.[80]

2013 führte Tibebe ein weiteres, fünf Monate dauerndes, kunsttherapeutisches Projekt durch: Er lud ungefähr zehn unterprivilegierte Kinder im Alter von zwölf bis siebzehn Jahren in sein Atelier ein und ermutigte sie zum Zeichnen und Malen. Dies gab ihnen die Möglichkeit, über sich selbst nachzudenken und ihr verborgenes kreatives Potential zu entdecken.[81]

In beiden Fällen dieser Art von Kunsttherapie fanden gemäß Tibebe Terffa einige Kinder einen Weg aus ihrer früheren schwierigen Lebenssituation. Dank ihres kreativen Potentials konnten sie ihr Leben anschließend besser meistern als zuvor.

lic artworks – one at Bole Road and the other at Churchill Road.[80]

Once again, in 2013, Tibebe carried out a small therapeutic art event lasting five months. He invited around ten underprivileged children aged between twelve and seventeen into his studio and encouraged them to draw and to paint. It gave them a chance to reflect on themselves and discover their hidden creative potential.[81]

According to Tibebe Terffa, both these cases of art therapy enabled some of the children to find a way out of their difficult former living situations. Using their creative potential made it easier for them to manage their lives than before.

TIBEBE TERFFAS KÜNSTLERISCHES SCHAFFEN SEIT 2003

TIBEBE TERFFA'S ARTWORK SINCE 2003

Wie schon erwähnt, hielt sich Tibebe Terffa in den Jahren nach 2003 öfters für einige Sommermonate in Kanada und in den USA auf. Er nahm aber auch an Gruppenausstellungen in Addis Ababa teil, so zum Beispiel 2007 in der Ausstellung *Zero Gravity* in der LeLa Art Gallery, um nur eine zu nennen.

As mentioned above, Tibebe Terffa has spent several summer months in Canada and the USA, but he has also participated in group exhibitions in Addis Ababa, such as *Zero Gravity* at the LeLa Art Gallery in 2007, to mention only one.

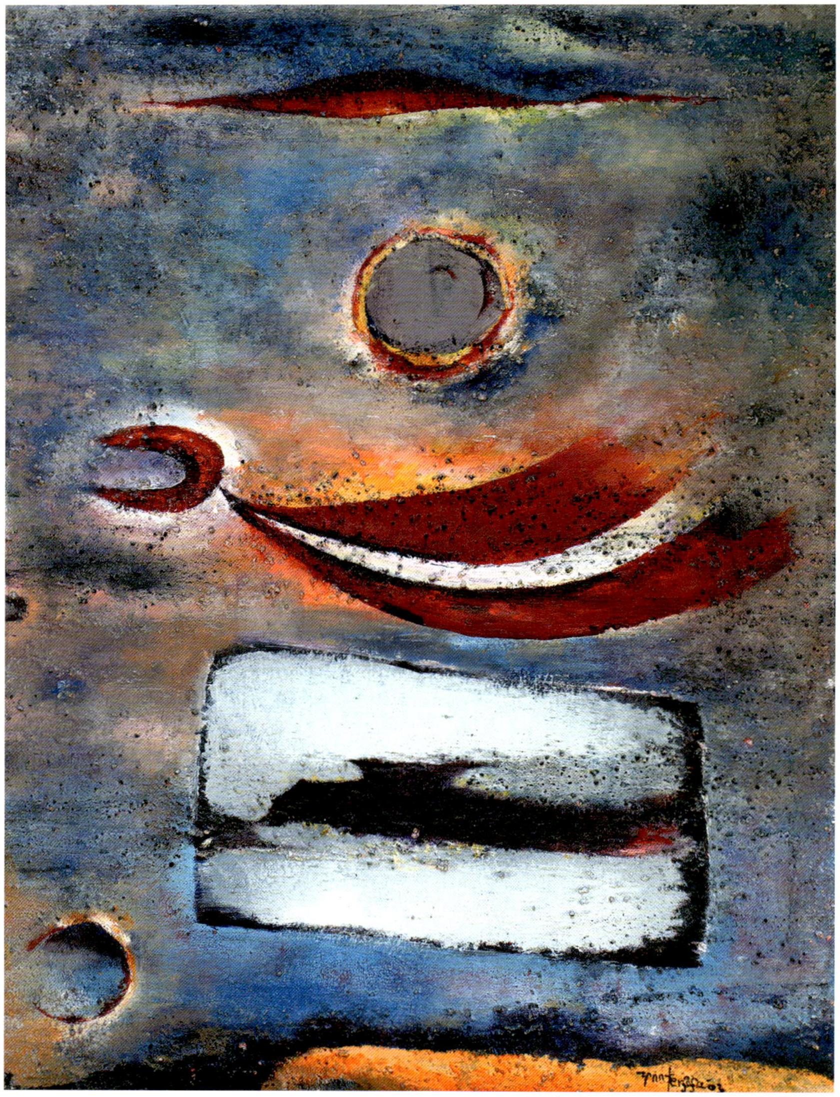

Ohne Titel oder *Null Schwerkraft*
Acryl auf Leinwand, 2003, 80 x 59 cm

Bei diesem Bild ist die raue Textur auffallend. Tibebe liebt diese Rauheit und die fließende Natur aller Objekte. Als er eingeladen wurde, ein Bild in der *Zero Gravity*-Gruppenausstellung zu zeigen, wählte er dieses Bild, das er 2003 gemalt hatte, weil es seiner Meinung nach bestens zum Titel der Ausstellung passte.

Untitled or *Zero Gravity*
Acrylic on canvas, 2003, 80 x 59 cm

In this painting the rough texture is striking. Tibebe likes this roughness and the floating nature of all the objects. When he was invited to present a work at the *Zero Gravity* group exhibition, he selected this painting, which he created in 2003, because in his opinion it fitted well with the exhibition's title.

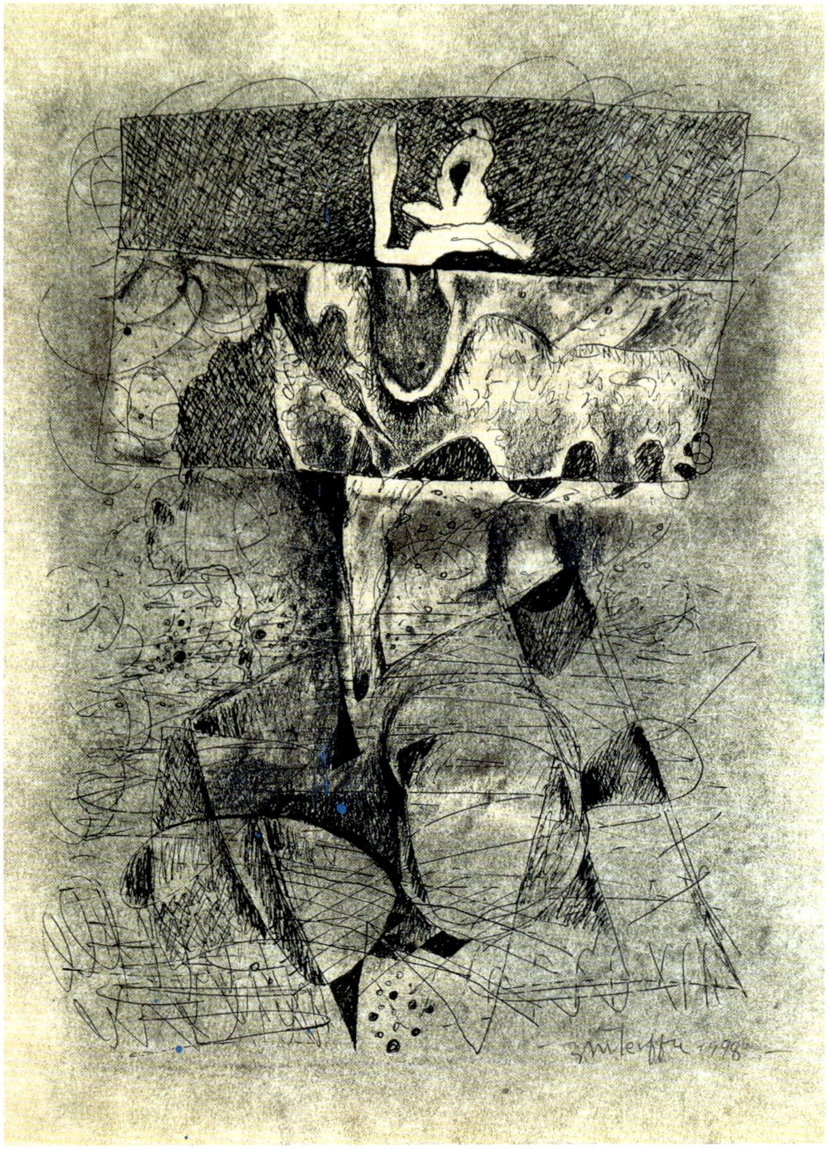

Ohne Titel
Tuschfeder (Pen) auf Papier, 1998, 29,5 x 21 cm

Tibebe erklärt: „Ich träume immer, habe Tagträume und Träume in der Nacht, und ich gebe ihnen eine Form. Es ist wie das Zerschmettern der Töpfe, um den Traum sichtbar zu machen, um das Unbekannte zum Bekannten werden zu lassen."[82]

Untitled
Pen on paper, 1998, 29.5 x 21 cm

Tibebe explains: "I always dream, day dreams, night dreams, and I give form to that. It is like the pot smashing, to make the dream visible to make the unknown known."[82]

Aber selbstverständlich fuhr er fort, seine Kunstwerke in speziellen Einzelausstellungen zu zeigen, so zum Beispiel in der Ausstellung *Dreams, Nightmares and Daydreams* in der Asni Art Gallery, ebenfalls 2007. Die Galerie-Besitzerin Konjit Seyoum schrieb in ihrer Pressemitteilung:

But, of course, he still continues displaying his artworks in special solo exhibitions, for instance the *Dreams, Nightmares and Daydreams* exhibition at the Asni Art Gallery, which was also in 2007. The owner of the gallery, Konjit Seyoum, wrote in her exhibition press release:

„Tibebes ‚Träume, Albträume und Tagträume'-Serien finden sich in seinen Skizzen-Büchern. Seine Illusionen, Halluzinationen und Fantasien sind in kleinen Formaten erfasst auf so flüchtige Art, wie sie auftauchen. [...] Tibebe ist vielseitig in seinem künstlerischen Ausdruck; er bewegt sich hin und her vom Figurativen zum Halbfigurativen bis zu reinen Abstraktionen. Seine letzten großformatigen Leinwand-Bilder reflektieren ebenso seine Stimmung. Seine wunderliche komponierte Melodie der Farben, Formen und Linien lädt den Betrachter ein, mit ihm leibhaftig zu seinen feinsinnigen, nur in der Einbildung vorhandenen Stimmungen zu tanzen."[83]

Eine sehr erfolgreiche Einzelausstellung mit dem Titel *Spirit* fand in der LeLa Art Gallery im Mai 2014 statt. Sie zeigte einen Überblick über die vergangenen 20 Jahre von Tibebes Schaffen; mehr als 50 Bilder waren ausgestellt. Leo Lefort, Kurator der Ausstellung, schreibt in einer Pressemitteilung über seine Zusammenarbeit mit Tibebe Terffa und betont einen aufschlussreichen Punkt:

„Ich kategorisiere Tibebes Bilder nicht; sie können nicht klassifiziert werden mit irgendwelchen existierenden Kategorien. Sein Werk wurzelt in der Gegenwart, ohne Nostalgie für die Vergangenheit. Er entwickelt eine Sprache, die nicht statisch ist, und jedes Bild erzeugt einen neuen Satz im Dialog. Obwohl er oft ein abstraktes Vokabular benutzt, ist es notwendig, die menschlichen Gefühle nicht zu vergessen, die ein Bild braucht."[84]

Das nebenstehende Bild war das einzige, das während der *Spirit*-Ausstellung keinen Käufer fand; Tibebe zeigte es auch in seiner *Offenes Atelier*-Ausstellung am 23. Mai 2015.

Ähnlich wie bei der *Spirit*-Ausstellung sind die Verkäufe in Tibebes Ausstellungen in Addis Ababa immer ermutigend. Für viele junge Künstler hingegen ist gemäß Tibebe der Verkauf ihrer Werke in Addis Ababa keine leichte Sache.[85]

"Tibebe's *Dreams, Nightmares and Daydreams* series derive from his sketchbooks. His illusions, hallucinations and fantasies are captured in small formats as swiftly as they occur. [...] Tibebe is versatile in his artistic expressions. He moves back and forth from figurative to semi-figurative and to pure abstractions. His latest big format canvas works once again reflect his moods. His whimsically composed melody of colours, forms and lines invite the viewer to dance with him visually to his subtle imaginary tunes."[83]

A very successful solo exhibition called *Spirit* took place at the LeLa Art Gallery in May 2014 and gave an overview of the previous twenty years of Tibebe's creativity, displaying more than 50 artworks. Writing about his work with Tibebe, Leo Lefort, the curator of the exhibition, stressed an interesting point:

"I do not categorise Tibebe Terffa's paintings; they cannot be classified in any pre-existing category. His work is of today, without any nostalgia for the past. He is elaborating a language that is not static, and each painting brings forward another phrase to the dialogue. As he often uses an abstract vocabulary, it is necessary not to forget the human emotions that a painting needs."[84]

The painting on the opposite page is the last he still has from his *Spirit* exhibition, and he also exhibited it in his *Open Studio* exhibition on 23 May 2015.

Just like at the *Spirit* exhibition, sales from Tibebe's exhibitions in Addis Ababa are always encouraging. However, many young artists find it difficult to sell their works in Addis Ababa, according to Tibebe.[85]

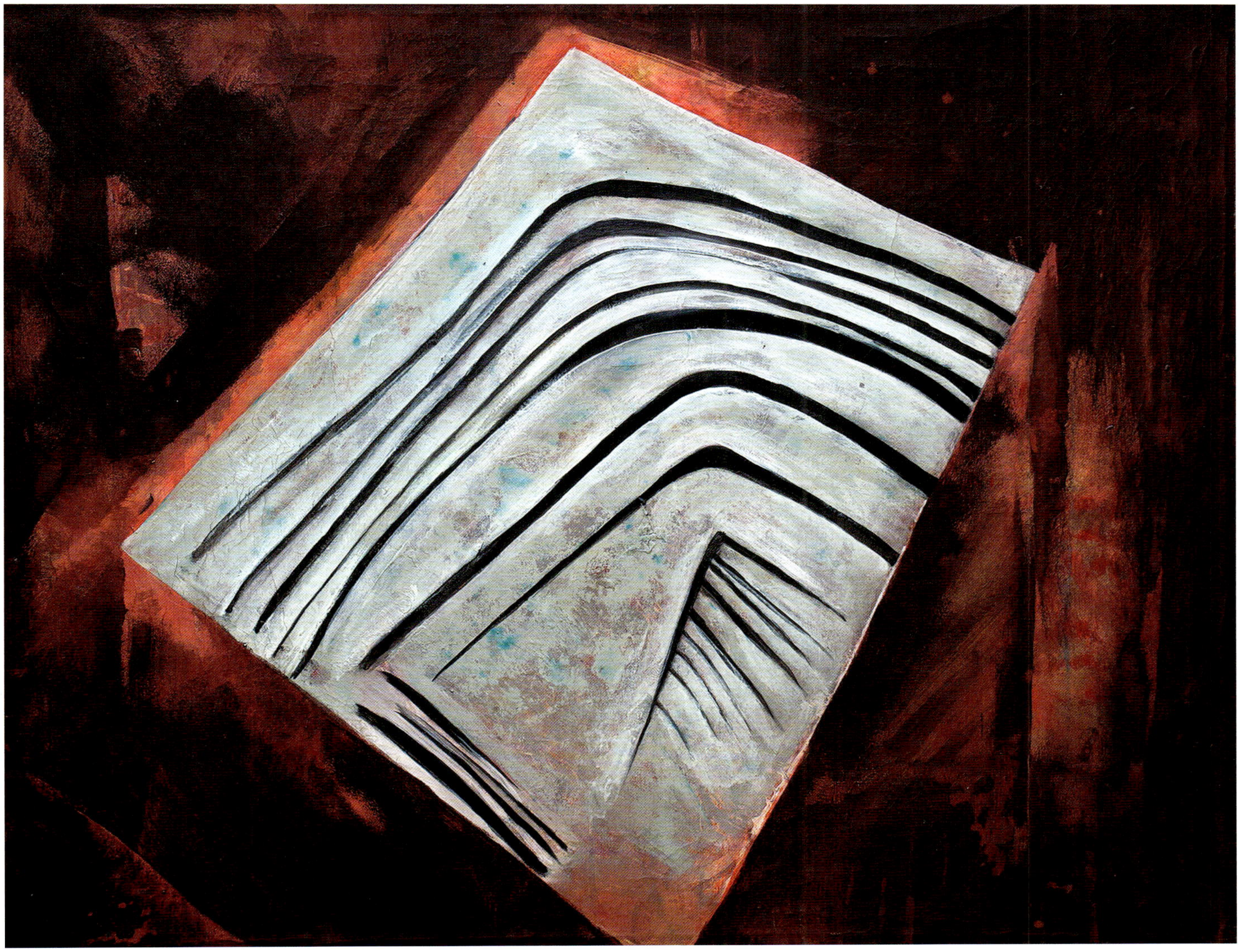

Ohne Titel
Acryl auf Leinwand, 2014, 80 x 100 cm

Tibebe kommentierte: „Ich sehe etwas Quadratisches in einer rechteckigen Form mit Linien darin. Es ist eine Art Welle, von Linien angedeutet. Die Linien verlaufen nicht in eine Richtung, nein, sie beugen sich und drehen in eine andere Richtung. [...] Und wenn du auf den Hintergrund und den Vordergrund achtest, dann erkennst du, wie sie sich beide ergänzen. Der Hintergrund zeigt Erdfarben. Was hier zählt, sind die Linien und Formen, die eine Bewegung erzeugen."[86]

Untitled
Acrylic on canvas, 2014, 80 x 100 cm

Tibebe commented: "I see a square kind of rectangular shape in the middle with lines inside. There is a kind of wave suggested by lines. The lines don't go in one direction but they bend and turn to another direction. [...] And when you see the background and the foreground, they really complement each other. The background shows earth colours. What matters here are lines and forms creating a movement."[86]

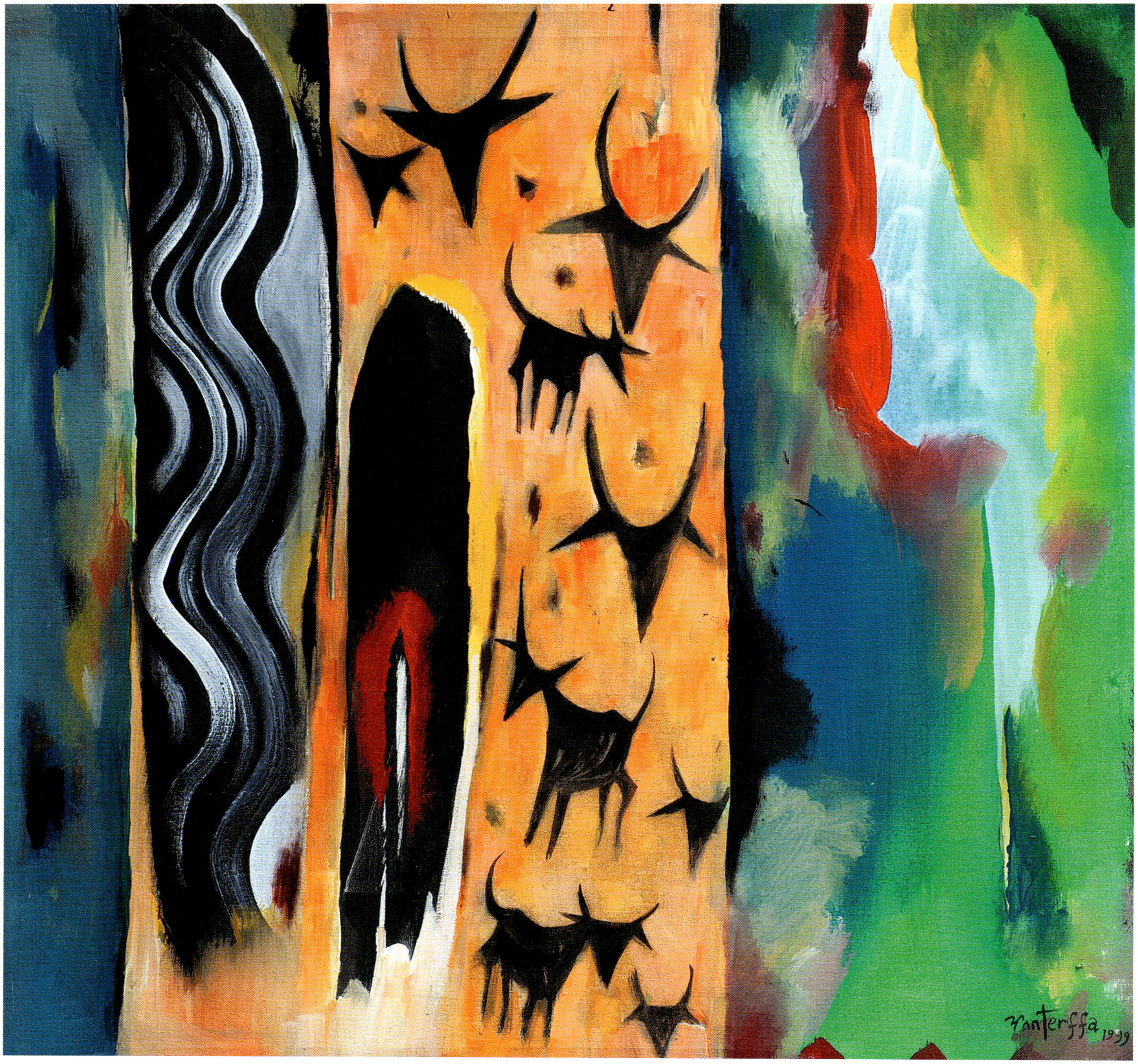

Ohne Titel
Acryl auf Leinwand, 1999, 55,7 x 58 cm

Das Bild erinnerte E. B. an Höhlenmalereien, und so fragte sie Tibebe, ob er solche Höhlenmalereien in Äthiopien kenne. Er antwortete: „Ja, es gibt einige Orte, zum Beispiel bei Dire Dawa, aber ich habe sie selber nicht gesehen. Es gibt einige Informationen über die verschiedenen Höhlen bei Dire Dawa."[87]

Untitled
Acrylic on canvas, 1999, 55.7 x 58 cm

Looking at this painting reminded E. B. of cave paintings, and she asked Tibebe if he knows such cave paintings in Ethiopia. He answered: "Yes, there are few places, for example in Dire Dawa, but I haven't seen them. There is a lot of information about several caves in Dire Dawa."[87]

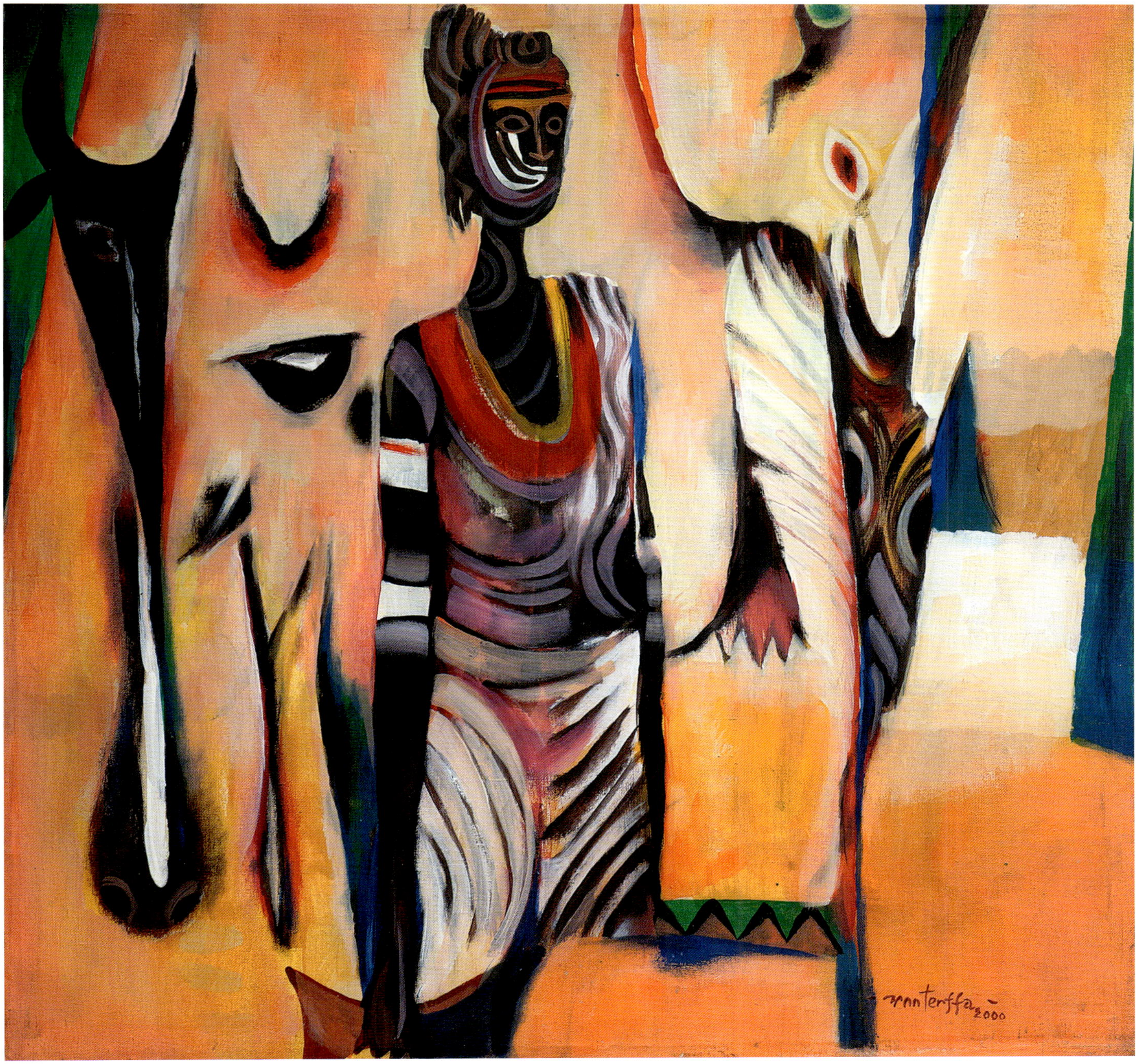

Ohne Titel
Acryl auf Leinwand, 2000, 55 x 57 cm

Untitled
Acrylic on canvas, 2000, 55 x 57 cm

Tibebe erklärte: „Einmal hatten wir ein Projekt mit dem Goethe-Institut über Körperbemalung. Zu diesem Zwecke mussten wir in den Süden nach Omo reisen. Im südlichen Omo-Gebiet pflegen die Leute ihren Körper während rituellen Zeremonien zu bemalen. Diese ganz andere Welt inspirierte mich."[88]

Tibebe explained: "Once we had a project with the Goethe-Institut about body painting. For that reason we had to go to Omo in the south, because in southern Omo people used to paint their bodies during their ritual ceremonies. So I was inspired by this kind of world."[88]

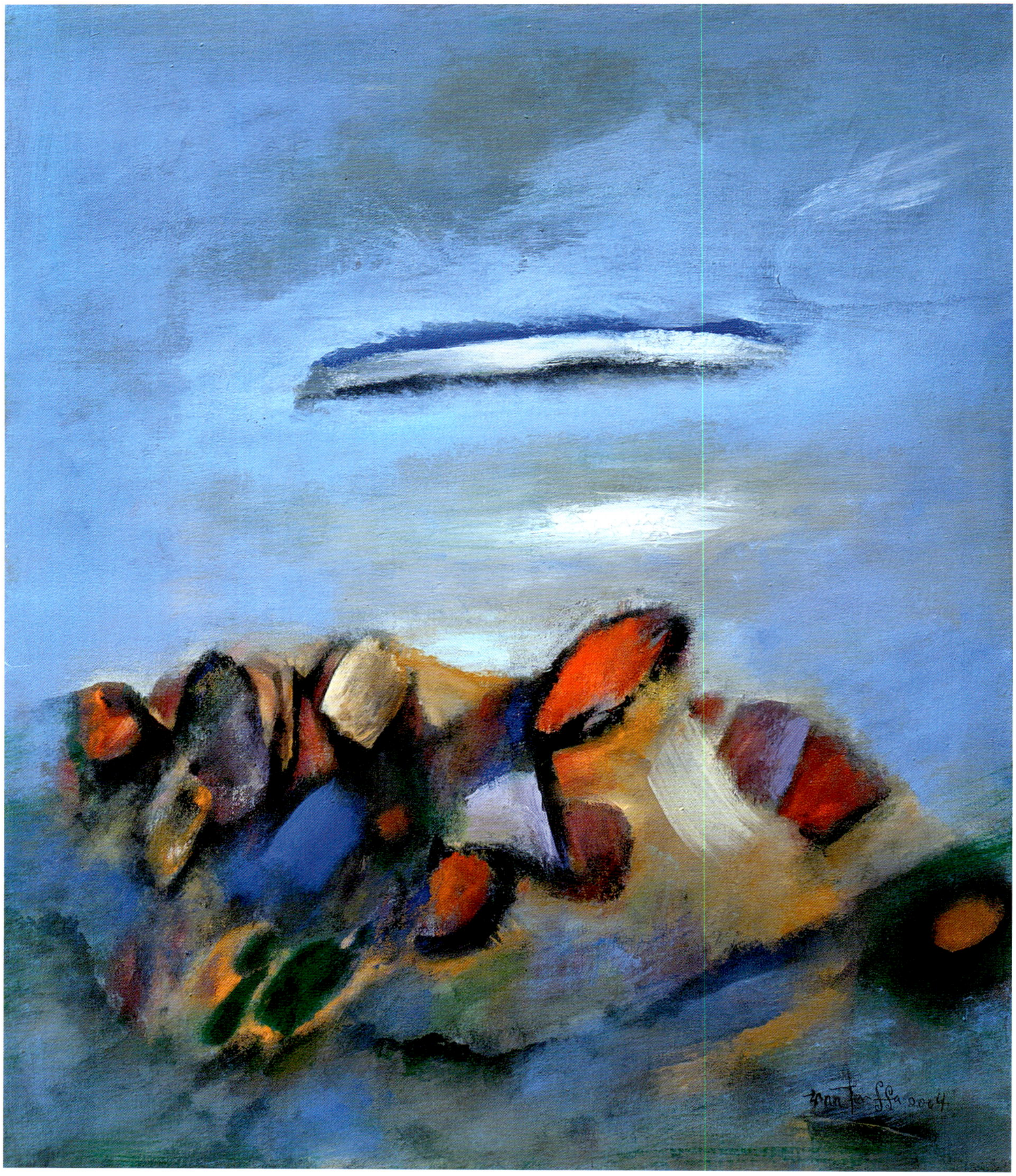

Ohne Titel
Acryl auf Leinwand, 2004, 60 x 50 cm

Tibebe philosophierte: „Wir sehen die Natur die ganze Zeit und wir sind von der Natur stark betroffen. Die Natur gibt uns ihre eigenen Formen. Das kann ein Stein sein oder ein besonderer Fels oder sogar die Form einer Wolke."[89]

Untitled
Acrylic on canvas, 2004, 60 x 50 cm

Tibebe philosophised: "We see nature all the time, and we are very much affected by nature. Nature gives us its own forms. It could be a stone or a different kind of rock, or even the shape of a cloud."[89]

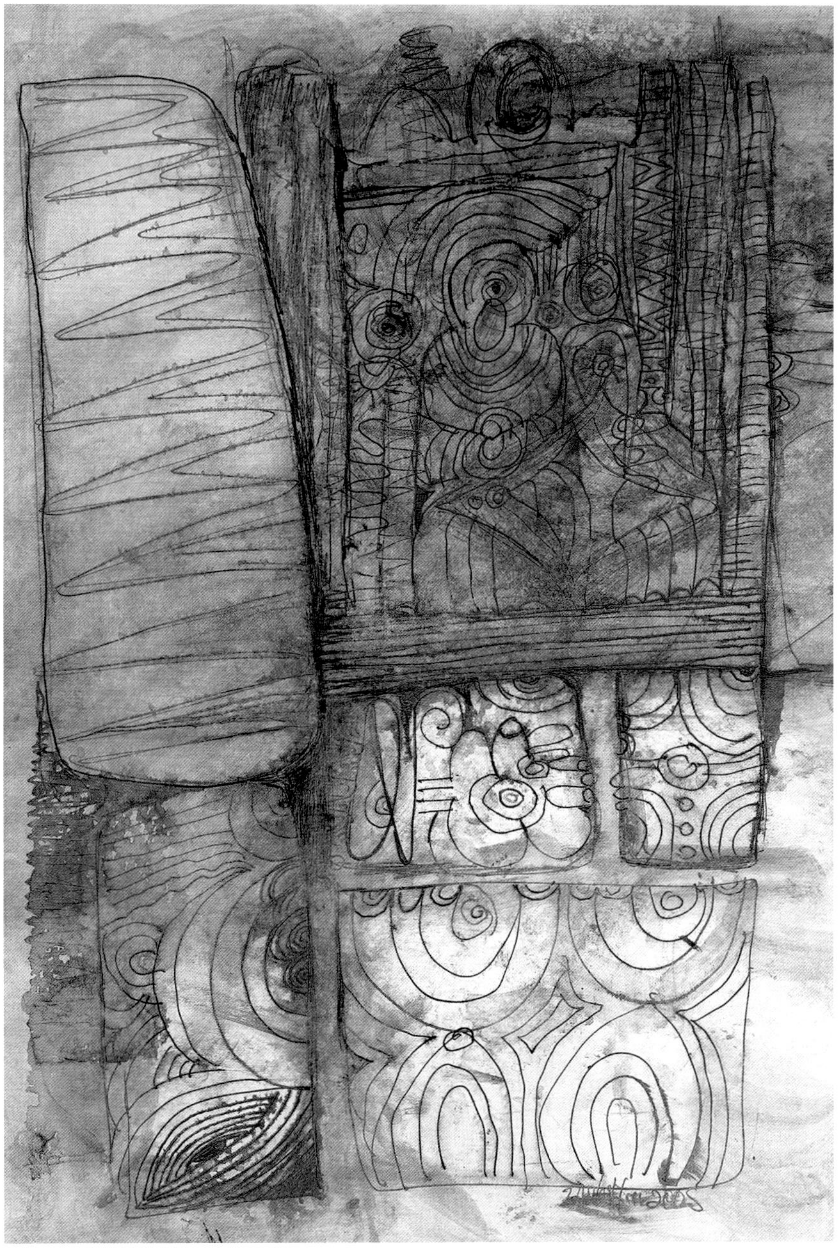

Ohne Titel
Filzstift auf Halb-Karton, 2005, 37 x 24,3 cm

Untitled
Felt pen on thin board, 2005, 37 x 24.3 cm

E. B. im Dialog mit Tibebe: „Das Bild erinnert mich ein wenig an eine traditionelle Darstellung der Maria mit Kind, auf einem Thron sitzend, aber ich sehe das Bild innerhalb eines größeren Bildes." Tibebe: „Ich sehe dasselbe. Es sieht aus wie Kirchenmalereien, Heilige, Engel, Maria." E. B.: „Du hast eine ganze Geschichte entworfen." Tibebe: „Ja, und du bekommst erstaunliche Geschichten über deine eigenen Bilder zu hören, das heißt aber auch, das Bild erzeugt Wirkung und es hat Kraft und Energie, sodass man über das Bild zu reden beginnt."[90]

E. B. in dialogue with Tibebe: "It reminds me a little bit of a traditional Saint Mary with the child sitting on a throne, but I see a painting in the bigger painting." Tibebe: "I see the same thing. It looks like paintings in churches, Saints, Angels, Mary." E. B.: "You create a whole story." Tibebe: "Yes, and there are amazing parts when you hear a story about your own painting, and it means the painting is working, it has the power to inspire somebody to talk about it."[90]

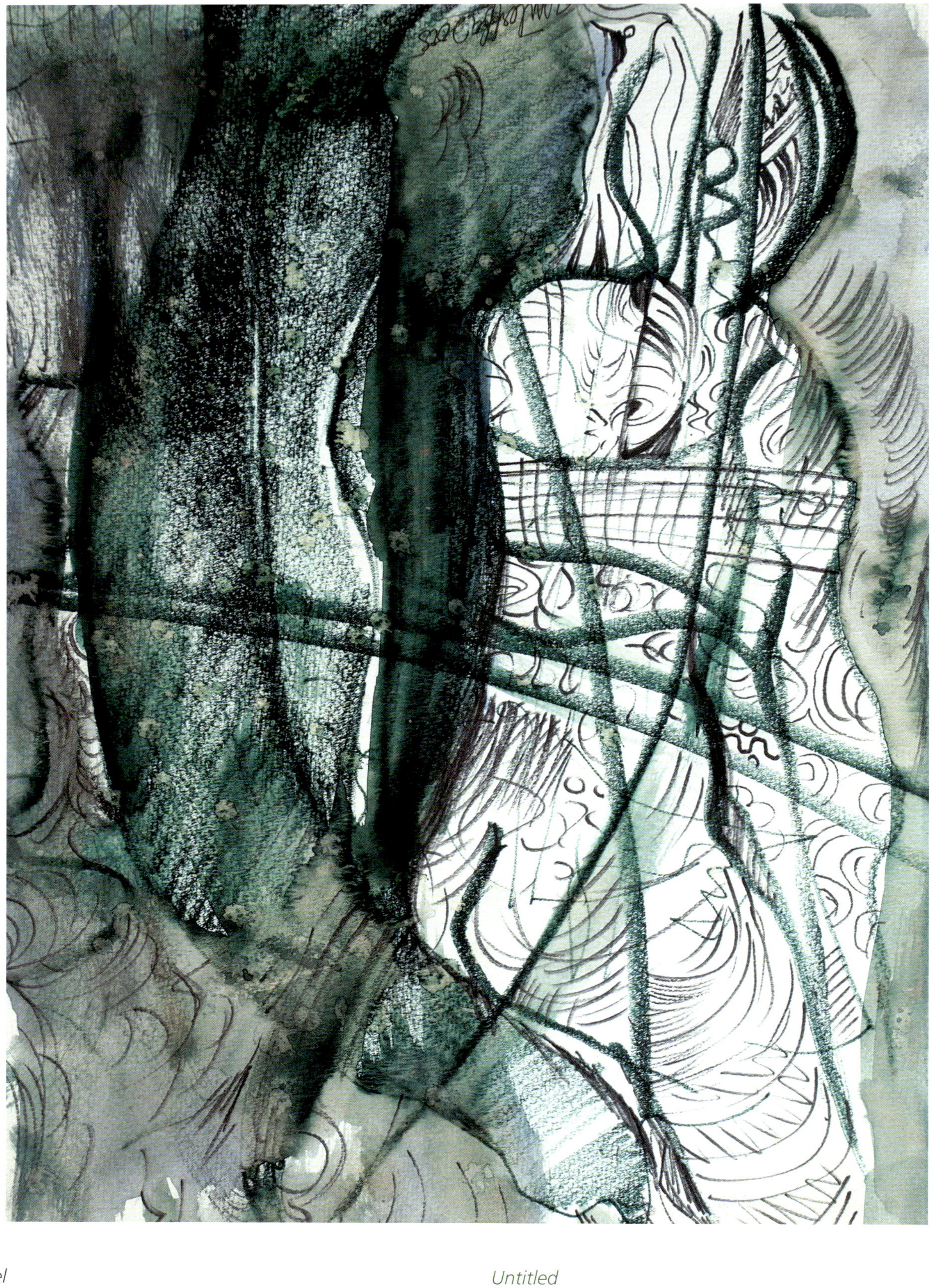

Ohne Titel
Mischtechnik: Wasserfarben und Zeichenstifte, 2005,
38,5 x 28,5 cm

Untitled
Mixed technique: watercolour and drawing pencil, 2005,
38.5 x 28.5 cm

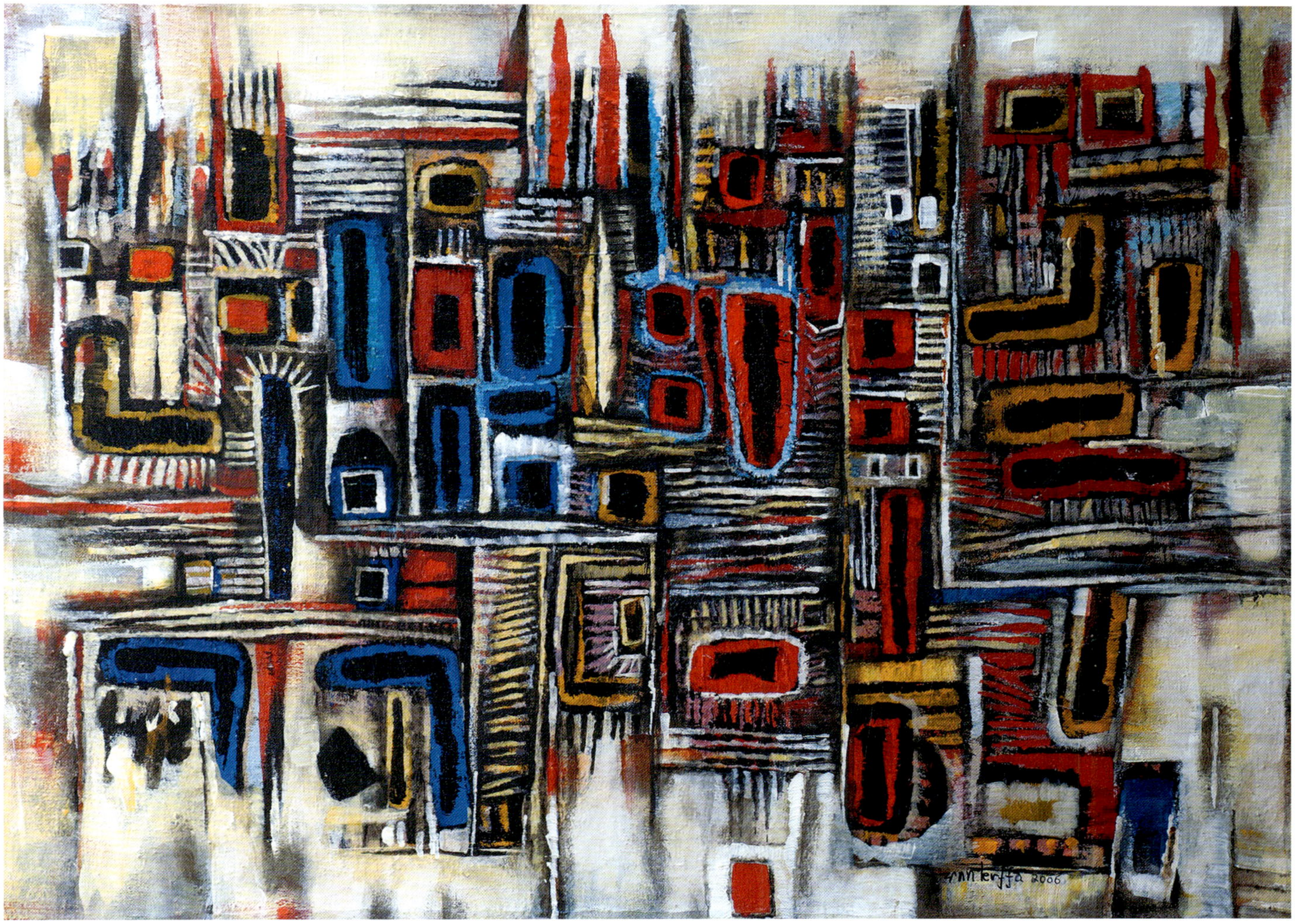

Ohne Titel
Acryl auf Leinwand, 2006, 60 x 80 cm

Tibebe: „Es gibt kein Geheimnis in diesem Bild. Ich versteckte gar nichts darin. Denn ich bin wie jeder Betrachter, ich fühle nicht wie ein Maler, sondern wie eine fremde Person, die das Bild betrachtet. Manchmal ist es gut, nicht wie ein Maler zu fühlen, weil ich im Moment kein Maler bin. Aber natürlich gehört das Bild zu mir, ich habe es geschaffen. Wenn ich jedoch irgendeine Geschichte im Bild suche, ist dies verschwendete Zeit. Fühlen ist weit besser; durchs Fühlen lerne ich mehr über mich selbst."[91]

Untitled
Acrylic on canvas, 2006, 60 x 80 cm

Tibebe: "There is no secret in the painting. I didn't hide anything. Because I am like any spectator. I don't feel like a painter, you see. I feel like a stranger who is looking at the painting. It is sometimes good not to feel like a painter, because I am not a painter now. But the painting there belongs to me, it is me who did that. But if I try to find some stories in the painting, it is just wasting my time. But feeling is better. Through feeling I get some knowledge about myself."[91]

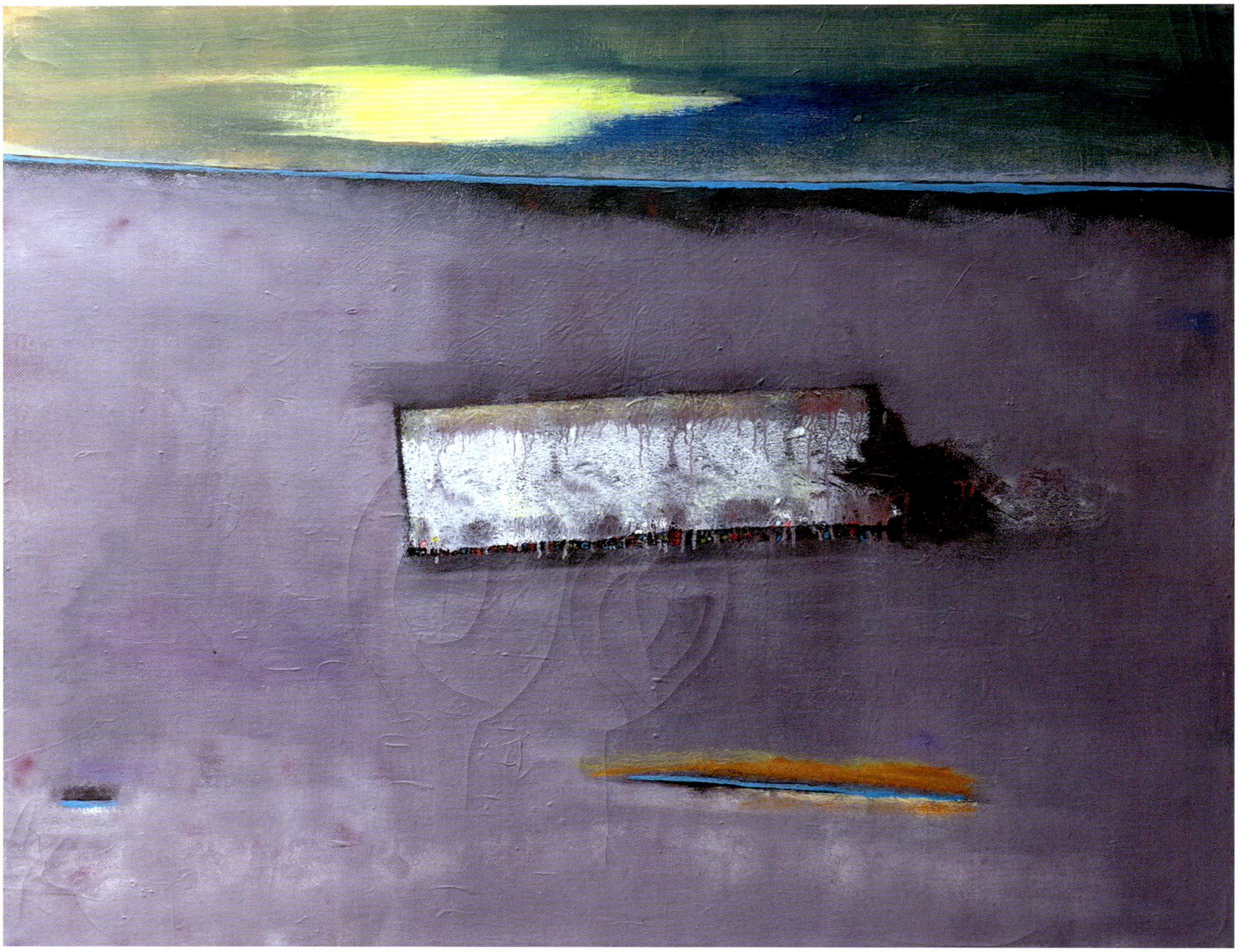

Ohne Titel
Acryl auf Leinwand, 2010, 60 x 50 cm

Das Gemälde weckt die Deutung, man sehe einen Sonnenuntergang an der Küste mit Strandgut im Sand.

Untitled
Acrylic on canvas, 2010, 60 x 50 cm

The painting evokes the interpretation of a sunset at a beach with wrecks on the sand.

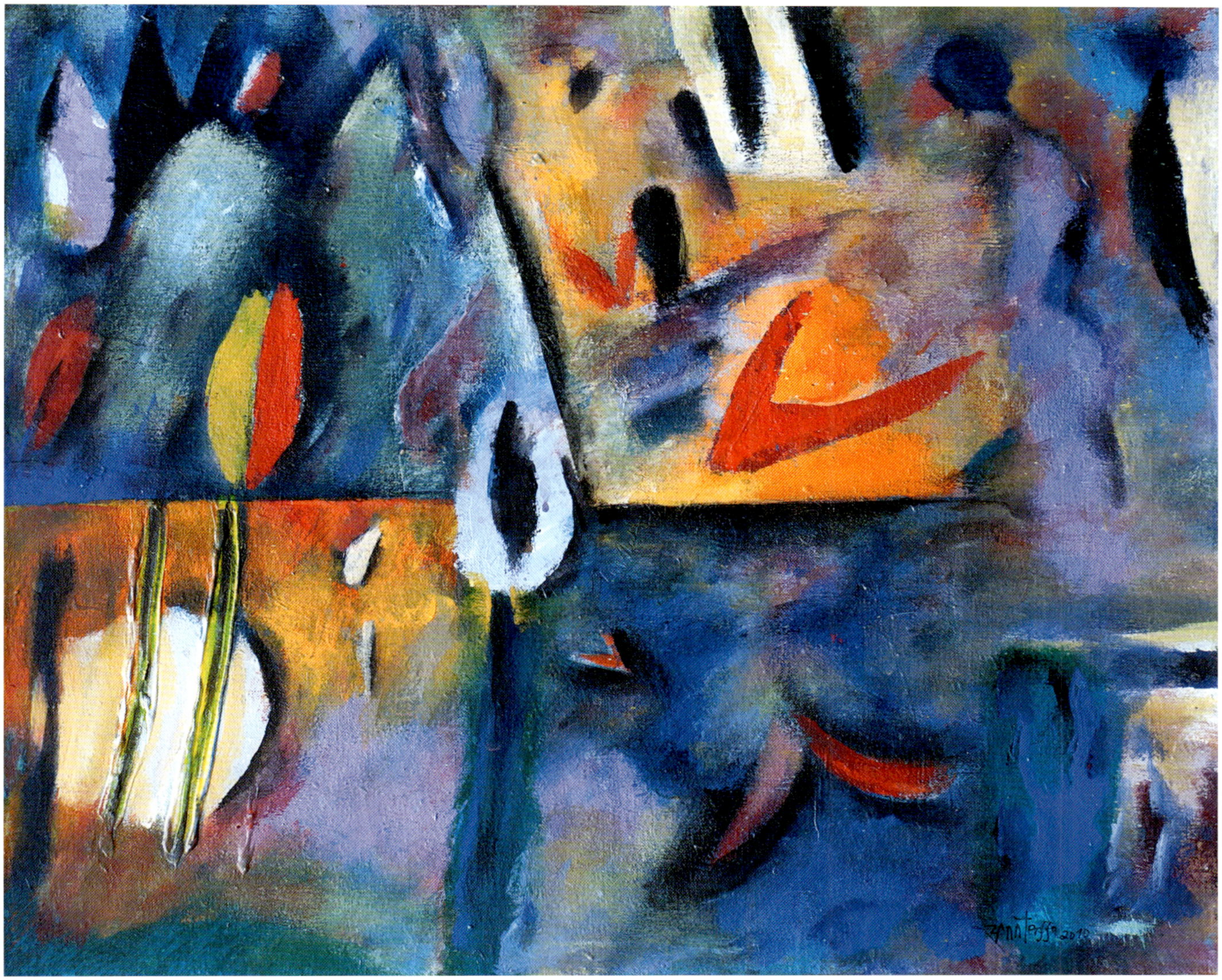

Ohne Titel
Acryl auf Leinwand, 2010, 50 x 60 cm

Untitled
Acrylic on canvas, 2010, 50 x 60 cm

Tibebe erklärte: „Die Figuren sind wohl eine Kombination von Farben, und jede Farbe kreiert eine Stimmung. Ich verbringe den Morgen meistens in meinem Garten und sehe all meine Blumen, und dann erscheinen mir Dinge im Kopf wie diese auf dem Bild."[92]

Tibebe explained: "The figures might be a combination of colours and a colour creates atmosphere there and, as I mostly spend my morning time in my garden, I see all the flowers and I think of things like that."[92]

‚OFFENES ATELIER'

'OPEN STUDIO'

Eine spezielle Form von Einzelausstellungen ist das *Offene Atelier*. Tibebe begann schon 2006 mit dieser Ausstellungsart in seinem Haus in Addis Ababa. Er wiederholte sie dreimal, 2008, 2009 und 2015. Er sandte uns Fotos von seiner letzten *Open Studio*-Ausstellung am 23. Mai 2015:

Ausgestellt waren unter anderen folgende Bilder:

One specific form of solo exhibition is the *Open Studio*. Tibebe started doing this kind of exhibition as far back as 2006 at his house in Addis Ababa, and has repeated this three times, in 2008, 2009 and 2015. He sent us some photos of the *Open Studio* at his house on 23 May 2015:

Some of the paintings on display were:

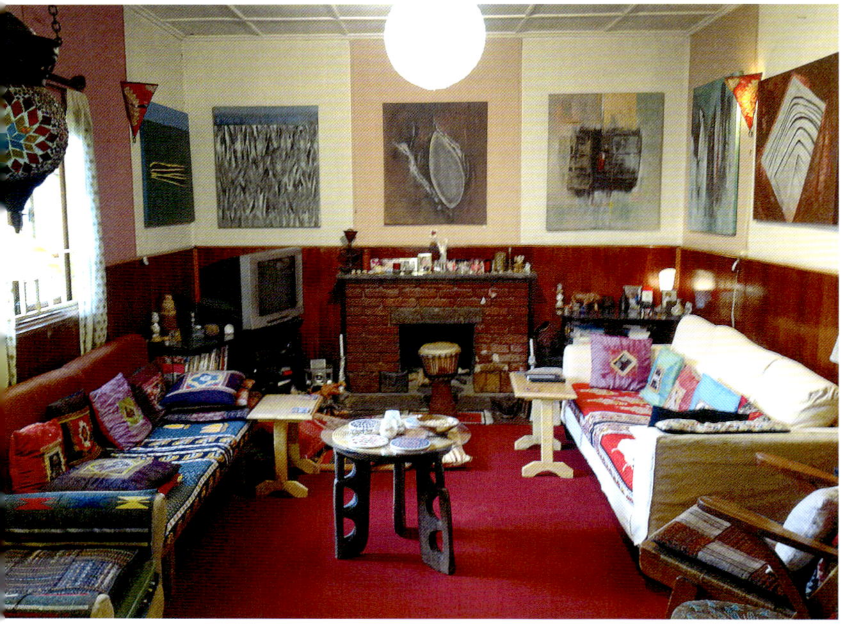

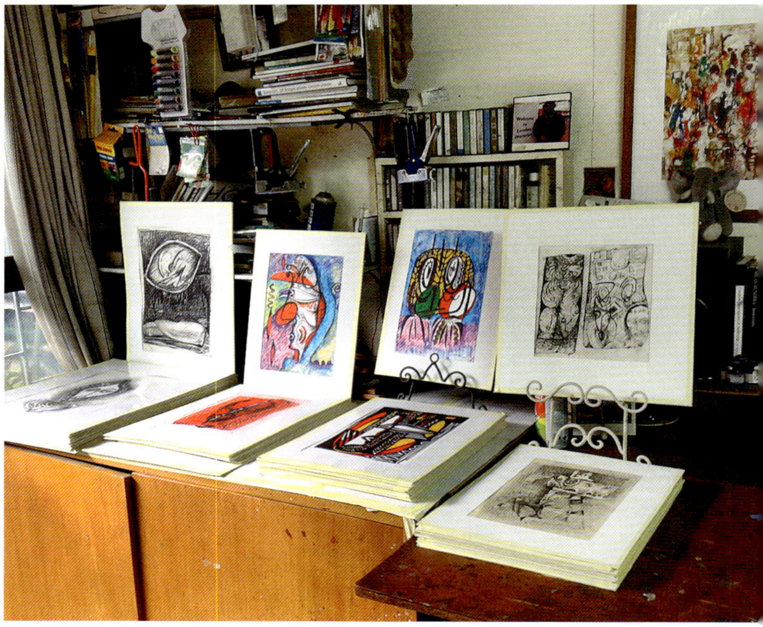

‚Offenes Atelier' am 23. Mai 2015
Tibebes Wohnzimmer (links) und Atelier (rechts)
Fotos: Tibebe Terffa

'Open Studio' on 23 May 2015
Tibebe's living room (left) and studio (right)
Photos: Tibebe Terffa

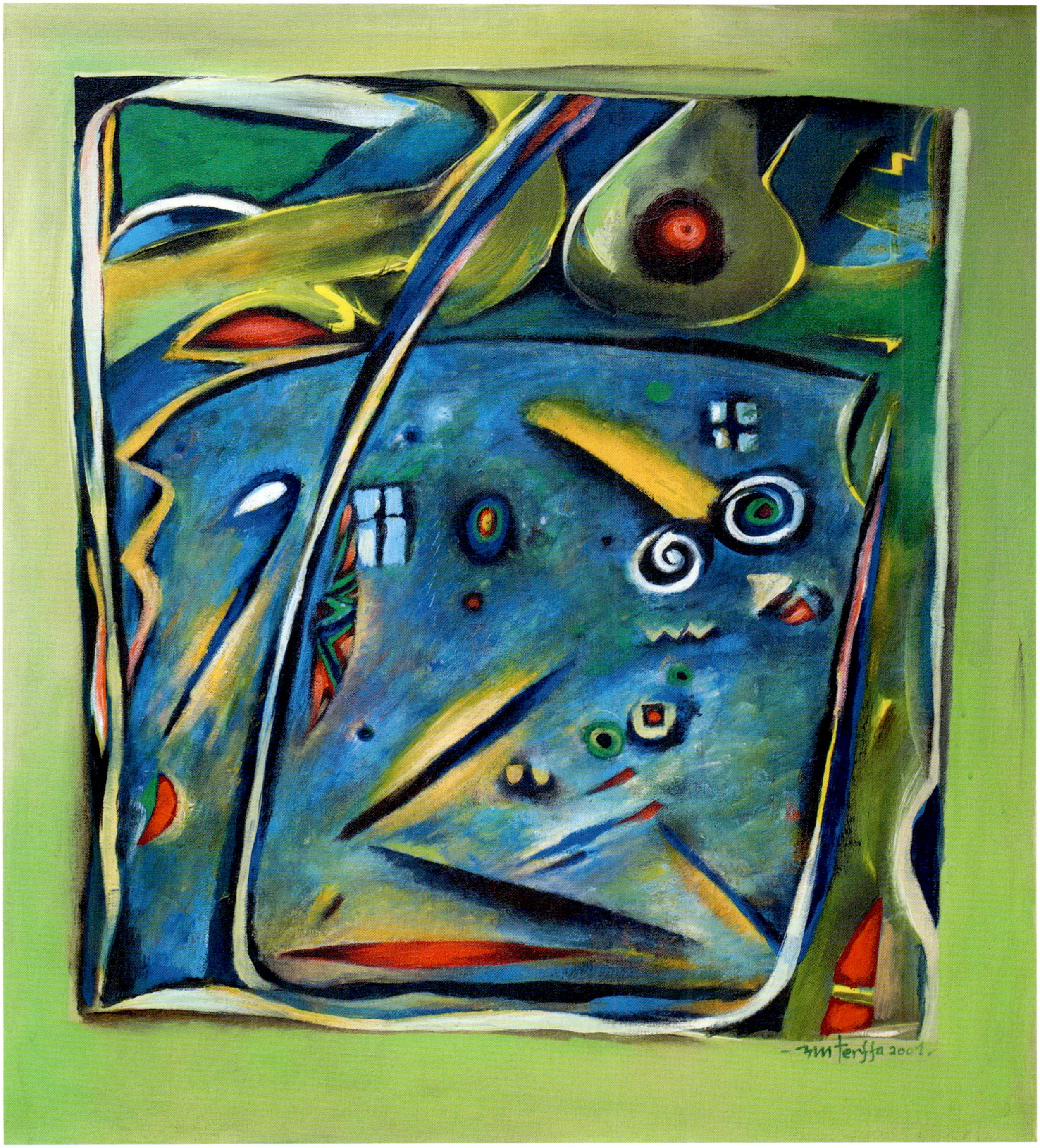

Ohne Titel
Acryl auf Leinwand, 2001, 80 x 70 cm

Tibebe meinte dazu: „Alle Formen spielen zusammen. Jedes kleine symbolische Ding muss am richtigen Ort und zur richtigen Zeit platziert werden, und es muss im Gleichgewicht zu andern Dingen sein. […] Die Formen entstanden vermutlich zufälligerweise, aber sie harmonieren mit andern Dingen."[93]

Untitled
Acrylic on canvas, 2001, 80 x 70 cm

Tibebe's comment: "All the forms are playing together. Every little symbolic thing must be put in the right space at the right time and balanced with other things […] The forms probably came by accident, but they fit together in harmony with the other things."[93]

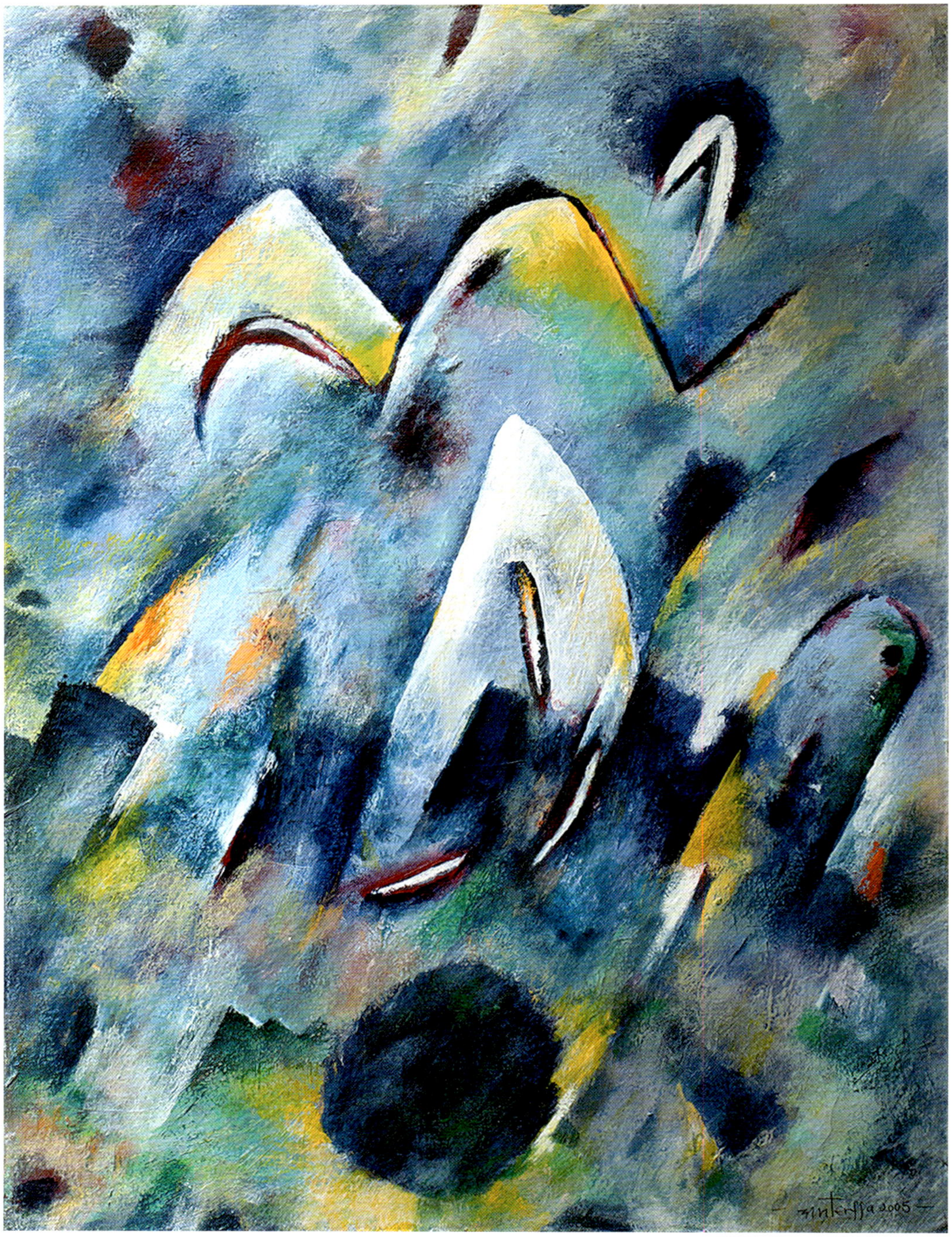

Ohne Titel
Acryl auf Leinwand, 2005, 80 x 59,5 cm

Untitled
Acrylic on canvas, 2005, 80 x 59.5 cm

Tibebe erwähnte, dass er dieses Bild während den Parlamentswahlen 2005 gemalt habe; es sei eine sehr turbulente und gefährliche Zeit in Äthiopien gewesen, was die Haie symbolisieren sollten.[94]

Tibebe mentioned that he had painted this work during the national election in 2005, a very turbulent and dangerous time in Ethiopia, as the sharks symbolise.[94]

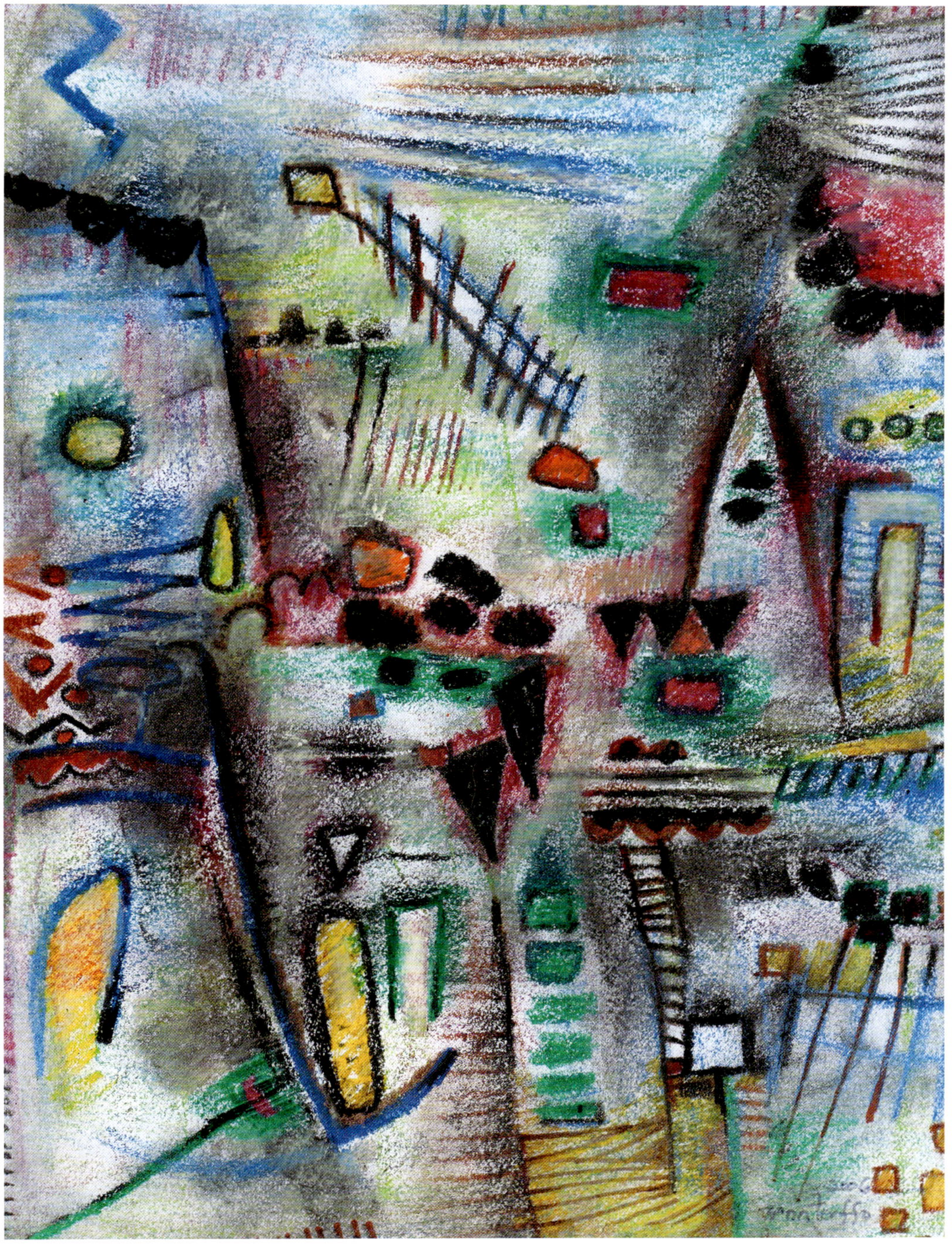

Ohne Titel
Pastellstifte und Malkreide auf Papier, 2006, 33 x 24,5 cm

Untitled
Pastel and crayon on paper, 2006, 33 x 24.5 cm

Als wir Tibebe sagten, wir sähen eine Stadt, kommentierte er dies wie folgt: „Alles ist imaginär, es ist eine separate Welt ohne Perspektive, alles ist flach. […] Du kannst viele Dinge sehen, eines nach dem andern, ein Tor, einen Zaun, eine Farm. Es zeigt vertraute Dinge, und du kannst sie kombinieren und daraus Geschichten kreieren."[95]

When we told Tibebe that we see a city here, he commented: "Everything is imaginary, it's a separate world without perspective, everything is flat. […] You can see a lot of things, one after the other, a gate, a fence, a farmer's place. It shows familiar things and you can combine and create some stories."[95]

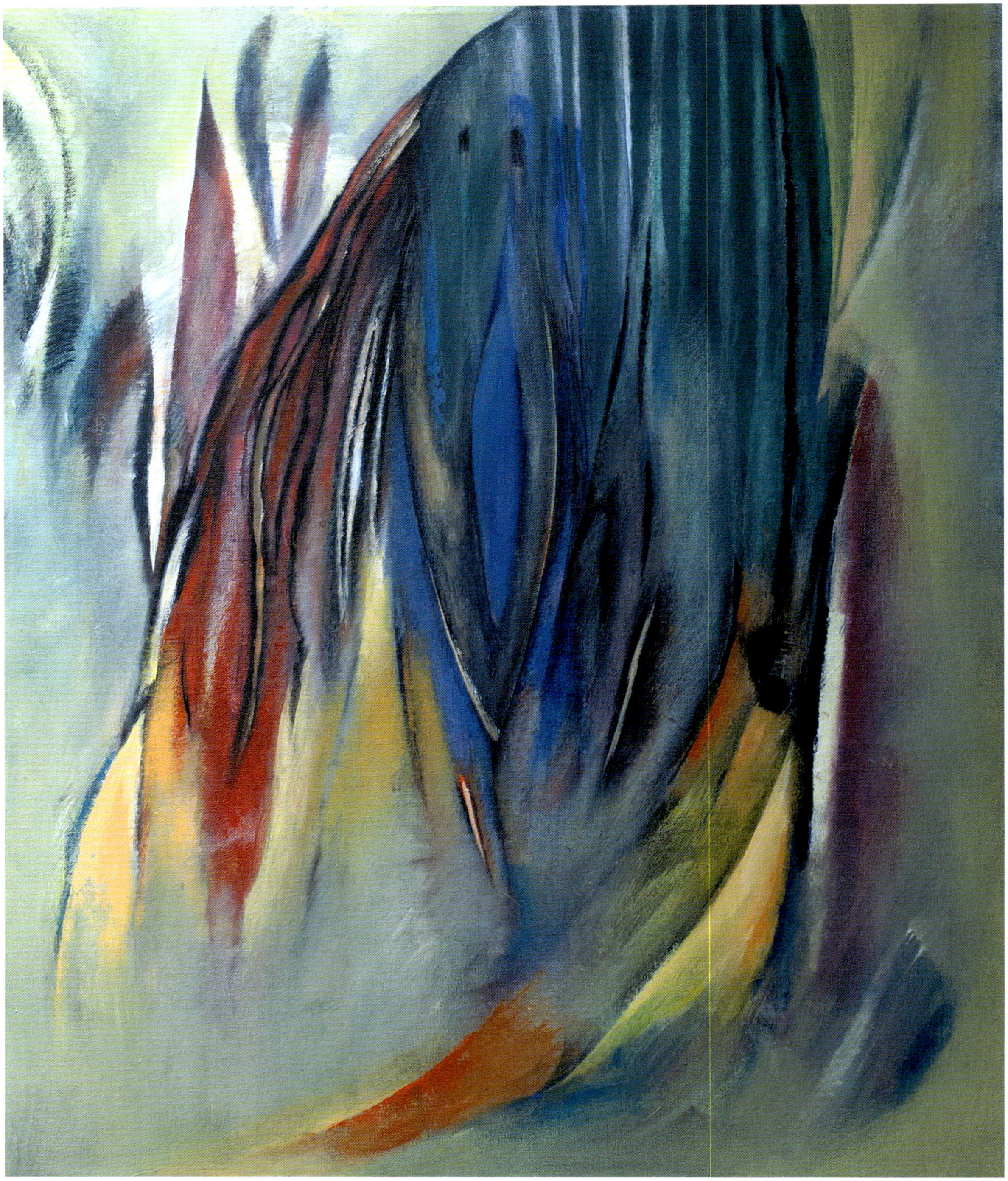

Ohne Titel
Acryl auf Leinwand, 2015, 90 x 74,5 cm

Unser Dialog kreiste um verschiedene Interpretationen, wie zum Beispiel man sehe eine Pflanze, eine Pflanze mit Dornen wie eine Rose oder farbenfrohe Flammen oder Vogelfedern.[96]

Untitled
Acrylic on canvas, 2015, 90 x 74.5 cm

Our dialogue circled around interpretations of something like a plant, a plant with thorns like a rose, colourful flames, or bird's feathers.[96]

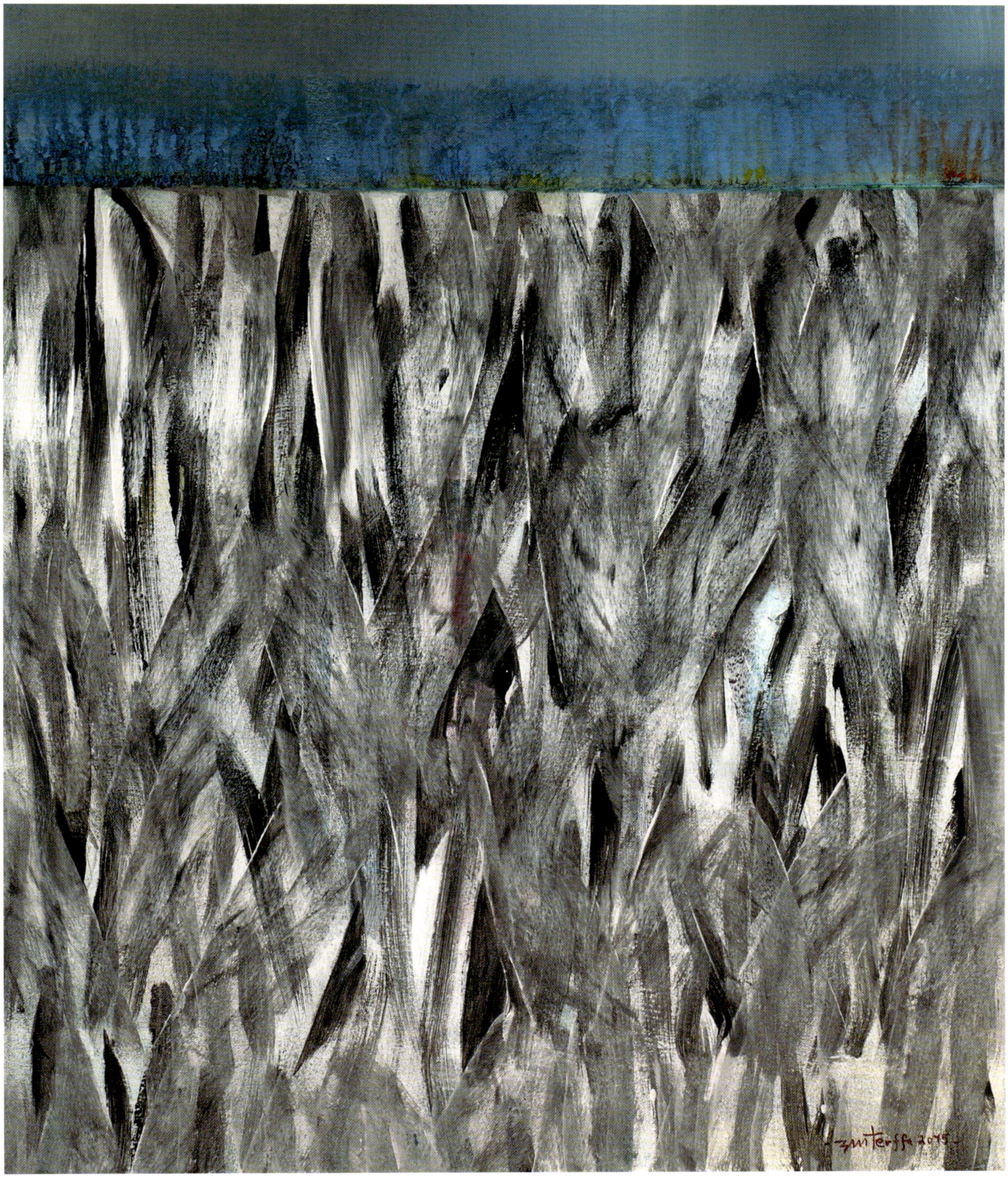

Ohne Titel
Acryl auf Leinwand, 2015, 90 x 75 cm

Tibebe meinte zum Bild: „Du kannst Blätter sehen. Diese Formen zusammen mit dem klaren Horizont geben dir ein sehr starkes Gefühl. […] Ich kann Energie fühlen, Stärke und Kraft, wegen der speerspitzigen Formen. […] Du kannst auch Federn sehen, die vom Himmel fallen."[97]

Untitled
Acrylic on canvas, 2015, 90 x 75 cm

Tibebe commented: "You can see leaves. The shapes together with the very definite horizon give you a very strong feeling. […] I can feel energy, strength and power because of the spearheaded shapes. […] You can also see feathers just dripping down from the sky."[97]

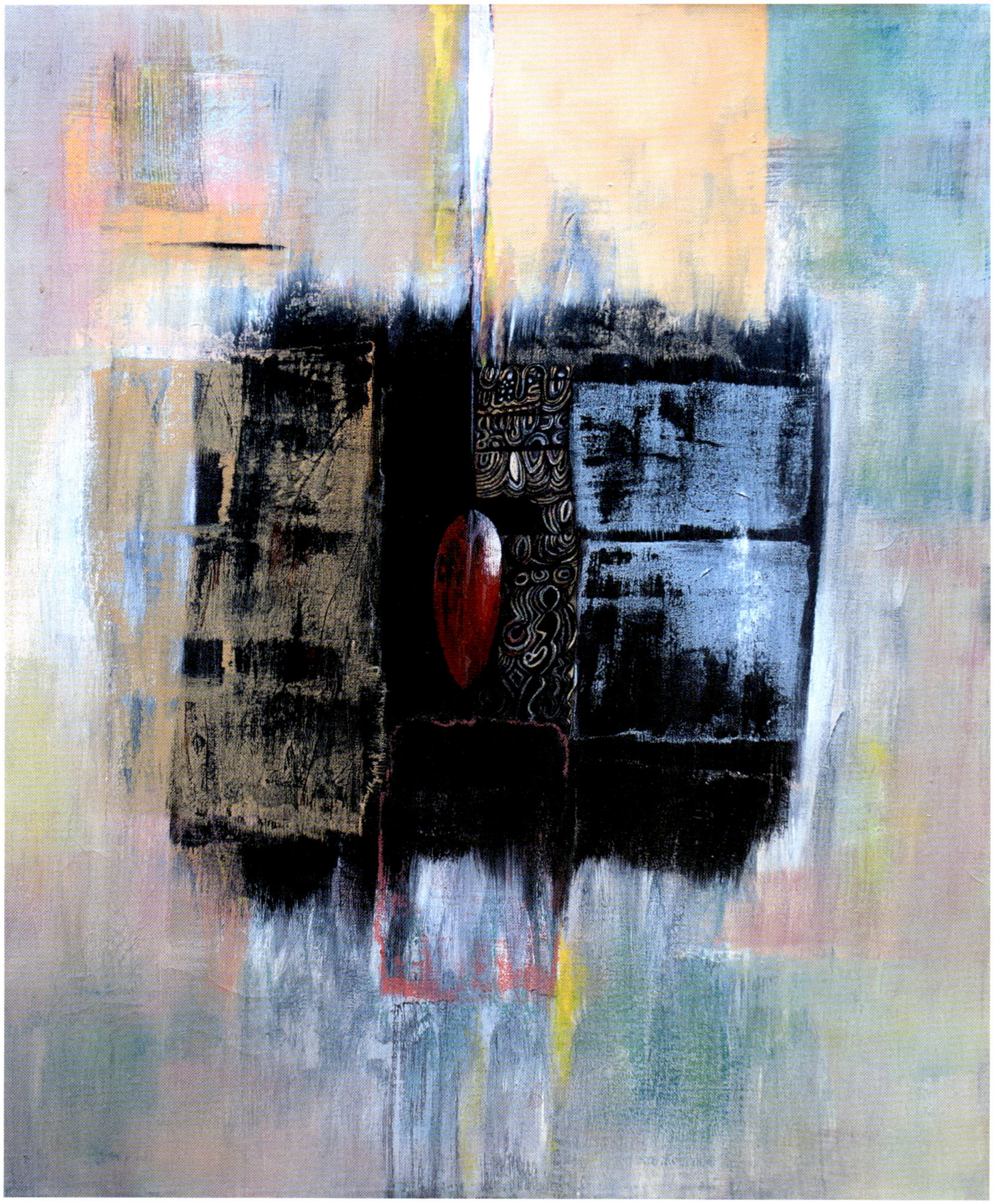

Ohne Titel
Acryl auf Leinwand, 2015, 100 x 80 cm

Tibebe äußerte sich zu diesem sehr abstrakten Bild: „Ich schaffe Bilder, und dieses Bild kann irgendwas irgendwem erzählen, wenn er sich wirklich damit auseinandersetzt. Es hängt vom Betrachter ab, von seinen visuellen Erfahrungen. […] Es ermöglicht, Geschichten zu erzählen. Es macht einen glücklich. Ich bin verantwortlich dafür, im Bild ein Gleichgewicht beizubehalten. Das Bild scheint komplett zu sein, und es teilt mir mit, dass es nun fertig sei."[98]

Untitled
Acrylic on canvas, 2015, 100 x 80 cm

Tibebe commented on this abstract painting: "I create paintings, and this painting may say anything to anyone who really confronts it. It depends on the viewers, the viewers' visual experience. […] It will make them able to create stories. It makes them feel happy. I am responsible for controlling the balance of the painting. The work seems complete and it tells me it is already done."[98]

DAS WESEN DER MEDITATION

„Obwohl er oft im Zentrum von Kontroversen stand, bevorzugt Tibebe eine ruhige, meditative Umgebung um zu malen. Er ist an Philosophie, Zen-Buddhismus und andern religiösen Ausdrucksformen interessiert, und er beschreibt sich selbst als eine religiöse Person, für die der Prozess spiritueller Entdeckung und spirituellen Wachsens von größter Wichtigkeit ist" – so Rebecca Martin Nagy in ihrem Ausstellungskatalog 2007.[99]

Als wir Tibebe über den Einfluss des Buddhismus auf sein schöpferisches Schaffen befragten, erinnerte er uns daran, dass er in einem Ausstellungssaal des Völkerkundemuseums der Universität Zürich einige tibetische Mönche beobachtet habe, wie sie farbigen Sand auf eine Plattform streuten, um ein Kalachakra-Mandala zu schaffen. Nachdem das Mandala vollendet war, zerstörten die Mönche es, wischten den Sand zusammen und schütteten ihn zeremoniell in einen nahen Fluss.

„Das hat mich beeindruckt", sagte Tibebe 2015, „ein Werk wird erschaffen und dann vergessen. Ich muss auf die Suche nach einem andern Werk gehen. Ich will nicht an einer Sache kleben, die in die Lobpreisung des Ichs mündet."[100] Deshalb kümmert er sich nicht um ein fertiges Werk, er ist vielmehr bereit für ein neues. Und so fuhr er fort: „Zen-Buddhismus lehrt dich Geduld und Verstehen. Er lehrt dich, dich selbst kennen zu lernen und nicht dein Werk anzubeten."[101]

Auf die Frage nach dem kreativen Prozess, wenn er vor der leeren Leinwand stehe, meinte Tibebe:

„Ich habe keine vorbedachte Idee, wenn ich mit meiner Arbeit beginne. Ich stehe einfach der leeren, weißen Leinwand gegenüber. Und was das Ganze ändert, ist ein einziger Pinselstrich. Ich kann euch beschreiben und zeigen, wie dies euer Gefühl verändert und gleichzeitig eure Wahrnehmung und eure visuelle Erfahrung. Der Augenblick, wenn du einen Strich oder einen kleinen Punkt auf die leere Leinwand machst, bedeutet den eigentlichen Beginn. Er wird

THE SPIRIT OF MEDITATION

"Although he has often been at the centre of controversy, Tibebe prefers a calm meditative environment in which to paint. He is interested in philosophy, Zen Buddhism and other forms of religious expression and describes himself as a religious person for whom the process of spiritual discovery and growth is of utmost importance", wrote Rebecca Martin Nagy in her exhibition catalogue 2007.[99]

When we asked Tibebe about the influence of Buddhism on his creative work, he reminded us that he saw some Tibetan monks spreading coloured sands to create a Kalachakra Mandala on a platform in one exhibition hall of the Ethnographic Museum of the University of Zurich. After the Mandala was accomplished, the monks destroyed it, wiped together the sand and threw it into a nearby river accompanied by a ceremony.

"This impressed me," said Tibebe in 2015, "a work is done and forgotten. I have to go on a search for another. I don't want to stick to something that results in praise for the ego."[100]

So he doesn't care about the finished works, he is ready for new ones. And he continued: "Zen Buddhism teaches you patience and understanding. It teaches you to know yourself and not to worship the work you have done."[101]

Asked about the creative process when he is standing in front of an empty canvas, Tibebe explained:

"I don't have any premeditated idea when I start to execute my painting. I just confront the empty blank canvas. And what changes the whole thing is a single stroke, and I can demonstrate and show you how that can change your feeling and your way of perception and visual experience at the same time. The moment you put a stroke or a little dot on the blank canvas, that is the starting point. It will carry you on because you have already created a competition between the background and the foreground.

dich weiterführen, denn du hast schon einen Wettkampf zwischen Hintergrund und Vordergrund ausgelöst. Zwei Dinge wetteifern nun miteinander in deinem Geist, und du erinnerst dich, was am meisten zählt: Das ist dein Herzschlag, deine Existenz und was immer in diesem Augenblick durch deinen Kopf geht. Jeder Pinselstrich hat ein neues Leben, eine neue Zeit; und dann geht es weiter."[102]

Wann immer Tibebe in seinem Atelier arbeitet, hört er oft klassische Musik oder Jazz, was ihn jeweils in eine entspannte Stimmung versetzt. Für ihn wirkt sein künstlerisches Schaffen wie eine Meditation, und ihm ist wesentlich, dass seine innersten Gefühle in seinen Bildern sichtbar werden.

Two things are now competing with each other in your mind, and you remember that what matters most is your heartbeat, your existence and whatever crosses your mind at that moment. Every brush stroke has a new life, a new time; and then it goes on."[102]

When Tibebe works in his studio he often listens to classical or jazz music and this puts him into a relaxed mood. For him his creative work is like a meditation, and what is important for him is that his innermost feelings are visualised through his paintings.

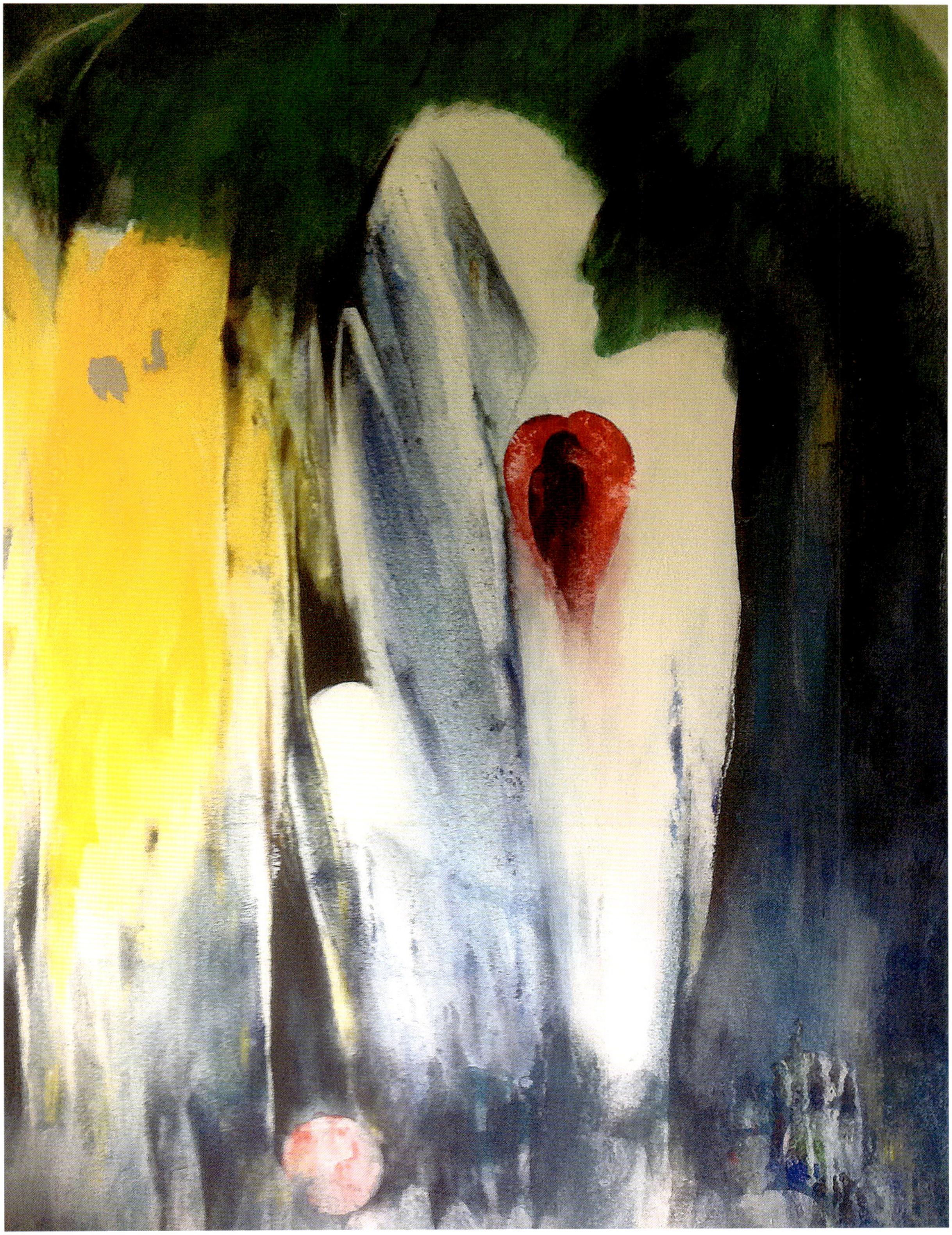

Ohne Titel
Acryl auf Leinwand, 2016, 100 x 80 cm
Foto: Tibebe Terffa

Untitled
Acrylic on canvas, 2016, 100 x 80 cm
Photo: Tibebe Terffa

ANHANG
APPENDIX

AUSSTELLUNGEN VON TIBEBE TERFFA

TIBEBE TERFFA'S EXHIBITIONS

Einzelaustellungen in Äthiopien
Solo Exhibitions in Ethiopia

2017	*Enduring Spirit*, Addis Fine Art Gallery, Addis Ababa
2015	*Open Studio*, at the artist's residence, Addis Ababa
2014	*Spirit*, LeLa Art Gallery, Addis Ababa
2012	*Tibebe Terffa – A Painter*, LeLa Art Gallery, Addis Ababa
2009	*Open Studio*, at the artist's residence, Addis Ababa
2008	*Open Studio*, at the artist's residence, Addis Ababa
2007	*Dreams, Nightmares and Daydreams*, Asni Art Gallery, Addis Ababa
2006	*Open Studio*, at the artist's residence, Addis Ababa
2003	Zoma Contemporary Art Center (ZCAC), Addis Ababa
2001	Art Space, Addis Ababa
1997	Asni Art Gallery, Addis Ababa
1995	*Wirshato*, Goethe-Institut, Addis Ababa
1992	Scandinavian Club, Addis Ababa
1992	Goethe-Institut, Addis Ababa
1990	Olympiacos Greek Club, Addis Ababa
1990	Community Hall of the German Lutheran Church, in cooperation with the Goethe-Institut, Addis Ababa
1988	Goethe-Institut, Addis Ababa
1987	Goethe-Institut, Addis Ababa
1986	Alliance Ethio-Française, Addis Ababa
1986	Hilton Hotel, Addis Ababa
1986	Goethe-Institut, Addis Ababa
1983	Goethe-Institut, Addis Ababa
1981	Alliance Ethio-Française, Addis Ababa
1970	Anbessa Hall, Harrar
1969	Ras Hotel, Dire Dawa

Einzelaustellungen im Ausland
Solo Exhibitions Abroad

2013 1894 Art Centre, Boissevain, Manitoba, Canada
2010 Lincoln County Public Library, Stanford, Kentucky, USA
2010 Saint Norbert Arts Centre, Manitoba, Canada
2004 WorldSpace, Washington DC, USA
2002 Mennonite Heritage Centre Art Gallery, Winnipeg, Canada
2000 Art Forum, Toronto, Canada
2000 Mennonite Heritage Centre Art Gallery, Winnipeg, Canada
1996 Kukulu, The Art and Design Place, Toronto, Canada
1993 Babanussa Art Gallery, Berlin, Germany

Gruppenausstellungen in Äthiopien und im Ausland
Group Exhibitions in Ethiopia and Abroad

2015 *Open Studio: Paintings by Tibebe Terffa and John Lawson*, Bowie, Maryland, USA
2011 *Art in Embassy's Program*, US Embassy, Addis Ababa
2010–12 *Just Food: Right to Food from a Faith Perspective,* Mennonite Heritage Centre Art Gallery, Winnipeg, *a* travelling exhibition across Canada
2008 Sheraton Hotel, Addis Ababa
2007 *ARCO Intl. Contemporary Art Fair*, Madrid, Spain, represented by Asni Gallery
2007 *Zero Gravity*, LeLa Art Gallery, Addis Ababa
2007 *Continuity and Change: Three Generations of Ethiopian Artists*, Samuel P. Harn Museum of Art, University of Florida, Gainesville, USA
2004 *Iwalewa Reload*, 'Iwalewahaus' of the University of Bayreuth, Germany
2000 Taitu International Arts Center (TIAC), Addis Ababa
1999 *Bridges*, Heinrich Böll Foundation, Addis Ababa
1996–98 *Rise with the Sun: Women and Africa,* Contemporary African Art Touring Exhibition across Canada
1996 *Art and Environment*, Goethe-Institut, Addis Ababa
1991–94 *Africa: Art of the People – Artist in Partnership for Africa*, Touring Exhibition across Canada
1988 Addis Ababa University Cultural Center, Addis Ababa
1986 US Embassy, Addis Ababa
1986 Barazacchi's Ideas-Galerie D'Arts, Paris
1982 Alliance Ethio-Française, Addis Ababa (two man show)
1981 Alliance Ethio-Française, Addis Ababa (two man show)
1980 Istituto Italiano di Cultura, Addis Ababa (two man show)
1972 Municipality Hall, Bahir Dar
1972 Municipality Hall, Asmara
1972 Casa del Italiano (Cirecolle Italiano), Asmara
1971 United States Information Service (USIS), Addis Ababa
1971 Municipality Hall, Dire Dawa

Künstler in Residenz im Ausland
Artist's Residencies Abroad

2010	Stanford, KY, Sponsored by First Southern National Bank
2004	Saint Norbert Arts Centre, Winnipeg, Manitoba, Canada
2003	Saint Norbert Arts Centre, Winnipeg, Manitoba, Canada
2002	Saint Norbert Arts Centre, Winnipeg, Manitoba, Canada

Auszeichnungen
Awards

2010 *Certificate of Appreciation* for the Cultural Experience provided by *Artist in Residence Tibebe Terffa*. This states that: "Mayor Bill Miracle, City of Stanford, Kentucky, hereby declares that Friday, August 13, 2010 will be *Tibebe Terffa Day*."
Zertifikat in Würdigung der kulturellen Erfahrung, die der *Artist in Residence Tibebe Terffa* ermöglichte. Es lautet: „Der Bürgermeister Bill Miracle von Stanford, Kentucky, gibt hiermit bekannt, dass der Freitag, 13. August 2010, der *Tibebe Terffa-Tag* sein wird."

1986 Children Commission *1st Prize for his outstanding illustration of books for children*, Addis Ababa
Children Commission *1. Preis für seine hervorragenden Illustrationen von Kinderbüchern*, Addis Ababa

ANMERKUNGEN

1 Alle Fotos stammen von Peter R. Gerber, falls nicht anderweitig vermerkt.
2 Biasio 2006a: 65–69.
3 Siehe zu dieser Thematik Biasio/Gerber 2010: 9–16.
4 Eco 2012 (1962, 1967): 31; Jungen 2016: 71.
5 Tibebe Terffa 2014: 1.
6 Interview mit Tibebe Terffa zu seinen Bildern, 9. Mai 2015.
7 2. Interview mit Tibebe Terffa zu seinen Bildern, 29. April 2015.
8 Dieser Überblick basiert auf Biasio 1989: 17 und 36–59; Biasio 2009: 15. Für mehr Informationen siehe Heldman 2010: 94–97, 99–101; Balicka-Witakowska 2010: 97–99.
9 Dieser Überblick basiert auf Biasio 2006b; Biasio 2009: 14–25; Biasio 2014b: 260–261.
10 Dieser Überblick basiert auf Biasio 2014a: 5–7.
11 E-mails von Samson Meressa, 3. August 2015, und von Tadesse Tenagne, 18. August 2015; siehe auch Biasio 2005b: 543–544.
12 Biasio 2005c: 617–618.
13 Biasio 2005a: 383–384.
14 In 2015 und 2017 befragten wir folgende Kurator/-innen und Galerist/-innen:
   - Francesca Amendola, Istituto Italiano di Cultura, 8. Mai 2015.
   - Béatrice Braconnier, Alliance Ethio-Française, 11. Mai 2015.
   - Elias Sime, Ko-Gründer des Zoma Contemporary Art Center (ZCAC), 6. Februar 2017.
   - Eshetu Tiruneh, Kunst-Direktor und Kurator der TOMOCA Gallery, 8. Mai 2015.
   - Fitsum Tefera, Kunst-Kurator am Nationalmuseum, 6. Mai 2015.
   - Irmtraut Hubatsch, Direktorin des Goethe-Instituts, 7. Mai 2015.
   - Konjit Seyoum, Gründerin und Direktorin der Asni Art Gallery, 7. Dezember 2015.
   - Lilly Sahle, Gründerin und Direktorin der LeLa Art Gallery, 29. November 2015.
   - Mesai Haileleul, Ko-Gründer und -Direktor der Addis Fine Art Gallery, 6. Februar 2017.

NOTES

1 Unless otherwise noted, all photographs were taken by Peter R. Gerber.
2 Biasio 2006: 65–69.
3 About this issue, see Biasio/Gerber 2010: 9–16.
4 Eco 2012 (1962, 1967): 31; Jungen 2016: 71.
5 Tibebe Terffa 2014: 1.
6 Interview with Tibebe Terffa about his paintings, 9 May 2015.
7 2nd interview with Tibebe Terffa about his paintings, 29 April 2015.
8 This overview is based on Biasio 1989: 17 and 36–59; Biasio 2009: 15. For more information, see Heldman 2010: 94–97, 99–101; Balicka-Witakowska 2010: 97–99.
9 This overview is based on Biasio 2006b; Biasio 2009: 14–25; Biasio 2014b: 260–261.
10 This summary is based on Biasio 2014a: 5–7.
11 E-mails from Samson Meressa, 3 August 2015, and Tadesse Tenagne, 18 August 2015; see also Biasio 2005b: 543–544.
12 Biasio 2005c: 617–618.
13 Biasio 2005a: 383–384.
14 In 2015 and 2017 we interviewed the following curators and gallery owners:
   - Francesca Amendola, Istituto Italiano di Cultura, 8 May 2015.
   - Béatrice Braconnier, Alliance Ethio-Française, 11 May 2015.
   - Elias Sime, Co-Founder of the Zoma Contemporary Art Center (ZCAC), 6 February 2017.
   - Eshetu Tiruneh, Art Director and Curator of the TOMOCA Gallery, 8 May 2015.
   - Fitsum Tefera, Fine Art Curator at the National Museum, 6 May 2015.
   - Irmtraut Hubatsch, Director of the Goethe-Institut, 7 May 2015.
   - Konjit Seyoum, Founder and Director of the Asni Art Gallery, 7 December 2015.
   - Lilly Sahle, Founder and Director of the LeLa Art Gallery, 29 November 2015.
   - Mesai Haileleul, Co-Founder and -Director of the Addis Fine Art Gallery, 6 February 2017.

– Mifta Zeleke Berga, Gründer, Besitzer und Kurator des Guramayle Art Center, 7. Mai. 2015.
– Samson Meressa, Kunst-Direktor und Nuru Abegaz, Kunst-Kurator der Laphto Art Gallery, 6. Mai 2015.

15 www.thenextcanvas.com/gebre-kristos-desta-art-center/
16 www.thenextcanvas.com/asni-gallery/
17 www.thenextcanvas.com/habesha-art-studio/
18 www.thenextcanvas.com/makush-gallery/
19 www.thenextcanvas.com/zcac/
20 www.thenextcanvas.com/lafto-art-gallery/
21 www.guramayne.et/index.php/about
22 www.contemporaryand.com/place/addis-fine-art/
23 Unter dem gleichen Titel publizierte die Galerie einen kleinen Ausstellungskatalog.
24 Nuru Abegaz 2015: 1.
25 Biasio 1994: 304–334.
26 Mandrini, Riccarda: Art Market-Blog Mag: www.artmarket-blogmag.com/art-gallery-addis-fine-art-addis-ababa-ethiopia/?lang=en
27 www.thenextcanvas.com/asni-gallery/
28 www.thenextcanvas.com/netsa-arts-village/
29 www.thenextcanvas.com/zcac/
30 Interview mit Tibebe Terffa, 16. Mai 2004.
31 Der Blaue Reiter war der Name einer Gruppe von Künstlern, die 1912 in München gegründet wurde. Zu den Mitgliedern gehörten der Russe Wassily Kandinsky (1866–1944), der Schweizer Paul Klee (1879–1940) und der Deutsche Franz Marc (1880–1916). Siehe z. B. Silvester D., ed. 1971: 266.
32 Das Bauhaus entstand 1919 unter der Leitung des deutschen Architekten Walter Gropius (1883–1969) in Weimar und wurde 1925/26 nach Dresden transferiert. Das Ziel war das Zusammenwirken von Kunst und Technik, und zu den ersten Instruktoren gehörten der Deutsch-Amerikaner Lyonel Feininger (1871–1956), Wassily Kandinsky, Paul Klee und ein weiterer Schweizer, der Maler Johannes Itten (1888–1967). Siehe z. B. Thomas 1985: 24–28.
33 Tibebe konnte sich nicht mehr an das dritte zensurierte Bild erinnern.
34 Asante 2005: 1012–1013.
35 Hecht 1992: 10, 12.
36 Foucher 1994: 75; Gori 2003: 407.
37 Ahmed Zekaria 1987: 1.
38 Arefeayne Hagos 1988: 3.
39 Interview mit Tibebe Terffa, 17. April 1993.

– Mifta Zeleke Berga, Founder, Owner and Curator of the Guramayle Art Center, 7 May 2015.
– Samson Meressa, Art Director, and Nuru Abegaz, Art Curator of the Laphto Art Gallery, 6 May 2015.

15 www.thenextcanvas.com/gebre-kristos-desta-art-center/
16 www.thenextcanvas.com/asni-gallery/
17 www.thenextcanvas.com/habesha-art-studio/
18 www.thenextcanvas.com/makush-gallery/
19 www.thenextcanvas.com/zcac/
20 www.thenextcanvas.com/lafto-art-gallery/
21 www.guramayne.et/index.php/about
22 www.contemporaryand.com/place/addis-fine-art/
23 The gallery published a small exhibition catalogue with the same title.
24 Nuru Abegaz 2015: 1.
25 Biasio 1994: 304–334.
26 Mandrini, Riccarda: Art Market-Blog Mag: www.artmarket-blogmag.com/art-gallery-addis-fine-art-addis-ababa-ethiopia/?lang=en
27 www.thenextcanvas.com/asni-gallery/
28 www.thenextcanvas.com/netsa-arts-village/
29 www.thenextcanvas.com/zcac/
30 Interview with Tibebe Terffa, 16 May 2004.
31 The Blue Rider (*Der Blaue Reiter*) was the name of a group of artists founded in Munich in 1912. Its members included the Russian Wassily Kandinsky (1866–1944), the Swiss Paul Klee (1879–1940) and the German Franz Marc (1880–1916). See e. g. Sylvester D., ed. 1971: 266.
32 The Bauhaus came into being in Weimar 1919 under the supervision of the German architect Walter Gropius (1883–1969) and was transferred to Dresden in 1925/1926. Its aim was to forge cooperation between art and technique, and its first instructors included the German-American Lyonel Feininger (1871–1956), Wassily Kandinsky, Paul Klee and another Swiss painter, Johannes Itten (1888–1967). See e. g. Thomas 1985: 24–28.
33 Tibebe could not remember any details about the third censored painting.
34 Asante 2005: 1012–1013.
35 Hecht 1992: 10, 12.
36 Foucher 1994: 75; Gori 2003: 407.
37 Ahmed Zekaria 1987: 1.
38 Arefeayne Hagos 1988: 3.
39 Interview with Tibebe Terffa, 17 April 1993.

40 2. Interview mit Tibebe Terffa, 23. April 2015.
41 2. Interview mit Tibebe Terffa zu seinen Bildern, 29. April 2015.
42 2. Interview mit Tibebe Terffa zu seinen Bildern, 29. April 2015.
43 2. Interview mit Tibebe Terffa zu seinen Bildern, 28. April 2015.
44 2. Interview mit Tibebe Terffa zu seinen Bildern, 29. April 2015.
45 1. Interview mit Tibebe Terffa zu seinen Bildern, 28. April 2015.
46 https://de.wikipedia.org/wiki/Kunst_im_öffentlichen_Raum.
47 Goethe-Institut Addis Ababa, Berichte von Zeitzeugen 2015; Yeshetela Kokeb 1993; Anonymus 1993: 196–197.
48 Zwischen dem ‚Happening' und der ‚Performance' besteht ein Unterschied: In einem Happening ist das Publikum in die Aktion des Künstlers miteinbezogen, während der Künstler in einer Performance allein aktiv ist und das Publikum nur zuschaut. Siehe z. B. Thomas 1985: 86–88, 186–187.
49 Desplat 2010: 276.
50 3. Interview mit Tibebe Terffa, 23. April 2015.
51 3. Interview mit Tibebe Terffa, 23. April 2015.
52 Wir danken Michèle Dick, Völkerkundemuseum der Universität Zürich, die diese drei Standfotos für uns realisierte.
53 Martin Nagy 2007: 76.
54 Asfaw Damte 1996: o. S.
55 Die Heinrich-Böll-Stiftung e. V. ist die nach Heinrich Böll (1917–1985) benannte parteinahe Stiftung von Bündnis 90/Die Grünen. Sie unterstützt weltweit zivile Bildungsaktivitäten und ist seit den frühen 1990er Jahren im Horn von Afrika tätig: https://de.wikipedia.org/wiki/Heinrich-Böll-Stiftung
56 Indrias Getachew 1999: o. S.
57 Alle Zitate aus Indrias Getachew 1999: o. S.
58 Interview mit Tibebe Terffa, 17. April 1993.
59 2. Interview mit Tibebe Terffa, 24. April 2015.
60 3. Interview mit Tibebe Terffa zu seinen Bildern, 29. April 2015.
61 Anonymous 1995: o. S.
62 Der Devonian Gardens ist ein in einem Hallenkomplex eingerichteter botanischer Garten im Zentrum von Calgary: www.calgary.ca/CSPS/Parks/Pages/Locations/Downtown-parks/Devonian-Gardens.aspx

40 2nd interview with Tibebe Terffa, 23 April 2015.
41 2nd interview with Tibebe Terffa about his paintings, 29 April 2015.
42 2nd interview with Tibebe Terffa about his paintings, 29 April 2015.
43 2nd interview with Tibebe Terffa about his paintings, 28 April 2015.
44 2nd Interview with Tibebe Terffa about his paintings, 29 April 2015.
45 1st interview with Tibebe Terffa about his paintings, 28 April 2015.
46 https://en.wikipedia.org/wiki/Public_art
47 Goethe-Institut Addis Ababa, Berichte von Zeitzeugen 2015; Yeshetela Kokeb 1993; Anonymus 1993: 196–197.
48 There is a difference between the terms 'happening' and 'performance'. In a happening, the public is involved in the artist's action whereas, in a performance, the artist acts alone while the public watches. See e. g. Thomas 1985: 86–88, 186–187.
49 Desplat 2010: 276.
50 3rd interview with Tibebe Terffa, 23 April 2015.
51 3rd interview with Tibebe Terffa, 23 April 2015.
52 We thank Michèle Dick at the Ethnographic Museum of the University of Zurich, for providing these three stills.
53 Martin Nagy 2007: 76.
54 Asfaw Damte 1996: n. p.
55 The Heinrich Böll Foundation is a legally-independent German political foundation affiliated with the German Green Party. The foundation was named after the German writer Heinrich Böll (1917–1985). It conducts and supports civic educational activities worldwide and has been active in the Horn of Africa since the early 1990s: https://en.wikipedia.org/wiki/Heinrich_Böll_Foundation
56 Indrias Getachew 1999: n. p.
57 All quotes from Indrias Getachew 1999: n. p.
58 Interview with Tibebe Terffa, 17 April 1993.
59 2nd interview with Tibebe Terffa, 24 April 2015.
60 3rd Interview with Tibebe Terffa about his paintings, 29 April 2015.
61 Anonymous 1995: n. p.
62 Devonian Gardens is an indoor botanical garden in the heart of Calgary:www.calgary.ca/CSPS/Parks/Pages/Locations/Downtown-parks/Devonian-Gardens.aspx

63 Diese Informationen entnahmen wir einer Dokumentation mit kopierten Kinder-Briefen, die Leslie Ebert, die Projekt-Koordinatorin ‚Afrika', Tibebe Terffa am 23. Oktober 1996 sandte. ‚Afrika' war ein Unterrichtsprojekt, um den Schülerinnen und Schülern in Alberta realistische Informationen und Eindrücke über Afrika zu vermitteln. Dieses Projekt dauerte von 1994 bis 1997 und wurde vom Micah Institute und von Calgary Inter-Faith durchgeführt und von der Kanadischen Internationalen Entwicklungsagentur (CIDA) und von Partnership Africa Canada unterstützt. Siehe Ebert 1996.

64 1. Interview mit Tibebe Terffa zu seinen Bildern, 25. April 2015.

65 1. Interview mit Tibebe Terffa zu seinen Bildern, 29. April 2015.

66 1. Interview mit Tibebe Terffa zu seinen Bildern, 29. April 2015.

67 1. Interview mit Tibebe Terffa zu seinen Bildern, 29. April 2015.

68 „Seit seiner Etablierung im Jahr 1991 wurde das ‚St. Norbert Arts Centre' zu einem kulturellen, historischen und der Erholung dienenden Kulturzentrum [...] im ehemaligen Trappisten-Kloster in St. Norbert, Manitoba" (http://snac.mb.ca/).

69 2. Interview mit Tibebe Terffa, 24. April 2015.

70 Interview mit Tibebe Terffa, 17. April 1993.

71 „WorldSpace ist ein gescheitertes digitales Satellitenradionetzwerk. Es versorgte ganzflächig Afrika und zusätzlich Teile von Asien und Europa." (https://de.wikipedia.org/wiki/Worldspace)

72 Kleffman 2010.

73 1. Interview mit Tibebe Terffa zu seinen Bildern, 29 April 2015.

74 1. Interview mit Tibebe Terffa zu seinen Bildern, 29. April 2015.

75 1. Interview mit Tibebe Terffa zu seinen Bildern, 30. April 2015.

76 3. Interview mit Tibebe Terffa, 24. April 2015.

77 3. Interview mit Tibebe Terffa, 24. April 2015. Ein sehr ausführlicher und gut dokumentierter Beitrag über die Geschichte und die verschiedenen Formen von Kunsttherapie findet man bei Wikipedia: https://de.wikipedia.org/wiki/Kunsttherapie

78 Dies war eine Nichtregierungsorganisation, die von 1992–1997 ihren Sitz in New York hatte.

79 Eine Organisation, die bis Februar 2014 arme Familien in Addis Ababa unterstützte.

63 We took this information from a document containing copies of pupils' letters, which was sent to Tibebe Terffa by Leslie Ebert, the 'Afrika' Project Coordinator, on 23 October 1996. 'Afrika' was a teaching project to introduce Alberta students to realistic images of Africa. This project lasted from 1994 until 1997 and was carried out by the Micah Institute and the Calgary Inter-Faith group with funding from the Canadian International Development Agency (CIDA) and Partnership Africa Canada. See Ebert 1996.

64 "Since its establishment in 1991, the 'St. Norbert Arts Centre' has become a cultural, historical and recreational focal point" [... domiciled in] "the historical Trappist Monastery site located in St. Norbert, Manitoba" (http://snac.mb.ca/).

65 1st interview with Tibebe Terffa about his paintings, 25 April 2015.

66 1st interview with Tibebe Terffa about his paintings, 29 April 2015.

67 1st interview with Tibebe Terffa about his paintings, 29 April 2015.

68 1st interview with Tibebe Terffa about his paintings, 29 April 2015.

69 2nd interview with Tibebe Terffa, 24 April 2015.

70 Interview with Tibebe Terffa, 17 April 1993.

71 "1worldspace, formerly known as WorldSpace, is a defunct satellite radio network that [...] provided service [...] in eastern and southern Africa, the Middle East, and much of Asia" (https://en.wikipedia.org/wiki/1worldspace).

72 Kleffman 2010.

73 1st interview with Tibebe Terffa about his paintings, 29 April 2015.

74 1st interview with Tibebe Terffa about his paintings, 29 April 2015.

75 1st interview with Tibebe Terffa about his paintings, 30 April 2015.

76 3rd interview with Tibebe Terffa, 24 April 2015.

77 3rd interview with Tibebe Terffa, 24 April 2015. We recommend a comprehensive contribution on the history and different kinds of art therapy in Wikipedia: https://en.wikipedia.org/wiki/Art_therapy

78 This was an NGO based in New York, 1992–1997.

79 An organisation supporting poor families in Addis Ababa, which closed its doors in February 2014.

80 1st interview with Tibebe Terffa, 24 April 2015.

81 Personal information from Tibebe Terffa, 13 February 2017.

80 1. Interview mit Tibebe Terffa, 24. April 2015.
81 Mündliche Information von Tibebe Terffa, 13. Februar 2017.
82 2. Interview mit Tibebe Terffa zu seinen Bildern, 29. April 2015.
83 Konjit Seyoum 2007: o. S.
84 Lefort 2014: o. S.
85 Mündliche Information von Tibebe Terffa, 7. Februar 2017.
86 1. Interview mit Tibebe Terffa zu seinen Bildern, 25. April 2015.
87 1. Interview mit Tibebe Terffa zu seinen Bildern, 28. April 2015.
Es gibt Besichtigungstouren zu den Höhlenmalereien in den vier Höhlen ‚Porc Epic', ‚Hinkuftu', ‚Laga-Oda' und ‚Goda-Ajewa' rund um Dire Dawa; siehe z. B. ‚Fanos Ethiopia Tours': www.fanosethiopiatours.com/index.php/ (tour-packages/special-interest-package)
88 1. Interview mit Tibebe Terffa zu seinen Bildern, 28. April 2015.
89 Interview mit Tibebe Terffa zu seinen Bildern, 9. Mai 2015.
90 2. Interview mit Tibebe Terffa zu seinen Bildern, 29. April 2015.
91 2. Interview mit Tibebe Terffa zu seinen Bildern, 30. April 2015.
92 Interview mit Tibebe Terffa zu seinen Bildern, 9. Mai 2015.
93 1. Interview mit Tibebe Terffa zu seinen Bildern, 25. April 2015.
94 2. Interview mit Tibebe Terffa zu seinen Bildern, 25. April 2015.
95 2. Interview mit Tibebe Terffa zu seinen Bildern, 29. April 2015.
96 2. Interview mit Tibebe Terffa zu seinen Bildern, 28. April 2015.
97 1. Interview mit Tibebe Terffa zu seinen Bildern, 25. April 2015.
98 1. Interview mit Tibebe Terffa zu seinen Bildern, 25. April 2015.
99 Martin Nagy 2007: 76.
100 Die Kalachakra-Mandala-Zeremonie fand im März 1993 statt. Zitat aus dem 2. Interview mit Tibebe Terffa zu seinen Bildern, 30. April 2015.
101 2. Interview mit Tibebe Terffa zu seinen Bildern, 30. April 2015.
102 2. Interview mit Tibebe Terffa zu seinen Bildern, 30. April 2015.

82 2nd interview with Tibebe Terffa about his paintings, 29 April 2015.
83 Konjit Seyoum 2007: n. p.
84 Lefort 2014: n. p.
85 Personal information from Tibebe Terffa, 7 February 2017.
86 1st interview with Tibebe Terffa about his paintings, 25 April 2015.
87 1st interview with Tibebe Terffa about his paintings, 28 April 2015.
There are organised tours to the paintings in the four caves 'Porc Epic', 'Hinkuftu', 'Laga-Oda' and 'Goda-Ajewa' around Dire Dawa; see, e. g., 'Fanos Ethiopia Tours': www.fanosethiopiatours.com/index.php/ (tour-packages/special-interest-package)
88 1st interview with Tibebe Terffa about his paintings, 28 April 2015.
89 Interview with Tibebe Terffa about his paintings, 9 May 2015.
90 2nd interview with Tibebe Terffa about his paintings, 29 April 2015.
91 2nd interview with Tibebe Terffa about his paintings, 30 April 2015.
92 Interview with Tibebe Terffa about his paintings, 9 May 2015.
93 1st interview with Tibebe Terffa about his paintings, 25 April 2015.
94 2nd interview with Tibebe Terffa about his paintings, 25 April 2015.
95 2nd interview with Tibebe Terffa about his paintings, 29 April 2015.
96 2nd interview with Tibebe Terffa about his paintings, 28 April 2015.
97 1st interview with Tibebe Terffa about his paintings, 25 April 2015.
98 1st interview with Tibebe Terffa about his paintings, 25 April 2015.
99 Martin Nagy 2007: 76.
100 The Kalachakra Mandala ceremony took place in March 1993. Quote from the 2nd interview with Tibebe Terffa about his paintings, 30 April 2015.
101 2nd interview with Tibebe Terffa about his paintings, 30 April 2015.
102 2nd interview with Tibebe Terffa about his paintings, 30 April 2015.

BIBLIOGRAPHIE BIBLIOGRAPHY

Interviews mit Tibebe Terffa
Interviews with Tibebe Terffa

- Interview mit Tibebe Terffa, 17. April 1993.
- Interview mit Tibebe Terffa, 16. Mai 2004.
- 2. Interview mit Tibebe Terffa, 23. April 2015.
- 3. Interview mit Tibebe Terffa, 23. April 2015.
- 1. Interview mit Tibebe Terffa, 24. April 2015.
- 2. Interview mit Tibebe Terffa, 24. April 2015.
- 3. Interview mit Tibebe Terffa, 24. April 2015.
- 1. Interview mit Tibebe Terffa zu seinen Bildern, 25. April 2015.
- 2. Interview mit Tibebe Terffa zu seinen Bildern, 25. April 2015.
- 1. Interview mit Tibebe Terffa zu seinen Bildern, 28. April 2015.
- 2. Interview mit Tibebe Terffa zu seinen Bildern, 28. April 2015.
- 1. Interview mit Tibebe Terffa zu seinen Bildern, 29. April 2015.
- 2. Interview mit Tibebe Terffa zu seinen Bildern, 29. April 2015.
- 3. Interview mit Tibebe Terffa zu seinen Bildern, 29. April 2015.
- 1. Interview mit Tibebe Terffa zu seinen Bildern, 30. April 2015.
- 2. Interview mit Tibebe Terffa zu seinen Bildern, 30. April 2015.
- Interview mit Tibebe Terffa zu seinen Bildern, 9. Mai 2015.

Interviews mit Kurator/-innen und Galerist/-innen
Interviews with Curators and Gallery Owners

- Francesca Amendola, Istituto Italiano di Cultura, 8. Mai 2015.
- Béatrice Braconnier, Alliance Ethio-Française, 11. Mai 2015.
- Elias Sime, Ko-Gründer des Zoma Contemporary Art Center (ZCAC), 6. Februar 2017.
- Eshetu Tiruneh, Kunst-Direktor und Kurator der TOMOCA Gallery, 8. Mai 2015.
- Fitsum Tefera, Kunst-Kurator am Nationalmuseum, 6. Mai 2015.
- Irmtraut Hubatsch, Direktorin des Goethe-Instituts, 7. Mai 2015.
- Konjit Seyoum, Gründerin und Direktorin der Asni Art Gallery, 7. Dezember 2015.
- Lilly Sahle, Gründerin und Direktorin der LeLa Art Gallery, 29. November 2015.
- Mesai Haileleul, Ko-Gründer und -Direktor der Addis Fine Art Gallery, 6. Februar 2017.
- Mifta Zeleke Berga, Gründer, Besitzer und Kurator des Guramayle Art Center, 7. Mai. 2015.
- Samson Meressa, Kunst-Direktor und Nuru Abegaz, Kunst-Kurator der Laphto Art Gallery, 6. Mai 2015.

Andere Quellen
Other Sources

Ahmed Zekaria, 1987, "Tibebe and Harar", Addis Ababa, Unpublished text, 1 p., 26 May.

Anonymous, 1995. Copy of the wall text "An African View of Canada" from the exhibition *Rise with the Sun: Women and Africa*, Dartmouth, NS.

Ebert, Leslie, 1996. Documentation with copies of pupils' letters, sent to Tibebe Terffa, 23 October. See also: www.glenbow.org/collections/search/finding Aids/archhtm/interfaith.cfm; archive number: M-9403-304a (04.02.2017)

Goethe-Institut Addis Ababa; Berichte von Zeitzeugen, 2015: www.goethe.de/ins/et/de/add/uun/jah/mei/9046220.html (26.11.2014)

Konjit Seyoum, 2007. "Tibebe Terffa: My dreams, nightmares and daydreams", Asni Art Gallery, press release; Addis Ababa, November.

Lefort, Leo, 2014. "Spirit by Tibebe Terffa", LeLa Art Gallery, press release; Addis Ababa, 17 May.

Tibebe Terffa, 2014. "Art Talk", at St. Norbert Arts Centre (SNAC), Winnipeg, 10 August.

Artikel und Bücher
References

Anonymus, 1993. „Tor zum Teufel – Äthiopiens Regierung gerät unter Druck, weil sie zulässt, dass die Nordprovinz Eritrea unabhängig wird". In: *Spiegel* 16, Ausland, Hamburg, S. 196–197.

Arefeayne Hagos, 1988. "Tibebe comes out of the wall of Harrar". In: *Ethiopian Herald*, Cultural Front, Addis Ababa, 30 November, p. 3.

Asante, Belle, 2005. "Harär: Introduction". In: Uhlig, Siegbert (Ed.), *Encyclopaedia Aethiopica,* vol. 2. Wiesbaden: Harrassowitz Verlag, pp. 1012–1013.

Balicka-Witakowska, Ewa, 2010. "Monumental painting". In: Uhlig, Siegbert (Ed.), *Encyclopaedia Aethiopica,* vol. 4. Wiesbaden: Harrassowitz Verlag, pp. 97–99.

Asfaw Damte, 1996. "Environmental Art?". In: *Ethiopian Herald,* Sunday Edition, Addis Ababa, 26 May.

Biasio, Elisabeth, 1989. *Die verborgene Wirklichkeit – Drei äthiopische Maler der Gegenwart / The hidden reality – Three contemporary Ethiopian artists*. Zürich: Völkerkundemuseum der Universität Zürich.

Biasio, Elisabeth, 1994. "The Burden of Women – Women Artists in Ethiopia". In: Marcus, Harold G. and Hudson, Grover (Ed.), *New Trends in Ethiopian Studies*, Papers of the 12th International Conference of Ethiopian Studies, Michigan State University 5–10 September 1994. Lawrenceville NJ: The Red Sea Press, Inc., pp. 303–334.

Biasio, Elisabeth, 2005a. "Ǝskəndər". In: Uhlig, Siegbert (Ed.), *Encyclopaedia Aethiopica*, vol. 2. Wiesbaden: Harrassowitz Verlag, pp. 383–384.

Biasio, Elisabeth, 2005b. "Fine Arts School". In: Uhlig, Siegbert (Ed.), *Encyclopaedia Aethiopica*, vol. 2. Wiesbaden: Harrassowitz Verlag, pp. 543–544.

Biasio, Elisabeth, 2005c. "Gäbrä Krəstos Dästa". In: Uhlig, Siegbert (Ed.), *Encyclopaedia Aethiopica*, vol. 2. Wiesbaden: Harrassowitz Verlag, pp. 617–618.

Biasio, Elisabeth, 2006a. "Gebre Kristos Desta Reflected by His Former Students". In: Elizabeth W. Giorgis (Ed.), *Gebre Kristos Desta – The Painter-Poet.* Addis Ababa: Institute of Ethiopian Studies, Addis Ababa University, pp. 65–69.

Biasio, Elisabeth, 2006b. *Heilige und Helden – Äthiopiens zeitgenössische Malerei im traditionellen Stil*. Zürich: Verlag Neue Zürcher Zeitung / Völkerkundemuseum der Universität Zürich.

Biasio, Elisabeth, 2009. "Contemporary Ethiopian Painting in Traditional Style – From Church-based to Tourist Art". In: *african arts*, vol. 42, no. 1, UCLA, pp. 14–25.

Biasio, Elisabeth, 2014a. *Getachew Yossef – Love and Peace*. Addis Ababa: Laphto Art Gallery.

Biasio, Elisabeth, 2014b. "Contemporary painting in traditional style". In: Uhlig, Siegbert (Ed.), *Encyclopaedia Aethiopica*, vol. 5. Wiesbaden: Harrassowitz Verlag, pp. 260–261.

Biasio, Elisabeth und Gerber, Peter R., 2010. *Willkommene Kunst? Druckgrafiken aus Kanada und Äthiopien*. Zürich: Völkerkundemuseum der Universität Zürich.

Desplat, Patrick, 2010. *Heilige Stadt – Stadt der Heiligen – Ambivalenzen und Kontroversen islamischer Heiligkeit in Harar, Äthiopien.* Köln: Mainzer Beiträge zur Afrikaforschung, Band 24. Rüdiger Köppe Verlag.

Eco, Umberto, 2012. *Das offene Kunstwerk* (‚Opera aperta' 1962, 1967). Frankfurt am Main: suhrkamp taschenbuch wissenschaft 222.

Foucher, Emile, 1994. "The Cult of Muslim Saints in Harar: Religious dimension". In: Bahru Zewde, Pankhurst, Richard and Taddese Beyene (Ed.), *Proceedings of the Eleventh International Conference of Ethiopian Studies.* Addis Ababa: Institute of Ethiopian Studies, Addis Ababa University, pp. 71–83.

Gori, Alessandro, 2003. "Ay 'Abida'". In: Uhlig, Siegbert (Ed.), *Encyclopaedia Aethiopica*, vol. 1. Wiesbaden: Harrassowitz Verlag, p. 407.

Hecht, Elisabeth-Dorothea, 1992. *Basketwork of Harar.* In: African Study Monographs, Supplementary Issue, No. 18. Kyoto: The Center for African Area Studies, Kyoto University.

Heldman, Marilyn E., 2010. "Miniature painting". In: Uhlig, Siegbert (Ed.), *Encyclopaedia Aethiopica*, vol. 4. Wiesbaden: Harrassowitz Verlag, pp. 94–97.

Indrias Getachew, 1999. *Bridges.* Addis Ababa: Heinrich Böll Foundation, Regional Office – Horn of Africa.

Jungen, Christian, 2016. „Mit scharfer Zunge". In: *NZZ am Sonntag*, Kultur, Zürich, 21. Februar.

Martin Nagy, Rebecca (Ed.), 2007. *Continuity and Change: Three Generations of Ethiopian Artists.* Gainesville: Samuel P. Harn Museum of Art, University of Florida.

Nuru Abegaz, 2015. "Inspired Women". In: *Laphto Art Gallery*, Addis Ababa.

Sylvester, David (Ed.), 1971. *The Book of Art*: 'Modern Art', vol. 8. New York: Grolier Incorporated.

Thomas, Karin, 1985. *DuMont's kleines Sachwörterbuch zur Kunst des 20. Jahrhunderts – Von Anti-Kunst bis Zero.* Köln: DuMont Buchverlag.

Yeshetela Kokeb, 1993. "I will not lay limits to my profession – A talk with the artist". In: *Yekatit,* Monthly Magazine, Addis Ababa, September.

Internetseiten
Internet Pages

Devonian Gardens, Calgary:
www.calgary.ca/CSPS/Parks/Pages/Locations/Downtown-parks/Devonian-Gardens.aspx (05.02.2017)

Galerien und Museen:
Galleries and Museums:

- www.contemporaryand.com/place/addis-fine-art/ (17.10.2016)
- www.guramayne.et/index.php/about (19.10.2016)
- www.thenextcanvas.com/asni-gallery/ (19.10.2016).
- www.thenextcanvas.com/gebre-kristos-desta-art-center/ (17.10.2016)
- www.thenextcanvas.com/habesha-art-studio/ (17.10.2016)
- www.thenextcanvas.com/lafto-art-gallery/ (19.10.2016)
- www.thenextcanvas.com/makush-gallery/ (17.10.2016)
- www.thenextcanvas.com/netsa-arts-village/ (19.10.2016)
- www.thenextcanvas.com/zcac/ (17.10.2016)

Heinrich Böll Stiftung/Heinrich Böll Foundation:
https://de.wikipedia.org/wiki/Heinrich-Böll-Stiftung
https://en.wikipedia.org/wiki/Heinrich_Böll_Foundation (01.12.2016)

Höhlenmalereien in Äthiopien/Cave Painting in Ethiopia: www.fanosethiopiatours.com/index.php/tour-packages/special-interest-package

Kleffman, Todd, 2010. "Painting the town: Ethiopian artist enjoys creative stay in Stanford", *Central Kentucky News*, 7. August: http://articles.centralkynews.com/2010-08-07/news/24937947_1_paintings-artists-reception-artists-head (15.10.2016)

Kunst im öffentlichen Raum/Public Art:
https://de.wikipedia.org/wiki/Kunst_im_öffentlichen_Raum
https://en.wikipedia.org/wiki/Public_art (19.10.2016)

Kunst-Therapie/Art Therapy:
https://de.wikipedia.org/wiki/Kunsttherapie
https://en.wikipedia.org/wiki/Art_therapy
(17.11.2016)

Mandrini, Riccarda. Art Market-Blog Mag:
www.artmarket-blogmag.com/art-gallery-addis-fine-art-addis-ababa-ethiopia/?lang=en (19.10.2016)

St. Norbert Arts Centre, Winnipeg, Manitoba:
http://snac.mb.ca/ (06.11.2016)

WorldSpace:
https://de.wikipedia.org/wiki/Worldspace
https://en.wikipedia.org/wiki/1worldspace
(06.11.2016)

ÜBER DIE AUTOREN

ABOUT THE AUTHORS

Elisabeth Biasio

studierte an der Universität Zürich Ethnologie, Psychologie und Religionsgeschichte und schloss 1978 ihr Studium mit dem Lizentiat ab. Sie war von 1979 bis 1985 Assistentin und ab 1986 bis zu ihrer Pensionierung 2006 wissenschaftliche Mitarbeiterin am Völkerkundemuseum der Universität Zürich. Als Kuratorin betreute sie die Abteilungen Äthiopien, Nordafrika und Naher Osten. Seit 1982 hält sie sich regelmäßig zu Forschungszwecken in Äthiopien auf und hat zahlreiche Publikationen vor allem zu äthiopischer Kunst verfasst. Sie forschte auch bei den Beduinen im Negev und publizierte dazu einen umfangreichen Ausstellungskatalog.

Peter R. Gerber

studierte Soziologie, Ethnologie und Sozialpsychologie an der Universität Zürich. Am Völkerkundemuseum der Universität Zürich war er sechs Jahre als Assistent tätig. Nach der Promotion 1975 wurde er wissenschaftlicher Mitarbeiter und betreute als Kurator bis zu seiner Pensionierung 2010 die Sammlungen aus Nord-, Mittel- und Südamerika sowie aus der Arktis. Seine Forschungen und Publikationen befassen sich vor allem mit der aktuellen Situation der Indigenen in Kanada. Seit 1982 begleitet er Elisabeth Biasio immer wieder auf ihren Forschungsaufenthalten in Äthiopien und im Nahen Osten und war zudem an einigen ihrer Ausstellungen und Publikationen beteiligt.

Elisabeth Biasio

studied cultural anthropology, psychology and the history of religion at the University of Zurich, completing her studies in 1978 with an MA. She worked, firstly as an assistant (from 1979 to 1985) and then, from 1986 until her retirement in 2006, as curator responsible for the Ethiopian, North African and Near East collections of the Ethnographic Museum of the University of Zurich. She has been carrying out research in Ethiopia since 1982 and has published several articles and books, especially on Ethiopian art. She has also undertaken research on the Bedouin of the Negev in Israel and published a large exhibition catalogue related to this.

Peter R. Gerber

studied sociology, cultural anthropology and social psychology at the University of Zurich. He worked at the Ethnographic Museum of the University of Zurich as an assistant for six years and then, after gaining his PhD in 1975, as curator responsible for all collections from North-, Middle- and South-America as well as from the Arctic until he retired in 2010. His research and publications mainly focus on the contemporary living situation of Canada's indigenous peoples. Since 1982 he has accompanied Elisabeth Biasio several times on her research trips to Ethiopia and the Near East and has also contributed to some of her exhibitions and publications.

IMPRESSUM IMPRINT

Redaktion
Editorial work
Peter R. Gerber, Zürich

Lektorat
Copy editing
Heinz Lippuner, Grüt CH (Deutsch / German)
Helen Rana, Bristol GB (Englisch / English)

Korrektorat
Proof reading
Dorothée Baganz, Michael Imhof Verlag, Petersberg, Germany (Deutsch / German)

Reprofotos der Bilder im Völkerkundemuseum der Universität Zürich
Reproductions of paintings at the Ethnographic Museum of the University of Zurich
Kathrin Leuenberger, Völkerkundemuseum / Ethnographic Museum

Reprofotos der Bilder von Tibebe Terffa und andere Aufnahmen in Äthiopien
Reproductions of Tibebe Terffa's paintings and other photographies from Ethiopia
Peter R. Gerber, Zürich

Reproduktion und Gestaltung
Reproduction and design
Anja Schneidenbach, Michael Imhof Verlag; nach einem Entwurf von / according to a draft by Peter R. Gerber

Umschlagentwurf
Cover design
Peter R. Gerber, Zürich

Druck
Print
Media-Print Informationstechnologie GmbH, Paderborn

ISBN 978-3-7319-0576-9
Printed in the EU

Michael Imhof Verlag GmbH & Co. KG
Stettiner Straße 25; D-36100 Petersberg
Tel.: 0661 2919166-0; Fax 0661 2919166-9
www.imhof-verlag.com; info@imhof-verlag.de

Abbildung Vorderseite:
Harari Impressionen 3
Öl und Acryl auf Leinwand, 1992, 45 x 35 cm
Völkerkundemuseum der Universität Zürich, Inv. Nr. 21382
Foto: Kathrin Leuenberger

Abbildung Rückseite:
Ohne Titel
Acryl auf Leinwand, 2015, 100 x 80 cm
Foto: Peter R. Gerber

Front cover illustration:
Harari Impressions 3
Oil and acrylic on canvas, 1992, 45 x 35 cm
Ethnographic Museum of the University of Zurich, inv. no. 21382
Photo: Kathrin Leuenberger

Back cover illustration:
Untitled
Acrylic on canvas, 2015, 100 x 80 cm
Photo: Peter R. Gerber